U0053186

英國史綱

The Essential History of United Kingdom

許介鱗 著

三民書局印行

國家圖書館出版品預行編目資料

英國史綱／許介鱗著.－－增訂三版一刷.－－臺北市：三民，2019
　　　面；　公分
參考書目：面
ISBN 978-957-14-6644-6　（平裝）
　1.英國史

741.1　　　　　　　　　　　　　　108007315

© 英 國 史 綱

著 作 人	許介鱗
發 行 人	劉振強
著作財產權人	三民書局股份有限公司
發 行 所	三民書局股份有限公司
	地址　臺北市復興北路386號
	電話　(02)25006600
	郵撥帳號　0009998-5
門 市 部	(復北店)臺北市復興北路386號
	(重南店)臺北市重慶南路一段61號
出版日期	初版一刷　1981年2月
	增訂三版一刷　2019年6月
編　　號	S 740010

行政院新聞局登記證局版臺業字第○二○○號

有著作權‧不准侵害

ISBN　978-957-14-6644-6　（平裝）

http://www.sanmin.com.tw　三民網路書店
※本書如有缺頁、破損或裝訂錯誤，請寄回本公司更換。

增訂三版序

　　英國在十六世紀中葉，仍是封建主義的時代。在領主、貴族、主教等大地主之下，農民從事勞動，將農產收穫的半數繳納給地主，留存半數為己用，靠著「以物易物」的方式自給自足，過著封建時代商品經濟尚未發達的生活。然而，英國土地狹小，缺乏飼養羊群的較大地理條件，隨著興起毛紡織業工廠，必須將農民轉變為工廠勞工，因此英國在歐洲率先產生資本家。英國經過工業革命，以大都市為中心成立工業社會的資本主義。資本主義即從英國傳到歐洲各國以及美國。美國在 1865 年發生南北戰爭的背景，其實是美國北方的工業區缺乏勞工，為了奪取南方大莊園區從非洲捕獲來的「農奴」而發動戰爭，但是美國史家隱蔽這一點，僅讚美總統林肯是為了「解放黑奴」的人道主義。

　　資本主義是以經濟的自由競爭為基礎，目標是利潤的增大、規模的擴張及商品的大量生產。資本主義為了競爭勝利，也需要銀行融資，而產生金融資本主義。資本主義為了販售大量生產的商品，需要向海外尋求市場，並常因為國家與國家的競爭引起戰爭。

　　英國從十八世紀在世界各地建立市場與殖民地。以中國傳奇小說《西遊記》描述的天竺（即印度）為例：印度在 1526 年成立莫臥兒帝國 (Mughal Empire)，英國則在 1600 年設立東印度公司，逐漸蠶食印度，使其成為英國的商品市場，最後成為印度的實際統治者。

1857 年，印度人各階層聯合起來反抗英國 (Indian Rebellion of 1857)，不幸被英軍鎮壓，造成莫臥兒帝國滅亡。從此，英國廢止經由東印度公司統治印度，將印度改為大英帝國直接統治的殖民地。1840 年，中國發生鴉片戰爭，原因即是英國東印度公司在印度栽培的鴉片商品由東印度公司運輸到中國銷售而引起的。

　　英國為了擴展商品市場，1824 年獲得新加坡，1842 年取得香港，1898 年租借九龍半島、威海衛，並逼清廷承認長江沿岸不可割讓他國。十九世紀中葉之後為維多利亞女王時代 （Queen Victoria，在位 1837～1901），英國的國勢鼎盛，獲得很多海外領土，建立橫跨北美洲、亞洲、非洲的大英帝國，傲視全世界。當時英國人認為印度墮落為英國殖民地，永無翻身之地；中國也將淪落為列強各國割據瓜分的半殖民地，在列強勢力霸占之下，中國很難東山再起。這時，太晚來中國開闢市場的美國見列強已各據一方作為勢力範圍，美國國務卿便於 1899 年提倡「中國的門戶開放、機會均等」，讓歐美列強能在中國自由地競爭宰割。

　　事隔一百多年，世界霸主從英國變為美國，而中國則在「改革開放」之後快速崛起，伸展勢力進入歐亞大陸 (Eurasia)，甚至突破西歐經濟一體的壁壘。身為盎格魯撒克遜人後裔組成的「五眼聯盟」（Five Eyes，美、加、英、澳、紐）成員，英國不顧美國大力阻殺中國華為公司開發的第五代 (5G) 通信系統，反而允許華為參加英國 5G 的網路建設，影響歐盟的德、法各國不排斥華為產品，不難想見英國乃至於歐洲和美國的同盟關係其實並非堅如磐石，且世局的變化已經不能如以前盎格魯撒克遜人可以呼風喚雨那樣隨心所欲了。

　　我已是八十四歲的垂垂老人，最後第十七章〈二十一世紀的抉

擇〉完全靠自己用電腦不辭勞苦地一字一字打出來。歷史通常是到了一個段落才能評斷。英國脫歐後的走向，至少應到 2020 年才能判定，但是為了因應增訂三版早日問世，於 2019 年春截止拙稿，不備之處，敬請各位賢達諒解。

許介鱗
2019 年 5 月 10 日

增訂二版序

　　古典的英國史觀告訴我們，英國是世界上立憲主義的搖籃，議會民主主義的發祥地，英國人是愛好自由和權利的國民。然而，如果從戰爭的世界史觀來看，英王是為十字軍東征籌集軍費而出售「權利特許狀」(charter)，累集而成《大憲章》(*Great Charter*)，因此十字軍東征是英國《大憲章》的催生劑。英王為侵略威爾斯和蘇格蘭需要軍費，才不斷的召集議會籌款，所以也可以說威爾斯人和蘇格蘭人的血，孕育了英國的議會制。英國的東印度公司征服印度，從印度的孟加拉國庫奪取大量的財富，孟加拉遭受嚴苛的掠奪和饑饉，居民約有三分之一死亡。其後英國將印度的藩主各個擊破，使印度各地淪為英國的殖民地。維多利亞女王的王冠上燦爛的鑽石，就是印度所產世界最大的鑽石。這也表示英國維多利亞時代的繁榮，是建立在印度人的骨骸上。

　　兩次大戰戰場在歐洲，英國受戰禍影響逐漸沒落，第二次世界大戰後，美國以其壓倒性的生產力、金融力、軍事力君臨世界，「英國強制下的和平」(Pax Britannica) 被「美國統治下的和平」(Pax Americana) 所取代。戰爭產生破壞、殺戮、掠奪，但戰爭也創造種種科技文明與藝術作品，戰爭如何影響英國的進步和衰退，英國人的精神和氣魄，也是本書所要刻畫的重點。

　　英國的資本主義，曾經在世界史上綻放出巨大的光芒，當今在美國建立的「地球帝國」上，倫敦金融市場還放出餘暉尚未沒落。

經過幾多不願放棄「國家主權」而勉強參與歐盟，以及追隨美國參加伊拉克戰爭的矛盾下，英國社會一直保持其生命力，蘊藏著其自信心，適應新的世界體制。

　　本書在 1980 年初版，再版時增加了第十六章〈「地球帝國」的餘暉——從柴契爾主義到布雷爾主義 (1980～2008)〉，補足這二十八年的變化。在增補之際，也訂正了初版時的一些錯誤，一切由周京元小姐代勞。周小姐聰明伶俐，留學德國多年，精通西洋多國語言，也熟悉西洋的不同宗教文化傳統，是寫作出書時的最好幫手，在此特別致謝。

許介鱗

2008 年 9 月

序

　　自從鴉片戰爭中國被英國擊敗，而將中國的門戶向西洋開放以來，已經有一百四十年的歷史。可是今天我們如果要想了解英國，而尋找有關英國史的中文書籍，則僅有屈勒味林著、錢段森譯《英國史》(G. M. Trevelyan, *History of England*, 1926) 而已。這套書是商務印書館於民國二十三年在大陸出版，民國五十五年在臺灣再版的。除此之外，中國人就沒有可讀的英國史讀本。

　　屈勒味林所代表的是英國的古典史觀，旨在宣揚英國是世界上立憲主義的搖籃，議會民主主義的發祥地，英國人是愛好自由和權利的國民。但是這種史觀，不用說是英國本位出發。如果從中國人的觀點來看，這樣民主立憲的國家，這樣愛好自由和權利的英國人，為什麼將其殖民地印度所產的鴉片，強制推銷到中國來，而引起不名譽的鴉片戰爭，並且以不平等條約強迫給中國人「不自由」和「喪權辱國」呢？

　　再說，依古典的英國史解釋，英國是世界上最先遂行市民革命而從舊封建社會脫出，最先實行產業革命而確立自由民主的資本主義社會，在世界的「現代化」過程，扮演「先進國」的角色。但是如果從「現代」的觀點來回顧，這個在世界上最先「現代化」的國家，為什麼進入二十世紀之後，國際政治的地位日漸降低，而統治領域的喪失，使其不敢再誇言支配世界七大海洋的「日不落大帝國」？就是在國內政治上，為什麼日常的發生愛爾蘭人的暴力流血事

件，而近來蘇格蘭和威爾斯的民族主義運動又日趨蓬勃？為什麼英
國人的經濟生活停滯不振，反而不如戰敗國德國或日本的成長繁榮？

　　為了尋求以上的疑問，我們已經不能再追隨英國的古典史觀，
去歌頌英國的立憲政治或議會政治的完美。我們應該拋棄英國人史
觀的權威，用我們中國人的立場，重新構築英國史的形象。

　　古典的英國史學家，偏重於英國的憲政史或議會史，以為英國
的議會制民主主義是完全獨自達成，成為最先進的政治制度。其瑕
疵在拘泥於「一國中心史觀」，忽略了英國以外的其他世界的條件。
本書的方法和目的，即在克服一國中心史觀，從英國的「內政」和
「外征」的因果關係，刻畫出英國在世界史上的全貌。

　　本書是我在國立臺灣大學政治學研究所教授「英國政治專題研
究」的副產物。我並感謝行政院國家科學委員會，給我到英國牛津
大學進修的機會，以及其六十九年度「研究獎助費」。我從事英國研
究的資歷尚淺，謬誤之處必多，尚請博學先進惠予指教。

許介鱗

1980 年 11 月 18 日成稿於臺大法學院研究室

英國史綱

Chapter 1

盎格魯薩克遜人和凱爾特人

——羅馬基督教的支配

（西元前五世紀～九世紀）

　　英國本土，是由大不列顛島和愛爾蘭（北部）二個大島和一些環繞的小島所構成，在地理上接近歐洲大陸。英國海峽中最靠近歐洲大陸的稱為多佛海峽 (Dover Strait)，從英國東南部的港口多佛到法國北部之間的距離僅二十哩而已。因此，英國在史前時期，即常受歐洲大陸各民族的侵入。

　　在史前的新石器時代 (3000 B.C.～2000 B.C.)，最先移居不列顛島嶼的土著是伊比利亞人 (Iberians)。在初期鐵器時代的西元前 500 年左右，北歐條頓民族 (Teutons) 的一支凱爾特人 (Celts) 各族，一波波陸續移居不列顛島，他們以其銳利的武器，征服原始土著定居下來。凱爾特人因居住地方的不同，可分為幾個種族。在島嶼的東南部是不列東人 (Brythons) 或稱不列頓人 (Britons)，在北方和西方則是高臺爾人 (Goidels) 或稱蓋爾人 (Gaels)，更北還有匹克特人 (Picts) 和加列度尼亞人（Caledonians，即古代蘇格蘭人）。凱爾特人聚族而居，過著畜牧和農耕的生活，沒有領土觀念，也沒有封建組織，是一個以血統關係構成的氏族社會。

　　英國是歐洲文明的古老國家，但是其歷史是在基督誕生前一世紀中葉，亦即在西元前 55～54 年凱撒 (Julius Caesar, 100? B.C.～44 B.C.) 征

服不列顛時，才開始有實際的記錄。凱撒當時是羅馬的高盧 (Gaul) 總督，高盧是現在法國的領土。凱撒要征伐不列顛，是因當時不列顛人援助高盧人造反，想從羅馬爭取獨立。於是在西元前 55 年夏末，凱撒率領二個軍團，進攻不列顛的東南沿岸，與當地的土著凱爾特人激戰，結果僅獲得一些陣地。但是接著秋天降臨，因天寒地冷，不得不撤兵，翌年再以更強大的軍隊征伐。

西元前 54 年 7 月，凱撒以五個軍團約二萬步兵和二千騎兵的武裝部隊，在不列顛東南沿岸代耳 (Deal) 地方登陸。凱撒當時在不列顛島的期間，總共不過三個月，但是英國的信史則從此開始，這時約當中國的漢朝宣帝時代。凱撒征伐不列顛島的結果，才將拉丁文化傳播到此地。從這時開始，羅馬的商人或手工業者，不斷的從拉丁化的高盧遷入不列顛島內，浸透羅馬文化。羅馬人稱當地的土著凱爾特人為不列頓人，稱該島為「不列塔尼亞」(Britannia)，這就是不列顛 (Britain) 的起源。

凱撒征伐不列顛的時間短暫，隨後即刻撤兵。但是約經一個世紀以後，羅馬帝政時期的皇帝克勞第阿斯一世（Claudius I，在位 41～54），在 43 年夏，親自率領羅馬大軍再侵入不列顛，征服凱爾特土著，將不列顛編入羅馬版圖。結果不列顛成為羅馬屬領，設置總督，駐守約四萬軍隊，並設置民政廳 (civil administration)。其後羅馬的每一代總督，即不斷的擴大羅馬的統治勢力，及於不列顛島的西部威爾斯海岸，甚至蘇格蘭的高地 (highlands)。

當時羅馬軍所駐紮的地方，如 Colchester、Gloucester、Leicester、Doncaster，現在語尾還殘留 Caster、Cester、Chester 的痕跡，這些字都是從拉丁語 Castra 變化而來，Castra 是 Castrum 的複數形，是軍營的意思，指的就是羅馬軍營的所在地。還有一些字尾如 Lincoln 的，則從拉丁語 Colonia 而來，意指羅馬的殖民地。故英國在古代，從 43 年到 410

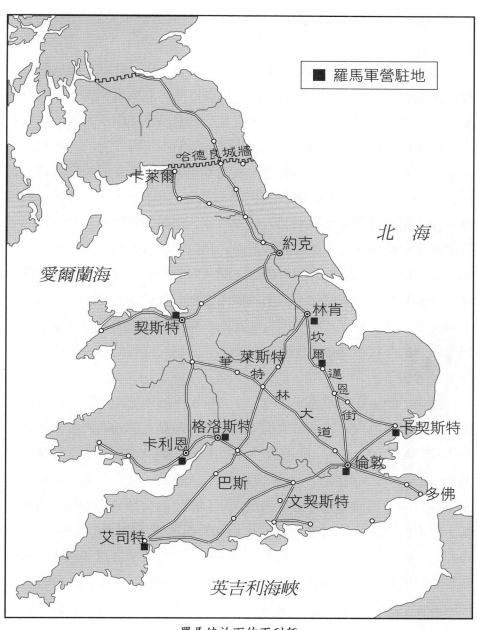

羅馬統治下的不列顛

年，約有三個半世紀以上是羅馬的殖民地。這時約當中國的後漢、三國、西晉、五胡亂華、東晉的時代。

在羅馬的統治下，不列顛東南部低地地方，比西北部高地地方，受羅馬文化的影響較多，但是整個「不列塔尼亞」的凱爾特人，並沒有改變其氏族制共同體的社會關係，也沒有改變其以自然經濟為主，從事畜牧和農耕自給自足的經濟生活。因為羅馬統治不列顛的目的，乃在這以穀物生產聞名的島嶼，搜括貨幣形態的地租 (Tributum) 或穀物形態的貢賦 (Annona)，以獲得財政歲收的利益。因此，將凱爾特人血緣團體的社會關係，強制轉化為地緣團體的社會關係，使凱爾特族的首領轉變成羅馬的地主或官吏，以便徵收羅馬帝國的賦稅。於是凱爾特人氏族制的首領，被當做該地區土地的所有權者，而共同體的一般成員則被戲劇性的當做氏族制首領的佃農。不列顛的羅馬文化，僅使凱爾特人的上層接受羅馬文化，採用羅馬式的都市生活方式，而大部分的凱爾特民眾依然是過著田園的畜牧和農耕的生活，但是其氏族制共同體的社會結構，多多少少被削弱了。

然而，隨著羅馬帝國的衰微，在其統治下的不列顛內部，從三世紀末也開始紛擾起來。曾經被羅馬軍趕到不列顛島北部的凱爾特系的匹克特人和蘇格人 (Scots)，即乘機從海上南下侵擾。隨後，日耳曼民族 (German tribes) 大遷移的一支系盎格魯人 (Angles)、薩克遜人 (Saxons) 和朱特人 (Jutes) 等蠻族，亦從北海侵入不列顛。由於羅馬帝國勢力衰頹，加上駐軍內部的政權鬥爭，從五世紀初羅馬人即非撤回大陸不可。407 年，有一稱為君士坦丁 (Constantine) 的將軍，被不列顛的士兵推為皇帝，率領軍隊進擊大陸，戰敗被殺。410 年，西羅馬皇帝霍諾留 (Flavius Honorius，在位 395〜423) 認為不可能再派遣軍隊去，命令羅馬軍自不列塔尼亞撤退，終止羅馬的統治。

盎格魯薩克遜人入侵不列顛

　　羅馬軍撤退後，日耳曼民族大舉入侵，他們佔領了不列顛的幾個島嶼，把土著的凱爾特人殺害或俘為奴隸。其他的凱爾特人，則被驅逐到威爾斯 (Wales)、蘇格蘭 (Scotland) 等山地或遷居愛爾蘭 (Ireland) 去。也有一部分人渡海移居法國西部的不列塔尼半島　（Bretagne，亦稱 Brittany），這是因留戀不列塔尼亞而如此稱呼。

　　新來的日耳曼條頓民族，統稱為盎格魯薩克遜人 (Anglo-Saxons)，他們從六世紀末起，約二百年間，在今天的英格蘭到蘇格蘭的一部分，陸續建立部族國家性質的七個小王國，互相對立抗爭。朱特人建立肯特 (Kent) 王國，薩克遜人建立南薩克遜 (Sussex) 王國、東薩克遜 (Essex) 王國、西薩克遜 (Wessex) 王國，盎格魯人建立東盎格利亞 (East Anglia) 王國、麥西亞 (Mercia) 王國、北薩布利亞 (Northumbria) 王國，這時代稱為七王國 (Heptarchy) 時代。

　　七王國興亡的過程中，與宗教的鬥爭有密切的關係。當各個部族王國的人心，漸歸於羅馬基督教時，英格蘭亦趨於統一。

　　基督教在三世紀開始傳入不列顛，跟羅馬帝國軍事統治勢力的衰微成反比，逐漸在民間普及起來。羅馬帝政的缺點，在於以武力征服，僅與少數凱爾特貴族接觸，給上層貴族名目上的官職以幫助其統治，而沒有抓到下層民眾的心。相反的，基督教則乘隙而入，在凱爾特人的下層社會之間，將宗教信仰逐漸傳播開來。相傳在羅馬統治下，英格蘭就有一軍人自稱為阿爾班 (Alban)，在倫敦近郊的凡魯拉米安 (Verulamium) 傳教，在三世紀末或四世紀初被殺，成為英國第一位殉教者。他傳教而殉教的地方凡魯拉米安，後人即改稱為「聖阿爾班」(St. Alban) 紀念。

　　不列顛島嶼的基督教，在實際上，當時有二個教派，一是北方凱爾特人所信仰的愛爾蘭教會派，一是南方薩克遜人所信仰的羅馬基督教派。北方派最先由　「愛爾蘭的使徒」　(the Apostle of Ireland) 巴特瑞克

(Patrick, 385～461)，在 432 年創立愛爾蘭教會，與羅馬教會分離，以修道院為中心，並以特異的原始性格傳教。但是愛爾蘭教會派的勢力，是由柯倫巴 (Columba, 521～597) 所擴大的，他生於愛爾蘭，於 563 年在蘇格蘭的愛奧那 (Iona) 島創立修道院，向加列度尼亞（Caledonia，蘇格蘭的古稱）的匹克特人傳教至死為止。因此他被稱為「加列度尼亞的使徒」(the Apostle of Caledonia)，成為蘇格蘭凱爾特人的教祖，英格蘭及蘇格蘭北部一帶，都是因為柯倫巴的傳教而知悉基督教。

　　然而，南方派的基督教，則由羅馬直接傳道到英格蘭南部。在六世紀末，即 590 年，大格列哥里 (Gregory the Great, 540?～604) 當羅馬教皇，於 596 年指派奧古斯丁 (Augustine) 為英格蘭的主教，奧古斯丁於 597 年到達英格蘭。這一年剛好又是上述北方派柯倫巴「遷化」（升天）之年，也是奧古斯丁在坎特伯里 (Canterbury) 奠立羅馬基督教，使肯特王艾思爾巴特（Ethelbert，在位 589?～616）信教成功之年。奧古斯丁也被稱為「盎格魯薩克遜的使徒」(the Apostle of Anglo-Saxons)，肯特王信仰基督教一事，則稱為 「艾思爾巴特的改宗信教」 (Conversion of Ethelbert) 而膾炙人口。

　　南方的羅馬基督教，與愛爾蘭教會派展開熾烈的傳教鬥爭，最後南方派能獲得勝利而掌握盎格魯薩克遜人的心靈，主要原因在於勾結薩克遜王公貴族而得其寵信，自上而下傳教的結果。

　　羅馬基督教所以能得到肯特王的寵信，是利用王妃貝莎 (Bertha)，其為法蘭克王查理伯特一世 （Charibert I，在位 561～567） 的公主，是一個虔信的教徒，換言之，運用女人的魅力去感化艾思爾巴特國王。因此，奧古斯丁不但獲得肯特王的傳教許可，還能居留首都坎特伯里，建造教會來教化人民，並使國王改信羅馬基督教而接受洗禮。

　　其次在北薩布利亞王國，則由奧古斯丁的徒弟鮑立奴斯 (Paullinus)

當主教，他也是利用國王愛德溫（Edwin，在位 616～632?）娶肯特王艾思爾巴特的公主艾思爾貝佳 (Ethelburga, 601?～647) 為妃的關係，使羅馬基督教跟隨王妃進入王宮傳播。國王愛德溫也在 627 年改信羅馬基督教，而使北薩布利亞亦從此得傳教的基礎。

在西薩克遜王國，則是七世紀的教皇霍諾留一世 (Honorius I, ?～638) 派遣主教畢利奴斯 (Birinus) 去傳教，他也利用國王居納吉斯（Cynegils，在位 611?～642?）娶北薩布利亞王奧茲華爾（Oswald，在位 634～641?）的公主為妃的關係，使西薩克遜王也於 635 年改信羅馬基督教而接受洗禮。

但是在北薩布利亞王國之內，自從 633 年愛德溫王被麥西亞王朋達（Penda，在位 626?～655）擊敗戰死，而主教鮑立奴斯亦逃亡之後，羅馬基督教有一段期間不振。自奧茲華爾王以後，到奧茲威王（Oswy，在位 642～670）的時代，北薩布利亞王國逐漸受愛爾蘭教會派的影響，於是柯倫巴在蘇格蘭愛奧那島所創立的修道院方式的基督教逐漸普及。

為了解決愛爾蘭教會派和羅馬教會派之爭，奧茲威王於 664 年召集全體教士在懷特比開會討論，這稱為「懷特比宗教會議」 (Synod of Whitby)。最後國王裁決採用羅馬基督教的儀式及復活節的日期。這是因為奧茲威王娶愛德溫王的公主安佛烈 (Eanfled) 為妃，她是羅馬基督教的虔信者而受其影響的緣故。於是北方也有北薩布利亞的首都約克 (York)，和南方的坎特伯里遙遙相對，成為羅馬基督教在英格蘭的二大中心。

在懷特比宗教會議攻擊愛爾蘭教會最激烈的教士維爾弗利得 (Wilfrid)，於 669 年當約克主教，但是他後來被北薩布利亞王愛格佛利得（Egfrid，在位 670～685）所驅逐，而於 677 年亡命南薩克遜王國。可是他又於 681 年成功的使南薩克遜王艾思爾華爾 (Ethelwalh) 也改信羅馬基督教。同樣的東盎格利亞王國、麥西亞王國也漸漸改信羅馬基督

教。隨著時間的進展，到八世紀末，羅馬基督教已普及於英格蘭各地。

　　因此到九世紀初，當西薩克遜王國的愛格伯王 （Egbert， 775?～839，在位 802～839）征服麥西亞，隨即北薩布利亞亦歸服，而於 829 年統一英格蘭時，七王國的盎格魯薩克遜人都信仰羅馬基督教，而沒有異教徒存在。特別是從 668 年狄奧道 (Theodore of Tarsus, 602～690) 被指派為坎特伯里大主教，而於 669 年到達英格蘭以後，將各部族國家各自獨立的教會組織起來，將全英格蘭分為十二個主教管區，成立以坎特伯里為中心的統一組織。各地的主教，從此都要聽從羅馬教皇在英格蘭的代表者大主教的指揮。可見英格蘭是先達成宗教上的統一，亦即精神信仰方面開啟其先，然後才形成政治上的統一。而此政治上的統一，尚需要外來的壓力促成，這將在下章討論。

　　從政治的過程來看，從五世紀到六世紀的盎格魯薩克遜人和先住民凱爾特人的抗爭，經六世紀末七王國的成立到九世紀七王國的角逐，在表面上是南方盎格魯薩克遜人征服北方凱爾特人而成立盎格魯薩克遜社會的種族勢力的鬥爭，但在背後則是南北基督教派在英格蘭的鬥爭。南方的羅馬基督教派，利用盎格魯薩克遜的王權，自上而下以達到宗教支配的目的，戰勝北方的愛爾蘭教會派。換言之，這也是南方羅馬文明和北方原始民族文明的鬥爭。

　　羅馬基督教利用盎格魯薩克遜人壓倒凱爾特人的勢力，在英格蘭確立宗教勝利的基礎。盎格魯薩克遜人所信仰的羅馬基督教派勝利，凱爾特人所信仰的愛爾蘭教會派敗北，是因為種族勢力上南方先征服北方，以致於在宗教上南方也必然的壓倒北方。當時君臨北方北薩布利亞王國而居於優越勢力的奧茲威王，其後勢力逐漸衰微，王基漸漸動搖，相反的，南方薩克遜人的勢力日漸強大。

　　英國的歷史，從來偏重盎格魯薩克遜文明或羅馬文明，而輕視北方

凱爾特原始民族的文明，是由此而來。因為「勝者為王，敗者為寇」的歷史定律，使南方的盎格魯薩克遜文明享有正統性 (legitimacy)。再則，寫英國歷史的古代經典，都是經由羅馬傳教士拉丁語學者之手寫的，他們極力排斥北方愛爾蘭教會，把信仰愛爾蘭教會的凱爾特人描述為「蠻族」。但是事實上，從當時文化的程度來看，南方的盎格魯薩克遜人更是野蠻。

屬於日耳曼條頓族的盎格魯薩克遜人，本來是一個極為野蠻的民族。他們最初講德意志低地的方言，這是屬於條頓語系，與斯堪地那維亞半島、荷蘭以及德意志北方的語言同系，可是他們完全不懂文字。相反的，凱爾特人還知道模仿拉丁文或希臘文的大字而寫粗陋的文字，稱為盧恩 (rune)，雕刻在木頭、石頭或角器等上。

自從六世紀末羅馬基督教傳入不列顛以後，熟悉拉丁文的傳教士，才仿照盎格魯薩克遜人的方言發音，以拉丁文記錄起來，使其語言產生文字。這最先是在北薩布利亞王國的盎格魯族之間記錄，所以記錄下來的語言就稱為「英語」(English)，以後推展到其他盎格魯人、薩克遜人及朱特人的各王國而普及起來。English 在古代稱為 Englisc，是「盎格魯」的意思，因為 Engle 和 Angle 相通，後來稱其民族為 Angles，稱其語言為 English。而「盎格魯的土地」(Angle-land)，也就變成「英格蘭」(England) 了。

因為盎格魯薩克遜人本來是不懂文字的野蠻民族，所以自從 407 年羅馬的君士坦丁將軍率軍進擊大陸而離開不列顛以後，到 597 年羅馬教皇派遣奧古斯丁到英格蘭肯特王國的約二百年的期間內，英國的歷史幾乎是完全沒有文字記載。只有八世紀時修道院的司祭比得 (Bede, 673～735) 所著的《英國民族教會史》(*Historia Ecclesiastica Gentis Anglorum*, 731)，和九世紀末西薩克遜王國的阿佛列大王 （Alfred the Great，在位

871～899）　命令以古代英語編纂的 《盎格魯薩克遜年代記》
(*Anglo-Saxon Chronicle*)。這時代因為留存文獻稀少，上述兩本史料的記
載又都太簡單而有混淆謬誤的地方，故被稱為英國史上的「黑暗時代」。

　　相反的，北方的愛爾蘭自從巴特瑞克在 432 年創立愛爾蘭教會以後
的三百多年期間，基督教浸透蓋爾民族（愛爾蘭和蘇格蘭高地的凱爾特
人）的上下層，使其基督教文化和蓋爾民族文化融合，文化創新、藝術
開花，而現出蓋爾人文化的「黃金時代」。當時愛爾蘭被稱為「聖人和學
者之島」，當地的修道院保存了中世紀初期的文化，並扮演指導文化的輝
煌角色。從愛爾蘭東海岸的修道院出來的柯倫巴，在 590 年與同志共渡
大陸，在今日的法國、義大利等地建立修道院，對中世紀時期古典教養
的培養有很大的貢獻，其徒弟伽魯士 （Gallus 或 Saint Gall，約 550～
646）也隨其師到歐洲大陸，在日耳曼各民族之間傳教，伽魯士於 613 年
左右建的修道院，後來成為瑞士地區著名的修道院，而對中世紀文化的

傳佈有很大的貢獻。英格蘭有名的林迪斯
芬修道院 (Lindisfarne Abbey)，亦屬於愛
爾蘭教會系統建築。

　　然而，在英格蘭自從 668 年狄奧道任
大主教，確立教會組織以後，以坎特伯里
為中心傳佈羅馬基督教。當時有一北薩布
利亞出身的修道士貝納狄克特 (Benedict
Biscop, 628～690)，從羅馬與狄奧道共同
到坎特伯里傳教，他後來回到其家鄉北薩
布利亞，於 678 年到 681 年之間建立了許
多貝納狄克特派修道院，蒐集很多典籍，
極力消除愛爾蘭教會的影響。 前述著作

《英國民族教會史》的手抄本

《英國民族教會史》而有「英國史之父」的比得，就是在這貝納狄克特派修道院受教育的僧侶學者。當然羅馬基督教在英格蘭奠定基礎之後，也以日耳曼人傳道的方式再輸出歐洲大陸去。但是在五世紀到六世紀的日耳曼人移居不列顛時代，盎格魯薩克遜人確實是比凱爾特人更野蠻，如果沒有羅馬基督教利用宗教勢力支配英國，則在英國的日耳曼民族也不得開化。

英國說是歷史淵源長久，可是英國的古代相當於是世界史的中世紀，跟希臘、羅馬，或中國、印度的古代文明不能倫比。英國的古代因為史料缺乏，到了十九世紀中葉才開始確立科學的歷史研究，從那時候起到二十世紀的三十年代，一直是以「日耳曼學派」(Germanist, Teutonic School) 中的所謂「古典學派」理論體系為主流。他們將英國文明的源流，求諸於日耳曼古代，強調原始日耳曼人的「自由」，說明在盎格魯薩克遜的初期社會，已經貫徹了一種氏族制的原始民主政治。

但是十九世紀末葉以來，在這歌頌「自由」的英國，對內出現資本的壟斷和集中的獨霸現象，對外則表現為侵凌和壓迫有色民族的霸道作風，這種「帝國主義」的行徑，令人對日耳曼學派的「一般自由人」說法發生動搖，興起疑竇。於是產生了另一「羅馬學派」(Romanist, Roman School)，從古典社會的重新評價，否定日耳曼古代的「自由」，說侵入不列顛時的盎格魯薩克遜本身內部，已經存在著領主制的隸屬關係，而主張「領主制」之說。

英國的古代盎格魯薩克遜社會，究竟是如日耳曼學派所主張的「自由」，還是如羅馬學派所主張的「隸屬」，至今尚無定論。自二十世紀以來，由於新史料的發掘，地方史研究的進展，以及各種科學的進步，兩個學派各自有其批評和修改，但是仍存在著基本觀點的對立。只是近年來，在歐美和日本的史學界，日耳曼學派的優越性已經動搖，而羅馬學

派開始逐漸的抬頭，是可以預言的。

　　日耳曼學派的缺點，在於維護英國是自由民主主義源流的傳統神話，切斷羅馬時代對不列顛三個半世紀以上的統治，排除先居民凱爾特人的存在價值，來論英國史的起源。他們認為盎格魯薩克遜時代才是「古代英格蘭」(Old England) 的時期，但是氏族制的原始民主政治如何轉移到封建社會，從領主裁判權的起源，封建土地所有觀念的成立，戰士貴族階層的抬頭等事實檢討，除非求諸於外來的因素，不能自圓其說。以政治史方面來論，日耳曼學派常以國制史為中心，說明英國在古代就有「賢人會議」(Witenagemot) 這種憲政制度的雛形。可是他們並沒指出，所謂「賢人會議」就是羅馬基督教支配英國政治的工具。

　　在薩克遜的後期 (830～975)，在中央掌握政治權力的國王，不定期的召集大主教、主教、修道院長、身為大貴族的地方長官或側近從士，討論重要國務，舉凡外交、立法、徵稅、軍事、特權讓與、宗教決定等，都給與國王勸告。可見這些參與國家重大決策的「賢者」(Witan)，實包含大主教、主教、修道院院長的「聖職貴族」，和貴族、從士、地方長官的「世俗大貴族」二部分。其中，因為代表羅馬基督教勢力的「聖職貴族」，都是有學問的高僧，獨佔文化和心智，在參與國政上佔優越的地位，成為後來「模範議會」聖職貴族變成「第一身分」(First Estate)，而世俗貴族則降為「第二身分」(Second Estate) 的淵源。

　　羅馬基督教利用賢人會議參與國事的重要決策，以賢者自居，有時甚至反對國王的政策。當時尚是政教不分的時代，沒有治理日常政治的政府存在。國王遇到重大國是，也就召集賢人會議，得其協贊，例如任命教會聖職者或國家大官，公佈法律的修改，核准土地的賜與，安排軍隊的遠征，以及國家財政的支付等。這些國家大事通常先諮詢以聖職貴族為主體的賢者之後，才由政府執行。賢人會議除此之外，還裁判國家

的重要人物，而兼有最高法院的性格。其他對於王位繼承問題，也有選
立新王，或迫使國王退位的。1017 年丹麥酋長喀奴特（Canute，994?～
1035，在位 1016～1035）當英王時，他就宣稱得到英國賢人會議的支持
而選定為國王，並由坎特伯里的大主教戴冠。喀奴特死後，其二子順次
就位早逝後，西薩克遜王室的愛德華（Edward，1002?～1066，在位
1042～1066）繼承王位，也是賢人會議所選定的。1066 年諾曼第公爵威
廉（Duke William，1027～1087，在位 1066～1087）征服英國時，也是
賢人會議改變初衷同意其就英國王位的。於是威廉在 1066 年的聖誕節，
在西敏寺寺院舉行戴冠式，儀式仿古式，由大主教執行。

　　再看盎格魯薩克遜社會的封建過程，其最主要的封建土地所有制，
也是由於羅馬基督教的確立和普及之後，由其導入羅馬法的土地所有觀
念於英國，才使其「部族土地制」(folkland) 逐漸的轉化為「特許土地
制」(bookland)。在盎格魯薩克遜社會，早期的土地所有形態，是將土地
分割給各部族員的一種家族所有地制，各部族員共同負擔對國王的納貢。
土地的繼承等則依部族的「習慣法」(folkright)，在此土地上的犯罪或爭
執則由部族首領所代表的公家法庭處理。然而，七世紀末葉以後，國王
以羅馬人所使用文書的形式「特許狀」(book = charter)，將特定的土地特
權讓渡給聖界的大所領，換言之將土地寄付給教會。八世紀以後，以「特
許狀」形式的土地讓渡再擴大到一般世俗貴族，這就是盎格魯薩克遜封
建制度 (Anglo-Saxon feudalism) 的起源。英國的法律缺乏羅馬法制的影
響，這是事實，但是受羅馬文化的影響。因為改革法律的推動力在教會，
而羅馬派的基督教支配了英格蘭。例如在早期，盎格魯薩克遜人就知道
寫遺書，這種法律習慣是教會引導的，因為羅馬基督教教會往往是因遺
書的贈與而成為最大的受益者。例如在十一世紀，教會擁有肯特王國土
地的三分之一。

　　羅馬基督教不但利用宗教使盎格魯薩克遜人在思想上信服，同時也利用賢人會議參與中央政權的決策，並導入「特許土地制」形成聖界大所領，以達到其後支配英格蘭的目的。羅馬基督教就如此支配英格蘭，直至十六世紀的宗教改革為止。

Chapter 2

北歐海盜團的襲入

—— 英國的政治統一

（九～十世紀）

英國的盎格魯薩克遜時代，一般是指從五世紀盎格魯薩克遜人大量移居英格蘭，到十一世紀中葉諾曼征服英國的這一段期間。但是英國在盎格魯薩克遜時代的後期，亦即從 787 年歐洲北方人 (Northmen) 的第一次侵略 (First Invasion of the Northmen) 以來，到 1066 年諾曼征服的約三百年內，英國頻頻遭受北歐海盜團的襲擊。不但如此，代表北歐海盜團的丹麥人 (Danes)，從 878 年得到英王的正式承認，在英格蘭東北部的一大片地方，建立丹麥法 (Danelaw) 統治地。1016 年丹麥酋長喀奴特征服英格蘭，而被選為英王起，至其絕嗣而由西薩克遜王室的愛德華就王位的 1042 年，英國確實是純粹的丹麥王朝的統治時代。因此盎格魯薩克遜時代的後期，說是北歐海盜團在英格蘭大肆活躍的時期，一點也不為過。然而，英國的史家，往往將北歐海盜團對英國的影響，一筆抹殺。

歐洲北方人，又稱為海盜團 (Vikings)，Vik 是意指小港灣，Viking 則是掠奪港灣沿岸的意思。如果 Vik 意指廣大的海洋的話，Viking 就等於 Sea-King，也就是海上王了。英格蘭人稱這些來自北方的海盜為「丹麥人」，因他們從丹麥來襲之故。愛爾蘭人則稱這些海盜為「東方人」(Ostmen)，因為從愛爾蘭的地理位置看是東方人無疑，「北方人」是歐洲大陸人稱呼的。

在古代甚至中世紀，在東洋的中國人不用說，就是西洋的希臘人或羅馬人，也都對海盜抱著厭惡和恐懼的觀念。然而慓悍的北歐人，卻認為海盜是男子漢大丈夫的偉業。他們不但認為海盜業可以滿足他們物質上的欲望，甚至可以滿足他們宗教上的信仰。他們本來是跟盎格魯薩克遜人同族的日耳曼人，但是在中世紀初期的日耳曼民族大遷移時並未移動，長期蟄居北邊的斯堪地那維亞半島和丹麥地方，因此也是不受基督教洗禮的異教徒，認為海盜行為是順從天意，並不違背宗教上的理論。再則，北歐的海盜團，跟其他各地的海盜不同的地方，是超越個人的英雄主義，以民族的規模活動，因此從事海盜活動變成愛民族愛國家的行為，跟所謂「正義」(justice) 的原則一致。這種海盜哲學，後來就成為英國「海盜文明」的思想基礎，在英國的小說和詩歌之內歌誦不已，奠定此後英國人稱霸海洋的雄心。

自從盎格魯薩克遜人移居英格蘭以來，歷經約四百多年到八世紀末葉，當部族國家的七王國的角逐，將由西薩克遜王權為中心歸於統一時，英格蘭即遭受外來的一大威脅，北歐海盜團的侵襲。787 年是海盜襲擊英格蘭的最初記錄，數年之後海盜團再來襲，掠奪林迪斯芬修道院，殺死修道士，海盜一再的到不列顛和愛爾蘭的海岸，有時沿河入內地強劫。

未曾遭受外來侵略而享受蓋爾人「黃金時代」的愛爾蘭，在 795 年也遇到海盜團的侵寇，從九世紀初襲入東海岸，有的溯河渡湖進入中央平原，攻擊修道院、教會、學校，強奪財寶，殺戮暴行，將此「聖人和學者之島」蹂躪。愛爾蘭人遭受北歐海盜團的侵襲之後，接著被英國人征服破壞，以致喪失民族的獨立，豈不悲哉。

當北歐海盜團頻繁的襲擊英格蘭時，正是西薩克遜王國興隆鼎盛的時代，本來在內部對立的盎格魯薩克遜的各部族，遭受外來海盜的威脅之後，才醞釀成統一對抗的趨勢。826 年，肯特、南薩克遜、東薩克遜和

東盎格利亞，都宣稱臣服西薩克遜國王愛格伯，829 年愛格伯征服麥西亞，北薩布利亞亦自行宣稱臣服，於是英格蘭歸於統一，愛格伯成為第一位英王，時值中國唐朝文宗太和三年。

由於北歐海盜團的襲入威脅，才促使英格蘭在西薩克遜王權的領導下，形成政治上的統一。北歐海盜團對英國政治史的最大影響，就是英格蘭的政治一體化。但是當時在西薩克遜稱霸下的英格蘭統一，只是名義上的最高統治者，尚有從前七王國時代承認霸國的宗主權那種「不列顛霸主」(Bretwalda) 的性格，而且這只是短暫的統一，其後還要遭受北歐海盜團的分割領土。連年侵入英格蘭的丹麥人，都經常移動其根據地，成為短命的王國。860 年北歐海盜團掠奪文契斯特（Winchester，在英格蘭南部），865 年蹂躪肯特，867 年經過東盎格利亞佔據約克（英格蘭東北部），868 年佔據諾丁安（Nottingham，英格蘭中部），870 年（一說869 年）擊敗東盎格利亞殺死其國王愛德孟（Edmund the Martyr，在位855～870），871 年侵入西薩克遜，歷經六次戰役，互有勝負。876 年北歐海盜團割分北薩布利亞，877 年割分麥西亞，880 年割分東盎格利亞，使英格蘭東北部的一大片領土都歸入丹麥人的掌握中。

當 878 年丹麥人再侵襲西薩克遜時，愛格伯的孫子阿佛列大王，終於戰勝丹麥海盜，使其自西薩克遜撤退。依西薩克遜王阿佛列與丹麥王格蘇蘭（Guthrum，在位 879～890）的議和協定，西薩克遜的領土限於泰晤士河 (River Thames) 以南，華特林街道（Watling Street，古代羅馬人所建造橫貫幹道至契斯特附近）以西的地方，至於泰晤士河以北，華特林街道以東的地方，則屬於丹麥人的領土。如此，英格蘭二分為西薩克遜王朝的領土和丹麥人的領土，丹麥人其後即佔領英格蘭的二分之一東北部疆域，並將此地稱為「丹麥法」地方，這是表示此地是實施丹麥法的地區，丹麥人以其特殊的習慣和法律統治。

　　侵入英格蘭的北歐海盜團，被阿佛列大王抵擋而挫其鋒，但是另一支向歐洲中原侵入的北歐海盜團，則攻入西法蘭克王國，包圍巴黎迫其淪陷，並乘法蘭克王國分崩離析之際，佔領塞納河 (River Seine) 下游地區建國。王權衰微而不能防禦的東法蘭克王卡爾三世 （Karl III，der Dicke，肥胖王，在位 881～887），於 911 年乾脆賜給北歐的海盜民族「諾曼」 (Norman) 這塊土地，而封其為 「諾曼第公爵」 (Duke of Normandy)，成為西法蘭克王朝的臣屬，而逐漸基督教化，到了十一世紀已經被法國文化所同化。

　　卻說在十世紀時，每一代的西薩克遜王不斷的努力奪回「丹麥法」地方，並擊退從愛爾蘭、蘇格蘭離島以及歐洲大陸來襲的北歐海盜民族時，斯堪地那維亞半島成立了丹麥、挪威、瑞典三個王國。到了十世紀末的 980 年代以後，北歐海盜民族侵襲英格蘭更形加劇，這些新的侵略者隊伍，都是受斯堪地那維亞三王國之一的國王統率，不然至少也得到國王的授命而來襲。他們的組織已經不是從前部族制度下的組織，而提升到國家規模的組織，所以他們的海盜侵寇也在組織方面佔絕對的優勢。相對的，英格蘭的中央政權還是一個貧弱的組織，要動員人民作戰尚處於不利的狀態。

　　自從愛格伯統一英格蘭以後，英國仍舊是部族國家的體制，當時的村落共同體，一方面成為教會的教區 (parish)，村民必須向教區的教會捐納「十分之一稅」(tithe)，另一方面成為國家募兵徵稅的基礎單位「鎮」(township) 或 「村」 (vill)。村落的地積單位 「海德」 （hide，約三十英畝），不但是一家族的農業生產單位，同時是負擔國家義務的單位。村落的農民，平時從事農耕，但在部族危急存亡之際，必須被召集在部族首長的「部族軍隊」 (fyrd) 之下服兵役。因此盎格魯薩克遜人的「部族軍隊」也是一種農民戰士合一制度。除此之外，以「海德」為單位，人民

還有修築城塞、修築橋樑、繳納實物貢租的三大義務 (trinoda necessitas)。

盎格魯薩克遜社會的地方政治體系，就是以上的這種幾個「鎮」或「村」集合起來構成上級的「郡」(hundred)，然後再由幾個「郡」形成「州」(shire)，最後國家就是由幾個「州」所構成。「州」本來是盎格魯薩克遜人移居來時各軍事首領的管轄地，其後變成各部族國家的小王國，現在則變成由國王委任行政、司法、軍事等大權的「州太守」(ealdorman) 統治。在九世紀以後，除了世襲的統治者「州太守」之外，國王在各州另行派遣「州長官」(sheriff)，但是各州每年有二次人民集會（州會），擔任州內的募兵徵稅事宜，並成為州的裁判所。郡也有每月一次的人民集會（郡會），也是有擔任郡內的募兵徵稅事宜和擔任普通裁判所的功能。州或郡的人民集會，由「州長官」主持，「州太守」或主教等列席。州代表所構成的州會，有相當大的自治權，成為這時代實際政治中心。各村落的人民，以「海德」為單位，向上級的地方團體的人民集會選派代表，並向部族首長及其代理人盡其應盡的義務。

如此，英格蘭在當時是以村落共同體為基礎的部族國家，其農民戰士合一的「部落軍隊」制，不適合與北歐的海盜作戰，是顯然的事實。先從裝備來說，北歐的海盜攜帶鐵斧和長劍，以鐵盔和鐵盾武裝，職業戰士之間穿戴甲冑。相對的，英國的農民戰士要自己負擔裝備和糧食，以服「部落軍隊」的軍事義務，所以武裝非常貧乏，只有槍和皮製外套。再從戰術來說，北歐的海盜發明了一種新戰術，在水上用淺底而長形的輕舟，可乘三、四十人至一百人不等，船隻多槳，划動得快，可以遠溯河流到內地登陸。在陸地上，一遇敵人即將所有馬匹圈圍起來，變成乘於馬上的步兵團。在戰場上，他們利用水手的團結力，加上野蠻人的人海戰術的機動力。他們也知道建築有堅固圍欄的堡壘，以備一旦戰敗時，撤退在內抵抗。英國的「部落軍隊」制下的農民戰士，動作慢吞吞，作

戰時不堪一擊是可以想像的。

　　由於北歐海盜的英勇善戰，而英國人又不能抵抗，最後英王和賢人會議的賢者們商量，決定以金錢來向海盜購買「和平」。991年，由賢者們的命令，英國向挪威國王奧拉夫（Olaf，在位995～1000）所派遣的艦隊納貢一萬鎊銀。994年丹麥國王斯威恩一世（Sweyn I，在位986～1014）和挪威國王奧拉夫攻擊倫敦，英國再納貢一萬六千鎊銀和食物。如此，從991年到1014年之間，英國總共付出十五萬八千鎊銀，以換取避免被海盜掠奪的自由和和平。為了向海盜納貢，必須向人民徵稅，這種稅稱為「丹麥錢」(Danegeld) 或丹麥稅 (Dane tax)，這是英國史上最初從全國人民徵收的稅金，成為此後諾曼王朝時代的「地租」，也變成財產稅的基礎，直到斯圖亞特時代，都成為歷代國王重要的歲收。

　　997年以後海盜的侵寇更形猖獗。英王艾思爾萊二世（Ethelred II，在位978～1016），於1002年與諾曼第公爵理查一世 （Richard I of Normandy，在位942～996）的公主愛瑪 (Emma of Normandy) 結婚，該年向丹麥人納貢二萬二千鎊銀，英王心裡不甘，於是狐假虎威，於秋季屠殺丹麥人。然而，此舉卻引起丹麥國王斯威恩一世的報復，從1003年到1007年是第一次來襲，貢納三萬六千鎊銀了事。從1009年到1012年是第二次來襲，大主教阿爾菲日 (Alphege, 953?～1012) 被殺，貢納四萬八千鎊銀。1013年是斯威恩一世第三次來襲，艾思爾萊二世棄位逃亡諾曼第，全英格蘭即歸丹麥王斯威恩一世之手，並被承認為英王。1014年斯威恩一世去世，丹麥人選斯威恩一世之子喀奴特為英王，但是英國人還是支持艾思爾萊二世為王。艾思爾萊二世驅逐喀奴特，暫時復位。1015年喀奴特捲土重來攻擊西薩克遜，迫其臣服，1016年，喀奴特再進軍麥西亞到約克，艾思爾萊二世死而由其子愛德孟繼位，他雖然有「鋼勇王」(Ironside) 之稱，但僅在位七個月而被謀殺，於是喀奴特被選為全

英格蘭之王，開始丹麥王朝的統治時代。時值中國宋朝天禧年間。

　　喀奴特於 1017 年君臨英國後，將英格蘭劃分為西薩克遜、麥西亞、東盎格利亞、北薩布利亞四部分統治。並與艾思爾萊二世的寡妻愛瑪結婚，與諾曼第表示友好。1018 年聽賢人會議的勸告，恢復先王《愛德伽之法》(*Edgar's Law*)，他尊重盎格魯薩克遜人的習慣法，平等的對待盎格魯薩克遜人和丹麥人，並改信基督教，復興教會，保護修道院，而使人民歸服。他在 1018 年還繼承丹麥王位，1028 年以後又征服挪威及瑞典，而形成一跨越北海的大王國。

　　然而 1035 年喀奴特死後，其統治地分割給其三個兒子，斯威恩 (Sweyn) 分得挪威，哈地喀奴特 (Hardi Canute) 分得丹麥，哈羅德一世 (Harold I) 分得英格蘭泰晤士河以北地方，至於泰晤士河以南地方則歸哈地喀奴特。喀奴特的後裔短命，哈羅德一世僅就位五年，於 1040 年去世，哈地喀奴特也於 1042 年去世。統治英國的丹麥王室因為絕嗣，艾思爾萊二世的遺子愛德華三世 （Edward III，在位 1042～1066） 才被召回就位，恢復西薩克遜的王統。

　　愛德華在其母親愛瑪的娘家諾曼第公爵的宮廷長大，非常篤信基督教，因此有「懺悔王」(the Confessor) 之稱。諾曼第的成長環境，使愛德華不論語言、知識、趣味、感情，都像諾曼人而不像英格蘭人。由於他就任英國王位，許多諾曼的王親、貴族、教士等，即隨其渡英分享權位，而開其後諾曼人統治英格蘭的方便之門。由於他個性懦弱，使他在位的二十四年期間，由在地的英格蘭貴族和外來的諾曼第貴族之間交替奪權，以致國土分裂，陷入諸侯割據的狀態。

　　1066 年愛德華死而無嗣，由其妻弟哈羅德二世 （Harold II，在位 1066） 繼位。諾曼第公爵威廉認為自己是愛德華的表兄弟，從血緣關係主張英國王位的繼承權。於是率領諾曼第貴族入侵，於 1066 年 10 月在

哈斯丁斯戰役——哈羅德二世之死

英格蘭南部哈斯丁斯 (Hastings) 之役，擊敗哈羅德二世的軍隊，就任英國王位，稱為威廉一世 （William I，在位 1066～1087）。歷史上稱此為諾曼征服 (Norman Conquest)，而威廉一世則被稱為 「征服王」 (the Conqueror)，而開諾曼人統治英格蘭的先基。

　　總而言之，北歐海盜團的襲入英格蘭，最大的功能在於促使英國的政治統一，和盎格魯薩克遜社會的封建化。其他對英國法制的形成，商業貿易的復興，農業經濟的開發，都有很大的貢獻。

　　前面說過北歐海盜團的襲入，促使英格蘭於 829 年在西薩克遜王權的領導下形成政治上的統一。但是當時英格蘭王國的統一，實際上只是各部族國家的首領，臣服西薩克遜王的宗主權式的領導權而已，隨著內外情勢的變化，各部族國家的「王」，也可以反對西薩克遜王為英格蘭國王，而獨立起來。830 年麥西亞以自己的王室恢復獨立是一個例子，北方的北薩布利亞更是臣服離叛動搖不定。英格蘭的真正統一，要靠北歐的海盜團完全的征服北薩布利亞、麥西亞、東盎格利亞等，分割其地而打破其部族國家的疆界，建立統一管轄的「丹麥法」地方，才產生其政

治統一體的實質意義。而且，也由於「丹麥人」的征服東北英格蘭和不斷的威脅，才使東南部的肯特、南薩克遜、東薩克遜，懾懼異族的統治而擁護西薩克遜王的領導，因為他們部族國家的疆界不斷的遭受海盜侵襲和破壞。英格蘭的真正統一，應該是在 1013 年丹麥國王斯威恩一世驅逐艾思爾萊二世，合併西薩克遜統治地時成立。雖然其後還有艾思爾萊二世暫時復辟的一幕，但是 1016 年喀奴特的君臨英格蘭，完成了丹麥人征服和統一英國的雄志。其統一英國的基業，其後就由諾曼人繼承下來。

　　從八世紀末北歐海盜團的侵入到十一世紀前半葉丹麥王朝的成立，可以說是諾曼人奠定封建制度以前的英格蘭封建化的時代。在這過渡時期，外來的北歐海盜團的襲入，是一個最大的促進劑，促使盎格魯薩克遜社會，從以氏族制社會秩序為基礎的「部族國家」，逐漸的變質而轉移為以封建階層秩序為基礎的「封建國家」。

　　前面說過，盎格魯薩克遜社會採用「部族軍隊」制，其農民戰士不適合與海盜作戰。但是各部族的氏族制首長身邊，還有一種向其宣誓效忠的「從士」(gesith)，平時在部族首長（王）的宮廷內侍奉，戰時則成為其主君的親衛兵。這種「從士」與部族軍隊的農民戰士不同，不需從事農業等工作，是一種職業戰士，基於宣誓「效忠」的主從關係，這是以向其主君奉仕為主而換取麵包金錢為副的人格關係。然而在北歐海盜頻頻襲入的阿佛列大王時代，「從士」轉變成「大鄉紳」(thegn)，變成以土地的授受為媒介的主從關係。換言之，「大鄉紳」是專業性的戰士，但是以服兵役為條件而從其主君取得土地，這些土地通常是以五「海德」面積（約六百英畝）為基準，因此變成保有大土地的貴族。於是從前主從之間的人格關係，轉化為物質（土地）關係，而固定為一種身分關係，類似「諾曼征服」以後的領主權的土地所有形態。

　　盎格魯薩克遜人本來只有貴族 (eorl) 和平民 (ceorl) 的區別，但是後

來產生意指王族或王子的王公 (atheling) 或隨侍貴族的 「貴公子」
(childe)，州的統治者「州太守」以及從「從士」轉變的「大鄉紳」。這
些貴族逐漸的以官位而不專以血統來顯示其身分地位，他們因丹麥稅等
徵稅權的賦與以及私人裁判權的承認（後來即變成領主裁判權），漸漸的
化為擁有大土地的領主，變成以對國王的軍事上或政治上服務為專職的
「世俗貴族」。除此之外，以對教會或修道院的宗教服務為專職的「聖職
貴族」，也因「特許土地」的保有以來，不斷的增加土地，而化為大土地
的保有者了。

　　但是這種大土地所有者的貴族化，跟「平民」的貧窮化和隸屬化有
密切的關係。平民是從事農業生產的農民，在村落共同體之下，本來是
以一個「海德」的面積為一家族的生產單位。但是在海盜的侵寇下，連
年戰禍而貧窮化。而在國家和教會的各種稅捐義務的負擔上，再加上丹
麥稅的負擔，使村落內部的土地分配越趨不均等。於是土地零細化的農
民，逐漸不堪負荷必須自行負擔裝備和糧食的「部落軍隊」，而將其些小
的自主地，寄託給「大鄉紳」等地方貴族或教會、修道院，成為終身佃
農，向「大鄉紳」租借約四分之一「海德」的土地耕種，化為每年向其
主人貢獻一定量的勞力或生產物，而成為得主人保護的隸屬者。

　　可見北歐海盜團的襲入，引起了盎格魯薩克遜社會的兵農分離，專
業性戰士層的抬頭，貴族的大土地所有化，農民的貧窮化和隸屬化。這
就成為「諾曼征服」以後封建制度的基礎。

　　北歐海盜團的另一貢獻，就是引進「丹麥法」到英格蘭來。例如「賠
償法」，就是古代北歐的斯堪地那維亞人所發明的。因為北歐的海盜團之
間常有內訌，從而引發各種殺戮行為，有殺戮即有復仇，復仇又是殺戮，
而引起無限循環的復仇，這常擾亂社會團體或國家的秩序和安寧。於是
就發明了「賠償法」以剷除討血債的禍根。「賠償法」最具體的表現即

「人命賠償金」制度，斯堪地那維亞人稱為 manngjöld，盎格魯薩克遜人則稱 weregild，這是 man + money 人命償錢的意思，於是被害者的遺族得依法規向加害者或其遺族請求人命賠償金，而避免殺戮流血的弊害。同樣的傷害他人顏面或身體部分而致醜陋不堪者，則可要求醜陋賠償金 (áljótseyrir = indemnity for looking more ugly)，看他人打架而不仲裁者則犯怠慢罪，科徵怠慢賠償金 (slanbaug = ring or indemnity laziness)。當時還是自然經濟為主的時代，這一些賠償金並不一定以貨幣支付，常以家畜代之。

從 890 年阿佛列大王公佈法律之後，西薩克遜諸王（亦即英王）有一連串的法律發佈，但是到 1017 年丹麥的喀奴特兼任英王之後，在其長達十八年的統治時期，才將盎格魯薩克遜人廣泛的法律累積統合，成為英國古代法的集大成。至於「懺悔王」愛德華，則沒有留下一點法律。

此外，自從羅馬撤退後恢復自然經濟狀態的英格蘭，由於北歐海盜團的刺激，漸漸的復興商業貿易，開啟英格蘭中世紀都市發達的端緒。丹麥人不像盎格魯薩克遜人那樣滯留在家鄉，他們雖然是海盜，但也是一個善於從事商業貿易而居住都市的民族。當他們進入英格蘭時，早已旅遊過地中海看過拜占庭 (Byzantium) 等大都市。因此當他們在英格蘭獲得廣大的領土後，即開闢市場建立城塞都市。在「丹麥法」地方的林肯 (Lincoln)、斯坦福 (Stamford)、列斯特 (Leicester)、德貝 (Derby)、諾丁安這五大都市，就是一個典型的例子。中世紀都市的發達和商業貿易的興起，使盎格魯薩克遜的經濟結構變質，促進其封建化。

在農業經濟方面，海盜的大鐵斧，也幫助了英格蘭的農地開發。北歐的海盜，善於使用大鐵斧，鐵斧不但可以用於建造船隻航海，並可以攜帶到各地搶劫，同時可以用在清除森林上。丹麥人就是用大鐵斧，將丹麥的森林砍除，並在挪威海岸和山陵之間，開闢一長條低地地帶居住。

　　早期的英格蘭，居民都被限制在濃密的森林以外的狹小地方，自從丹麥
人的大鐵斧引進以後，才決定性的刺激英國人去清除森林，充分的開發
英格蘭富饒的農地。

Chapter 3

諾曼征服

──封建國家的建立

（十一世紀）

　　1066 年的「諾曼征服」，是英國屢次遭受外來民族的侵略和征服的最後一次。由於這次征服，英國的統治階級即變成外來的法蘭西系統諾曼人，而盎格魯薩克遜人的大部分，又淪落為被統治階級。諾曼征服的意義，是在英格蘭確立諾曼人貴族社會的結構，在英格蘭施行與大陸各國那樣嚴格的「封建制度」。換言之，英國政治史，從此正式的編入歐洲政治體系的一環，其後再經過十二世紀中葉金雀花王朝的成立，英國即包攝於法蘭西的「安茹帝國」(Angevin Empire)，而成為歐洲的一員。

　　所謂「封建制度」是以土地的授受（封土，fief）和軍事義務的實行相結合的一種封主和封臣之間的特定主從關係。但是「諾曼征服」對於盎格魯薩克遜時代的政治，甚至經濟、社會、文化的發展，有什麼樣的影響或改變，至今有不同的見解和主張，而爭論不休。以佛里門 (E. A. Freeman, 1823～1892) 為代表的所謂「自由主義者」、「愛國者」、牛津大學的教授們，強調盎格魯薩克遜時代的傳統，主張制度上的連續性發展 (continuity evolution)。相反的，以羅恩得 (J. H. Round, 1854～1928) 為代表的托利派 (Tory) 貴族主義者、在野派學人，則輕視盎格魯薩克遜的傳統，認為 1066 年才是英國史真正的起點，而主張其斷絕性或異常性變革 (catastrophe revolution)。

　　如果從「封建制度」的一個特徵「軍事上的土地保有制度」，即以執行一定的軍事上和政治上的義務為條件，從主君（國王）之手獲得土地來論，則這種制度是「諾曼征服」以後由諾曼人導入英格蘭的，在盎格魯薩克遜時代並無類似的制度。盎格魯薩克遜時代的貴族社會，依照該時代的特許狀等史料分析，發現其與諾曼人貴族社會的「封建結構」(feudal structure)，有顯著的不同。因此，「諾曼征服」最大的社會效果，是舊英格蘭貴族的悲劇性沒落，和經由異邦人的「貴族革命」(aristocratic revolution)。然而，諾曼人雖然導入了封建的軍事制度和以此為基礎的土地保有制度，但是並非將盎格魯薩克遜時代的「部落軍隊」制消滅，而是征服者積極的重編此「部落軍隊」制的結果，使英國的「軍事上的土地保有制度」完全變了質。

　　如此看來，諾曼征服後的封建制度，跟以前的盎格魯薩克遜社會的各種制度之間，有連續性，也有斷絕性。但從政治方面來說，異常性變革和斷絕性的說法，比較有說服力，並且取得學說上的正統地位。可是在經濟方面，領主和農民的關係或所謂的莊園制，顯然存在著從盎格魯薩克遜時代發展來的連續性，鮮有人過分強調「諾曼征服」的影響。

　　換言之，「諾曼征服」是一種政治革命，經由「軍事上的土地保有制度」而建立封建國家。以下，我們具體的考察諾曼第公爵威廉征服英格蘭的政治過程。

　　威廉征服英格蘭，並不是以諾曼第公國的名義行事，以現代的話來說是以「合股公司」(joint stock enterprise) 的形式進行。在其實行征服計劃之前，威廉曾召集諾曼第的貴族討論征戰計劃，但是貴族們都反對以諾曼第公國的財政冒險，但是願意以他們的私人財產投資，條件是威廉征服英格蘭沒收其土地和財產時，應分配報償。在哈斯丁斯戰役勝利之後，英格蘭的絕大部分土地轉移到威廉手中，除了前英王的領土歸他外，

包括哈羅德二世以及跟隨其在戰役打敗者的土地財產都被威廉沒收，其他還沒收征服之後一再企圖起來反抗的薩克遜貴族的土地財產。到了1071 年，殺死大貴族愛德溫之後，威廉即平定全英格蘭的反抗者，將全國的土地收歸己有，然後威廉除將一部分土地留為自己的直轄領地（royal demesne，即王畿）之外，將其餘大部分的土地，依征服軍將領的功勳比例，分配給諾曼第貴族，以及其他支持其奪位的教會或修道院，對於歸順的盎格魯薩克遜貴族，也先讓其奉獻出土地給征服王，然後再依「封建法」從國王拜領土地。從此，不是國王的直轄領地，就是直接或間接的從國王受封而保有土地。這種土地稱為「封土」，拉丁語稱為feudum。這種土地保有習慣，稱為「封建土地保有制」（feudal landholding 或 feudal land tenure）。

英王威廉一世在其統治末年的 1085 年，派遣許多組官吏到全國各地，令其依住民的宣誓供述，調查該地的土地保有者是誰，土地上有多少佃農存在，徵收租稅時付多少，土地的實際價格多少等，而於 1086 年作成二大卷的《土地勘查記錄書》（*Domesday Book*，亦有譯為《末日審判書》），確定英格蘭的土地所有權、範圍、價值等。這不但便於其徵收租稅，同時也使封建土地保有關係，有一目了然的作用。

第一位諾曼英格蘭國王威廉一世

1086 年，威廉一世又在索爾斯堡(Salisbury) 的大宮廷，召集全英格蘭的貴族諸侯以及其臣下對他宣誓。換言之，這些全國土地的保有者 (all the landholders)，不但指從國王直接受封土地者，還包括他們的臣下從國王間接受封的土地者 (subtenants)，令他們都向英王

宣誓效忠。英王為了牽制大諸侯，並將其領地分散於英格蘭各地，使任何諸侯都不得佔據一地方企圖叛亂。

如此，國王成為英格蘭唯一而最後的土地所有權者，他將大封土或中小封土直接的賜封給其臣下的貴族 (barons)、騎士 (knights)、主教 (bishops) 或修道院長 (abbeys)，這些直接從國王受封而保有土地者即為「領主」(tenants in chief)。但是大領主的封土往往包括二十以至一百個以上的莊園 (manors) 或許多小農村 (small farming villages)。這些莊園通常有一部分由領主直接保留為直轄領地，但是其他的部分則由領主再下封給騎士或其他的佃農 (tenants)。封賜土地者稱為「主君」(lord)，受封土地者稱為「家臣」(vassal)。於是主君與家臣之間，由於「封土」的授受成立「忠誠契約」(faith contract) 的關係。封土的保有人，因繼承或認可而保有土地時，必須先向其主君行「臣服之禮」(to do homage)，然後再向其主君「宣誓效忠」(to swear fealty)。這在具體上就是表現為騎士服役的土地保有制度。不用說，在諾曼統治下的英格蘭，封土制家臣的騎士養成制度，是模仿法蘭克型的封建領地關係。

歐洲自從日耳曼大遷移後，漸漸的形成以軍事義務為代價的封土制度和主從關係。以諾曼第公國來說，起先也是在羅馬帝國的權威之下，故日耳曼諸王對其臣下百姓是王，但對羅馬帝國來說只是帝國的一名公爵而已。

但是諾曼第公爵的臣下諸侯，從公爵受封一定量的土地時，必須保持一定數目的騎士。換言之，以五個騎士的倍數為單位劃定土地，一旦國家有事，則土地受封者「領主」必須率領五人、十人、二十人的騎士，為諾曼第公爵服軍事上的義務。這跟現代的土地所有制最不同的地方，就是除了經濟上的徵收地租之外，還有經濟以外的強制軍事義務，於是土地受封者的貴族領主，為了保持此一定數目的騎士，即從封土之中保

留一部分直轄領地之外，以再下封的方法，將其餘部分的土地分割或授封給騎士以扶持，這稱為「騎士采邑」(knights' fee)，不然就在直轄領地豢養「家眷騎士」(household knight)，提供住宿伙食供養騎士。在諾曼征服時代，騎士數約有五千到七千名，而以「騎士采邑」的方式維持騎士的較多。這些受領封地的騎士，對自己的領主必須服同樣的軍事上的義務。如此，在諾曼第公國下英國的騎士采邑制度，土地受封者在一年間約有四十日騎士服役的義務，或者依主君的要求，提供一定數目的騎士，服同樣日數的義務。

但是歐洲的封建制度，包括英國在內，是根據「忠誠契約」的主從關係。主君和家臣是獨立對等的主體者之間的關係，依契約的儀式 (ceremony)，家臣受領封土時，跪其主君之前，將雙手放置於主君手中，宣誓為此封土的御恩，將忠誠的服從和奉侍主君，且託身成為主君的家臣，但是主君也要對家臣表示保護和保證的責任。故這不是完全身分隸屬的上下關係，而是依「封建法」的契約規定的雙方義務關係。

依照此封建契約 (feudal contract)，人們都認為國王也有一定的權利和義務。國王有向其臣下諸侯課徵一定的租稅，強制一定的軍事或其他勞役的權利，並接受他們的效忠而為全國土地的最終所有者的權利。但是也有維持和平，率領軍隊，從事戰爭，為其臣下諸侯保障領地的義務。同樣的，臣下諸侯也有相應的權利和義務。其有宣誓效忠、貢納租稅以及服役的義務之外，有以下的權利：

第一是領地繼承權，除了其所貢納的租稅限定在一定的條件和數目之外，當他死亡時，其領地依習慣付一定額的封土繼承金 (relief) 之後，有傳給其繼承人的權利，國王不得拒絕。第二是領主裁制權，領主有為其所屬佃農開法庭的權利，而法庭的開設成為當時領主所得的重要財源之一，雖然國王的法庭 (royal courts)，特別是國王的巡迴法官 (itinerant justices)，侵蝕了領主的裁制權，常聽取地方民眾的訴訟，但是臣下諸侯的法庭還是有私人裁制權，而領主的司法功能比國王的更有強制效力。第三是臣下諸侯尚有最後的手段訴諸反抗的權利。如果國王違反封建契約，而一切補償措施都失敗的時候，臣下諸侯有權拋棄他的效忠，以反叛戰爭來強制執行他的權利。當然，這往往是一個不得已的權宜措施。當國王的權力無窮的大，而臣下諸侯的權力無限的小時，這種抵抗權幾乎是絕望的，甚至貴族諸侯強力的聯合起來，也不能擊敗國王的勢力。

　　從封建契約的雙方義務性來看，一方違反契約時，他方即從此解除義務。例如家臣怠忽臣屬的義務時，主君即可將其封土吊銷，另一方面，主君不遵守義務時，家臣亦可訴諸國王或主君的上級者，或甚至拒絕對主君忠誠。這就是西歐立憲政治中抵抗權理論的起源。相反的，中國的封建制度是以政治權力為媒介的家父長制 (Patriarchalism) 的命令服從關係，亦即天子是天命，對臣下是君命，對子女是父命，凡一切命令關係的原理貫徹上下秩序。中國維繫君臣之間的紐帶，缺乏歐洲的獨立主體者之間的「契約」關係，而不以法律關係為基礎。這也是為什麼中國人治發達，而法治 (rule of law) 不發達的緣故。

　　歐洲封建的政治秩序，有其成立的社會政治條件。保有土地受封者的領主，因為「土地」的授與，對其土地上生活的農民，擁有了政治支配權力，除了領主權之外，還有行政權、裁判權、警察權等，而成立了領主與農民的支配隸屬關係。當時的社會，基本上是自給自足的農業社會，因為商品和貨幣經濟尚未發達，所以不可能成立薪俸官僚的行政組織。因此，其政治功能，在於有武裝能力的「領主」（自由人），保護非戰鬥階層的「農民」（非自由人）。其政治制度，是以封土制和家臣制為基礎，在土地保有者（自由人）之間，以土地的授受成立縱的階層性的主從關係。但是這種政治秩序，缺乏橫的領域性的統一，而陷於國家權

力在地方分散的無政府狀態。

　　這時在中央的政治機關，代替盎格魯薩克遜時代的「賢人會議」，設置了一種「國王會議」(curia regis = king's court)。這跟賢人會議一樣，成為行政、司法、立法三權未分化以前的一種中央政府。在最高領主「國王」的主持下，由大主教、主教、修道院院長、伯爵、近侍、騎士等聖俗的直接受封者所構成。一方面是國王的諮詢機關，另一方面成為最高法院。在地方政治方面，從前的「州」模仿諾曼第公國伯爵 (comes) 的稱呼改為「郡」(county)，以前的「州太守」在丹麥王喀奴特時改稱為「伯爵」(earl)，到諾曼征服以後完全喪失了公吏的性格，只變成該州擁有大領地的直接受封者，而享有世襲的稱號。而「州長官」則變成等於諾曼第的「州執行官」(viscomes)，國王任命當地有勢力的貴族，成為地方行政的核心人物。隨著國王法庭的發展，其職務也複雜而多樣化，掌管一州的徵稅、裁判、警察等一切公職，並主宰州會和州裁判所。

　　征服王威廉一世之後，威廉二世（William II，在位 1087～1100）、亨利一世（Henry I，在位 1100～1135）諸王，都努力於王權的強化，但是王權的成長是在歐洲封建制度的限度之內。沒有國王能夠掌握獨裁權，也沒有國王企圖踰越封建契約的限度。因為這封建契約是建立在既存勢力的均衡和妥協之上。王權的強大性，從另一個角度來看，是從對貴族諸侯的依存關係而來。例如國王領地的行政，貢租的徵收，裁判權的行使，常常依賴該地的大貴族承攬。因此像亨利一世那樣顯著的實行集權政治，從國王領地的行政和地方行政徹底的排除貴族之後，一旦瓦解則變成史蒂芬（Stephen，在位 1135～1154）那樣的無政府狀態，成為貴族諸侯要求恢復權利的鬥爭。其間，王權又與正在強化教權的羅馬教皇之間，產生對立和衝突。

　　其後由於王位繼承問題而不斷內亂，1154 年終於由法蘭西的安茹

(Anjou) 伯爵之子即位，稱為亨利二世 （Henry II，在位 1154～1189），而開始英國的金雀花王朝 (Plantagenet, 1154～1399) 時代。 1152 年亨利二世尚未登位時，與路易七世 （Louis VII，在位 1137～1180） 的離婚妻，亦即阿基坦女公爵艾麗諾 (Eleanor of Aquitaine, 1122?～1204) 結婚，而取得龐大的領土。 因此亨利二世不但從母親繼承諾曼第和梅茵 (Maine)，從父親繼承安茹和土耳納 (Touraine) 的大領土，又加上王妃的嫁資， 波亞圖 (Poitou)、 聖特 (Saintonge)、 里摩 (Limousin)、 阿基坦 (Aquitaine)、加斯科尼 (Gascony)，而成立了廣大的統治領域，可與當時的神聖羅馬帝國匹敵，故有「安茹帝國」之稱。英國因此即被歐洲最大的安茹帝國所包攝，從封建的無政府狀態，變成國王、大諸侯、中小諸侯、騎士的金字塔型階層序列 (hierarchy)，而在英格蘭內部產生各種制度上的革新。

在安茹帝國之內的英格蘭，最大的政治特徵是集權的政治體制。亨利二世以其廣大的領土所擁有的財力和武力為背景，克服史蒂芬時代的無政府狀態。 他恢復了亨利一世時代的 「巡迴法官」，整頓財政部 (Exchequer)，正式的確立大判官 (Justiciar)、大法官 (Chancellor)、財政卿 (Treasurer) 等官職，使國內行政組織化。並將現任的州長官全部免職，然後再從地方小貴族之中以短期選拔補充，使國王的行政長官統治各地的行政機構。在司法方面，1166 年以後設立恆久的「巡迴法官」制度，對連繫中央和地方扮演重要的角色， 並在刑事訴訟導入 「告發陪審」 (jury of presentment) 制度。如此，巡迴裁判的判例，加上各地方不同的慣習法，產生今日英國法的主幹「普通法」(Common Law)，同時亦產生由國王大權補正慣習法缺陷的「衡平法」(Law of Equity)。這種司法制度的齊備，表示國王的裁判權侵蝕了領主裁制權，同時也表示行政和司法功能的分立。於是，到十三世紀中葉，在「國王法庭」的法官之中，漸

漸的分離出 「財務法庭」 (Court of Exchequer)、「王座法庭」 (Court of King's Bench) 和 「民訴法庭」 (Court of Common Pleas) 三種不同的政府機關。

　　在軍事制度方面，亨利二世恢復部分「部落軍隊」的古制，在 1181 年的「武裝勅令」，命令一切自由土地保有者（自由民），依各自的身分和資力，平時整備武裝。另一方面對領主則勵行御用金 (aids)、封土繼承金等獻金， 同時對他們的騎士服役的義務也准以 「軍役免除稅」 (scutage) 代納，以此資金在歐洲大陸募集傭兵。

　　安茹帝國的集權政治，在國內即表現在上述的行政、司法、軍事的各制度上。在國際上，當時歐洲大陸的各個所領，都是法王的臣下而保有領土，相對的安茹帝國下的英格蘭，提供給亨利二世「王冠」，使其與其他諸王列於同等地位。因此，在安茹帝國之內確保英國王位是很重要的，此即投射於英格蘭的集權政治形態上。諾曼征服後的英格蘭，雖然處於法蘭西王國的一個領地 (province) 的地位 ， 但是因安茹帝國的特殊地位，最後漸漸的形成一個獨自的「英格蘭王國」。因為安茹帝國的中心地是在諾曼第，所以在 1204 年法王菲力普二世 (Philippe II，在位 1180～1223) 攫取諾曼第時 ， 安茹帝國也就因 「諾曼第的喪失」 (Loss of Normandy) 而面臨瓦解。於是在其後十三世紀後半葉，在歐洲的體系當中，英格蘭漸漸的抬頭成為一個「民族國家」。

　　諾曼和金雀花的兩王族，都是法蘭西的大諸侯出身，在名目上是法蘭西國王的封建家臣，然而他們在法蘭西的領土往往比法王的領土更為廣大。而且這些王族雖然當英國國王，但是為了維持和擴大自己在法蘭西的領土，常常居留於法蘭西而不住在英國。所以說從威廉一世到亨利三世 (Henry III， 在位 1216～1272) 的八代君主，凡二百年 (1066～1272) 之間，國王皆在法蘭西長大，用法語講話，行法蘭西禮儀，英國

幾乎是法蘭西的屬國。這時約當中國的宋朝王安石變法之前年，到元朝建國蒙古人統治中國的時代。

然而，在英格蘭，做禮拜等有關教會的事務，以及大部分的記錄文件仍用拉丁文，一般的庶民百姓以及有關盎格魯薩克遜人的法律訴訟則用英語，只有征服者的國王和其宮廷的人、貴族階級、政府官吏以及都市大商人之間，使用在諾曼第通行的一種法語。諾曼征服的另一結果，就是導入第三種語言法語到英格蘭。

總而言之，「諾曼征服」是異邦人的諾曼人征服英格蘭，奪取當地盎格魯薩克遜人的土地，令其淪為農奴，然後將全英格蘭的土地分配給諾曼人的貴族諸侯，使英國成為歐洲形態的封建國家。威廉一世為了防止自己所封的諸侯將來造反，在盎格魯薩克遜人當中，選拔特別優秀的壯丁為國王的親衛兵。這些親衛兵後來即成為「騎士」，在英國的政治舞臺上甚至故事小說上扮演重要的角色。

於是英國的政治支配形態，屬於統治階級的是諾曼人的貴族諸侯，屬於被統治階級的庶民百姓是盎格魯薩克遜人。儘管征服王威廉一世苦心孤詣地樹立封建制度，但是英國經過一百五十年之後，國王和貴族諸侯以及教會僧侶之間，漸漸產生爭權奪利的情勢。上層統治者之間的權力鬥爭，對於淪為被統治者的盎格魯薩克遜人來說，是一個大好的翻身機會。因為國王和諸侯及僧侶的鬥爭，使當權者雙方都需要得到下層盎格魯薩克遜人的支持。而盎格魯薩克遜人之中，當騎士的表現為非常勇猛有力，當百姓的則一步一步的累積財力，鞏固地盤，漸漸的發達為商業都市的市民（即後來的所謂「資本家階級」）。當國王和大貴族或高位聖職者興起紛爭的時候，盎格魯薩克遜人即被雙方拉攏為支持者。盎格魯薩克遜人即利用雙方的弱點，牽制雙方，使其在政治制度上對市民的生命財產保障，而漸漸獲得所謂「自由」的權利。當然隨著經濟社會的

發展，統治階級諾曼人的拉丁系統的法國文化，和被統治階級的盎格魯薩克遜人的文化，也開始融合交流，少數的諾曼人即被多數的盎格魯薩克遜人所同化，正如在中國的少數統治者蒙古人或滿洲人被多數的漢人同化那樣，最後產生特殊的英國文化和獨特的英語。

Chapter 4

十字軍東征

——《大憲章》的簽訂

（十二～十三世紀）

　　十字軍東征是從 1095 年到 1272 年之間，西歐的基督教徒以恢復聖地的名義從事的七次大遠征，因出征者的衣服都縫有紅十字的徽章而稱「十字軍」(Crusades)。東征的原因，依宗教史的說法，是塞爾柱土耳其人 (Selejuk Turks)，自 1071 年佔據耶路撒冷 (Jerusalem) 之後，阻斷歐洲基督教徒去朝拜聖地的通路，因此當教皇呼籲必須從異教徒（伊斯蘭教徒）手中奪回「主的墓地」時，虔誠的基督教徒即掀起遠征的狂潮。但是從社會經濟史來看，東征的原因顯然在尋求土地、掠奪物產以及開闢到東方的貿易之路。

　　首先發動十字軍東征的，並不是國王，而是諾曼第貴族，他們冀求開拓新的領地，以增加他們的財富與獨立性。因此在早期的十字軍，以法蘭西和義大利的諾曼人征服者的貴族們最為活躍。那時的歐洲，土地掌握在少數封建領主的手裡，工業尚未發達，沒有大的企業或工廠以吸收過剩的人口，又適逢歐洲發生饑荒，貧窮而無可糊口的人都四出尋找食物和工作。因此在十字軍正規軍的前後，時常有一大群饑求土地或食物的農民，散佈於歐洲大陸各地，企圖掠奪而反被打擊，一直到他們可憐兮兮的被剿滅為止。

　　另一方面，十字軍之所以要攻擊伊斯蘭教徒，是因為伊斯蘭教徒威

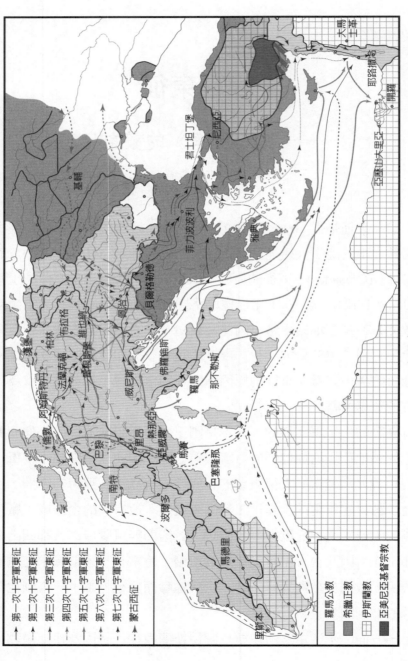

十字軍東征路線圖

脅著要切斷歐洲人到東方的貿易通路，甚至威脅到君士坦丁堡。當時東西貿易已相當發達，歐洲許多商人都已親歷東方，他們認識和羨慕東方的富庶繁榮。到耶路撒冷朝聖的旅程，是高度組織化的商品買賣生意，而巴勒斯坦在當時甚至在現代也是黎凡特（Levant，地中海東部及愛琴海沿岸的國家和島嶼）商業上和戰略上的鎖鑰。所以伊斯蘭教徒的侵擾和阻止歐洲人到耶路撒冷貿易的路線，必然引起歐洲人組織十字軍遠征。

　　早期的十字軍，攻佔了耶路撒冷和建立耶路撒冷王國，但是英國的諾曼第貴族並沒有積極的參加，以法蘭西地區的貴族參加為主，其中征服王威廉一世的長子諾曼第公爵羅伯特 (Robert, 1051?～1134) 亦有參與。因為當時的英國諾曼第貴族，正忙於建立他們在英格蘭的新領地，其後也急於組織軍隊去進攻威爾斯和愛爾蘭，這些地方在地理上鄰近，遠比十字軍東征的遠方更能提供奪取土地的機會。

　　英國的國王理查一世（Richard I，在位 1189～1199）首次直接參加遠征的是第三次十字軍 (1189～1192)。這是因為埃及和敘利亞的蘇丹王薩拉丁（Saladin，1138～1193，在位 1174～1193）奪回了耶路撒冷，滅亡耶路撒冷王國，使歐洲諸王聯合發起遠征。其中最有名的國王，除了理查一世之外，是德皇腓特烈一世（Frederich I，在位 1155～1190）和法蘭西國王菲力普二世。理查一世是亨利二世的第三子，為求得法蘭西的領地而與其父反目，後來父死才就英王之位，因嫌其管轄的領地狹小而參加第三次十字軍東征。在英國史上，這是第一次英國的軍艦開入地中海的壯舉。在遠征途中，由於與法王菲力普二世不和，理查一世孤軍奮戰，而贏得獅心理查 (Richard the Lionheart) 的綽號。但是沒有達成恢復聖地的目的而中途歸返。這位獅心理查在 1192 年的歸途上，中了奧地利公爵的計謀被囚禁起來，並引渡給神聖羅馬皇帝兼德意志和義大利王的亨利六世（Heinrich VI，在位 1191～1197），他即無視十字軍的特權

將理查一世監禁。

　　理查一世參加十字軍東征，獲獅心理查之名，可是猶如獅子有勇無謀，是最大的失策。不但為十字軍東征的準備耗費了一大筆財產，在歸途上因被神聖羅馬皇帝俘虜而需支付龐大的贖金。理查一世因為長期滯留海外，在其十年的統治期間僅六個月在英國，所以代理國政的大臣們，為了十萬英鎊龐大的贖金，在 1193 年向全英格蘭的各階層徵收五種不同的稅捐。例如對騎士的領地徵收各二十先令的軍役免除稅，一般市民則徵收全部收入的四分之一，對聖職者也徵收臨時收入的四分之一。於是教會要捐金銀製的盤子或器物，修道士要捐一年所剪下的羊毛，當然諾曼第也要繳等額的稅，導致諸侯大為不滿想起來反抗。儘管如此苛捐殊斂，徵收的數額仍不足付龐大的贖金。最後神聖羅馬皇帝准許釋放理查一世，因為當理查一世不在位時，其弟約翰（John，在位 1199～1216）想勾結法王菲力普二世篡位奪權，而被坎特伯里的大主教華特爾 (Hubert Walter, 1160?～1205) 所鎮壓。理查一世於是在 1194 年回國，出賣特許狀或勒索財物籌集戰費，並推翻其弟約翰而恢復王位，但是同年5 月又到諾曼第，與法王菲力普二世交戰，直到 1199 年在法國戰死為止都沒回到英國。故理查一世當英王，只有徵收戰費之實，而虛有國王統治之名。

　　理查一世決定參加十字軍東征，最先遭殃的是猶太人。在世界史上，人們都異口同聲的譴責二十世紀的納粹迫害猶太人，而鮮知在十二世紀已經有英王暴虐的殘殺猶太人，開猶太人迫害史的先聲。

　　自從猶太王國在西元 70 年被羅馬軍征服以後，猶太人即逐漸分散移居，漂泊各地。在 1066 年諾曼征服之後不久，猶太人也有移居到英格蘭，但是他們被認為是英王斂財的特殊工具。猶太人在英格蘭被禁止從事一切通常的貿易和產業，轉而從事放高利貸事業，這等於是被英王利

用為一塊從各地方蒐集財富的海綿。因為猶太人對經濟活動有特殊的才能，能夠吸收地方的資金，然後再由英王的財政部將之榨取。英王利用這種方法，即可將統治者的誅求勒索隱蔽而轉嫁給猶太人。因此一旦人民憤怒起來，目標就轉向猶太人，而不指向其統治者。1189 年英王理查一世就位之後，為了籌措十字軍東征的資金，就迫害猶太人，並讓英格蘭人任意去屠殺和掠奪猶太人。

跟猶太人的性格很相近的是東方的「華僑」，他們對經濟活動也有特殊的才能，特別是僑居南洋各地的上層華僑，常位居當地國家經濟流通機構的中樞，就連中下層華僑的小商人，也有很多佔各地方市鎮村落的商品流通機構的主要地位。南洋的華僑，在過去是當西洋帝國主義者在殖民地榨取的幫手 (appendix)，而現在則成為當地統治者轉移其暴政的「代罪羔羊」(scapegoats)。

那麼十字軍東征為何促成英國《大憲章》的簽定呢？

因為理查一世參加十字軍東征需要大量的武裝軍隊，從此必須籌措非常巨額的資金。這些資金的籌集，雖然用各種方法，但其中最重要的一項是出賣「權利特許狀」(charter)，當這些「權利特許狀」累積成為一大堆的時候，就變成《大憲章》(*Great Charter*，拉丁文為 *Magna Carta*) 了。

「權利特許狀」的賜與並不自理查一世開始，當征服王威廉一世的末子亨利一世就位時，為了得諸侯的信望，即發佈保證不徵收非法的封建課稅的特許狀，而成為後來《大憲章》的原型。

特許狀的賜與和當時社會經濟的發達有密切的關係，尤其是都市的興起、商業行會 (guild) 的成長、莊園的捲入貨幣經濟的主要促進劑。

首先看中世紀都市的興起，自從丹麥的海盜團侵入英格蘭後，在軍隊經過的道路集合場地、海岸港灣、河川渡涉點等地方，有些村莊或城塞，漸漸的發達成為中世紀的都市。又因為在諾曼和金雀花王朝之下，

統治階級奢望歐洲大陸的商品，於是以猶太人為主的歐洲商人多數來往
和經營英格蘭與大陸的交易，而促成城市的勃興。這些城市，當初只不
過是在國王之下，或一些封建領主以及修道院所支配下的村莊，以共同
領地耕耘而跟其他的莊園一樣。但是當擴大為城市之後，他們即向國王
或領主以金錢交易，付給一筆可觀數目的金錢，獲得自由而免除勞役的
義務。這稱為「特許狀的賜與」(grant of charter)。

隨著都市的興起，同時還有商業行會的成長。因為不論是諾曼第諸
侯的城塞為中心的都市，或是主教管區的都市，每年每月都有定期營業
的市場，由商人行會組織一個綜合行會，會員不但包括商人，也包括手
工業者。這種都市共同體 (municipal community) 一旦創立，即集體負責
償付莊園的租稅和勞役。加上商業行會成長之後，漸漸與都市的共同體
一致，兩者常常區分不出來。這時除了都市和同業組合的共同體之外，
還有大學的共同體、托鉢僧的共同體。在十三世紀初，英國的中世都市
約有二百之多，都享有相當程度的司法裁判和行政課稅的特權。

都市共同體的成立，自然的促進貨幣的流通，於是超越都市的範圍，
使封建農村的莊園，也捲入貨幣經濟之中。地租的貢納尚以生產物給付，
「賦役」則漸漸的以貨幣代納。特別是中小規模的莊園領主，往往放棄
其直轄領地而出租給農民，成為單純的地租收取者，不然就雇用勞工經
營，付給工資收取生產物。這些中小莊園的領主，雖然在身分上是「騎
士」，但實際上已經轉化為地方農村的「鄉紳」（gentleman 或 gentry），
他們定居地方，擱置武器，以經營農業生產為主，並繳納「軍役免除
稅」，以免除騎士的奉仕義務。這些鄉紳就是英國農村中產階級的起源。

軍役免除稅在亨利一世和亨利二世的時代出現。到了十三世紀，在
英國真正的騎士已減少至四千名。因為在中世紀，由於戰術的變化，要
攻擊城廓，步兵比騎兵較為有利，這使國王感到比較不需要騎士，於是

騎士變成指揮傭兵的將官，將官的數目自然就不必求其多了。

　　創始金雀花王朝的亨利二世，其思想和感情都跟法蘭西人沒有什麼不同，其在位的三十五年中滯留英格蘭僅十三年，而從未滯留一年以上。但是為了奢侈的宮廷生活，即以「特許狀的賜與」籌集金錢。到了理查一世的時代，為了籌募十字軍東征的費用，即擴大「特許狀的賜與」。這時由於都市的興起和商業行會的成長，購買「特許狀」變成有利的交易。因為隨著都市財富在比率上的增加，而相對的減輕負擔，一般市民或商業行會，以些許金錢換取「特許狀」，是確實有利的。從此，亦可以看到貨幣經濟在封建架構內成長。

　　在這新興的共同體城市 (corporate towns)，因為「特許狀的賜與」，個人就成為「自由民」（freeholders，即「自由土地保有者」），不必受經濟以外的強制服役，而開始形成一個準備進入政治舞臺的新階級。

　　在理查一世參加十字軍東征和其後與法國打仗，這短短十年間的英國統治，是非常重要的發展時期。這也是其父亨利二世所創立的官僚機構，在理查一世不在時能否管理國內行政受到考驗的時期，在大判官華爾德的監護國政之下，國王的官僚機構證明了其效用。當理查一世之弟約翰企圖篡位時，這國王的官僚機構即輕易的將此陰謀粉碎。

　　當 1199 年理查一世在法國戰傷死亡之後，其弟約翰就獲得就任英王的機會。然而法蘭西王菲力普二世認為，理查一世之子阿瑟 (Arthur) 才是正當的王位繼承者，而導致英法之間斷斷續續的戰爭。結果約翰喪失了其父亨利二世傳下來的法蘭西的大半領土，於 1204 年割讓諾曼第、梅茵、安茹和土耳納等地，而有「失地王」(the Lackland) 之稱。像諾曼第公國那樣重大的領地喪失，對很多貴族來說是喪失自己很大的祖產。從他們的眼光來看，約翰王沒有盡他做國王的第一義務，即保護他臣下領地的義務。英國的貴族們因喪失國外的產業，乃更急於要維護英格蘭的

產業。敗戰和領土的割讓等，使英國貴族在物質上的損失很大，尤其為了籌措戰費，約翰王屢次實行財政改革，採取苛斂誅求的政策，使英格蘭人普遍的感到不滿。加上約翰因坎特伯里大主教的任命，與教皇愛諾森三世（Innocent III，在位 1198～1216）對立。教皇無視習慣上國王的主教任命權，於 1207 年任命郎頓 (Stephen Langton, 1150?～1228) 為坎特伯里大主教，約翰王拒絕接受此任命，於是教皇於 1208 年宣佈英格蘭停止聖務 (interdict)，1209 年宣佈約翰王被開除教籍 (excommunication)，約翰王為了報復即放逐或監禁教皇派的主教並沒收其財產。愛諾森三世於是於 1211 年宣佈剝奪王位 (depose) 的處分，解除人民服從英王的義務，並鼓動法蘭西和威爾斯對英開戰。約翰王在國內孤立及國外戰爭的情況下，於 1213 年不得已向教皇謝罪而接受郎頓為大主教，並將英國奉獻給教皇，然後重新從教皇受領「封土」，成為教皇的「封臣」，每年向教皇貢納一千馬克，他的這種丟臉而寡廉鮮恥的行為，更是喪失了人心。約翰對愛諾森三世的投降，並沒有挽回英格蘭教會的支持，因為郎頓從當坎特伯里大主教之後，一直充當英格蘭貴族反叛的智囊。英國自從淪落為教皇的封國 (kingdom of the Pope) 之後，約翰想得教皇的援助以恢復其在法蘭西的舊有領土，並與德意志王奧圖四世 （Otto IV，在位 1209～1215）、法蘭德伯爵 (the Count of Flanders)、索爾斯堡公爵 (the Earl of Salisbury) 聯盟，而與法國從事戰爭。但是英格蘭的貴族拒絕軍援及軍費的捐納，以致他的軍隊在 1214 年完全被擊潰。

這位失地王回到英格蘭之後，本來還想再苛斂誅求以從事戰爭，以致使英國的貴族不滿達到高潮。約翰不得不運用一切手段懷柔不滿分子，但是 1215 年 5 月 5 日有一部分貴族，公然宣佈不承認約翰為主君，不承認自己是約翰的臣下，而公然起來反抗。並有倫敦的市民起來響應，以致多數的臣民都站在反約翰的立場。起先反英王的臣民並不算有統一戰

線，也不是一開始就意圖簽訂《大
憲章》。當時英格蘭貴族的代表所爭
論的問題，不在《大憲章》，而是國
王的人身，亦即有人認為約翰應該
廢位，有人認為約翰應該採取使人
信服的行為。後來約翰看情勢不對，
才決定承諾過去英王所發佈的一切
特許狀，遵守封建契約。於是貴族
諸侯才在過去累積的特許狀上，再
加入一些項目，而成為條文龐大的
《大憲章》，於 1215 年 6 月 15 日逼
迫約翰簽字。時當中國的南宋嘉定
八年。

約翰簽署《大憲章》

約翰曾經一再的違反封建契約，踰越國王的權力。他因王室財政的窮
困，想以龐大的課稅等苛斂誅求彌補。他徵收封建習慣法所規定之外的罰
金和服役，無理的沒收其臣下的房地產，否決其臣下的繼承人繼承領地，
只因其付不出過分巨額的繼承上納金。他強制執行「王座法庭」到各種應
該委讓諸侯領主私人裁判的案件。他的越權不限於貴族諸侯，甚至對城市
也是如此，要城市的市民繳納各種新稅，而城市在前二代已經逐漸成長，
因特許狀的取得而意識其享有共同體的權利 (corporate rights)。

結果英王從國人中完全的孤立，喪失支持他的人。這時的約翰，又
與教會爭權。而這時又是教會的勢力最強大的時期，是政治謀略家的教
皇愛諾森三世當權的時代。約翰的孤立，甚至達到不可能召請部落軍隊，
在過去這是國王與貴族鬥爭時的王牌。所以最後約翰不甘願的屈服，在
諸侯的要求條款《大憲章》上簽字，承認封建諸侯和市民的既得權。

　　因此，《大憲章》的全文六十三條毫無統一，沒有首尾一貫的原理原則，因為本來就是各種「特許狀」的大雜燴。在憲章所指的「臣民」，不用說大都是指從國王直接受封領土的貴族諸侯，所謂「自由民」也是廣義的指「騎士身分」的人，或特殊的從事聖職（教會）身分的人。至於佔英格蘭全體人口九成的農民，當時稱為「隸農」或「農奴」(villein)，其身分人格並不被尊重，土地保有的條件並不自由，屬於「不自由民」，被排除在權利之外，故這是僅對獲得特許狀的都市確認其自治權。《大憲章》的內容可以說是當時英格蘭貴族諸侯的具體要求，以限制國王的課稅為核心，對英王的專橫加以限制，故範圍極為廣泛。因此，有人甚至認為《大憲章》只是復歸英國過去的封建習慣，其意義僅在確認「封建法」而已。

　　近代以來，人們總是將 1215 年的《大憲章》與 1628 年的《權利請願書》，1689 年的《權利章典》並列，說這是「英國憲法」的聖典。但是在十三世紀初的階段，我們不能認為《大憲章》樹立立憲政治的基礎，當時它僅是一種國王與貴族諸侯之間妥協成立的「封建文書」。然而，我們如果不從每一條規定去推敲其法律的封建性，而從《大憲章》的全體來看其政治意義時，在國王掌握國政大權的時代，貴族諸侯對橫暴的君主，除了用放棄對於此國王的忠誠而另立新君的思想之外，又能想到以一種「文書」的方式來束縛暴君，以限制國王的大權，不能不說是西歐政治制度的創舉，這也是中國幾千年的歷史所缺乏的。在當時雖然不是英國貴族們所預料的，但結果使《大憲章》成為英國立憲政治的第一層基石。

　　《大憲章》簽訂後不到一個月，約翰王求救於羅馬教皇，將《大憲章》宣佈無效，而引起貴族諸侯的造反。貴族們甚至要法王菲力普之子路易（Louis，在位 1223～1226）當英王，使路易在 1216 年 5 月 21 日

登陸英格蘭，而蘇格蘭國王也到多佛向路易宣誓效忠。約翰王在一切貴族都背棄他的四面楚歌之下，於 10 月 19 日在北方的紐華克 (Newark) 悲憤而死。11 月，貴族諸侯還是推出未成年的亨利三世繼承王位，並修改《大憲章》的一部分要求英王簽字確認。以後《大憲章》在二百年之間，被英王確認四十四次，成為英國立憲政治的臺柱。

　　但是我們不可過分重視《大憲章》的作用而認為這是民主的憲章。因為英國立憲政治發展的決定期，是在十七世紀的清教徒革命和光榮革命時代。《大憲章》在今日所以被認為是立憲政治的基礎，實際上是因在十七世紀時代，英國人對斯圖亞特王朝的專制政治，以《大憲章》為根據，鬥爭得來的結果。因為當時英國人以《大憲章》為工具，來標榜「古代的良法」、「祖先的習慣」，以反抗英王的苛政，而對英國民主主義的發展有極大的貢獻，並不是《大憲章》本身就是民主主義的憲章。故在光榮革命時代，英國人所依據的《大憲章》，跟 1215 年當時的《大憲章》，有完全不同的新意義。這時候，《大憲章》與《權利請願》、《權利章典》結合，才能成為英國立憲政治的支柱，而至今才被認為是英憲的一部分。實際上，《大憲章》的很多條項已經被廢止，或老早已經不適用了。

Chapter 5

威爾斯戰爭和蘇格蘭戰爭

—— 議會制的起源

（十三世紀）

　　英國議會制的成立過程是建築在征服威爾斯和進攻蘇格蘭的基礎上。英國的身分制議會的開端，雖然是在亨利三世時，國王無視《大憲章》 而引起蒙特福 (Simon de Montfort, 1208～1265) 等貴族造反 ， 於 1264～1265 年最初召集有市民和騎士代表參加的「議會」(parliament)，但是其後如果沒有愛德華一世和二世的用兵威爾斯和蘇格蘭，英國就沒有 1295 年「模範議會」的召集和 1320 年代「二院制度」的成立。

　　威爾斯在西元前六世紀被凱爾特人佔據，在此以前據說是伊比利亞人居住。一世紀時，羅馬曾征服威爾斯北部和南部，但沒留下多少影響。五世紀羅馬撤退後，威爾斯的凱爾特人維持獨立，抵抗英格蘭的盎格魯薩克遜侵略者 ， 不屈服於麥西亞王奧佛 （Offa of Mercia， 在位 757～796) 的霸道。於是以臼河 (River Wye) 和李河 (River Dee) 為界，盎格魯薩克遜人不敢再侵入威爾斯的山區或南方海岸平原。威爾斯在六世紀時，因聖大衛 (St. David) 的傳教，也改信基督教。1066 年威廉一世征服英格蘭，但是不能征服威爾斯。於是任命諾曼第貴族鎮壓威爾斯邊界地帶，這些諾曼第貴族稱為「邊界領主」(Marcher Lord)，他們採取零星的一小塊一小塊侵佔威爾斯土地的政策。因此，英人的侵略威爾斯，最初不是由國王發動，而是由邊界領主進行的。

　　從諾曼征服之後的一百五十年間，由於邊界領主的侵略和壓迫威爾斯土著部落，迫使威爾斯人逐漸的退居於山地之間，相反的，諾曼人的城堡則逐漸建築在威爾斯邊界的河谷和海岸。這些邊界領主的統治地帶，事實上成為一個獨立的小王國，一半是封建領主，一半是土著部落首領。他們的土地有武裝的戰士，但是以抵禦山上威爾斯人的攻擊或鄰近河谷諾曼人的攻擊為限。

　　到 1200 年，北威爾斯的酋長們還繼續頑強的抵抗英人的侵略。他們以威爾斯西北部的斯諾登 (Snowdon) 山為天然的堡壘，以富饒而盛產穀物的安格西 (Anglesey) 島為基地。由凱爾特部落的酋長路維林 (Llewelyn the Great，在位 1195～1240) 統治吉納特 (Gwynedd) 地方，一直到十三世紀中葉，尚能利用邊界領主間的敵對關係，去收復威爾斯人所失去的土地，抵抗英人的侵略。當北威爾斯傳到路維林的格利夫 (Llewelyn ap Gruffydd, 1222/1223～1282) 為酋長時，其收復失地運動達到高潮，才使英王第一次決定親征威爾斯。

　　1272 年亨利三世歿，其長子愛德華即放棄遠征聖地，從第九次十字軍東征踏上歸途，尚未歸國，國王的官僚擁戴新王即位，稱為愛德華一世（Edward I，在位 1272～1307）。愛德華一世在亨利三世的統治末期，曾領導王黨派鎮壓貴族的造反，在 1265 年艾威夏姆 (Evesham) 之役，擊敗貴族派首領蒙特福的軍隊，而有令蒙特福戰死的輝煌記錄，他並參加歐洲最末次的十字軍東征，故有「長脛將軍」(Longshanks) 的綽號。愛德華一世雖然是缺席就位，但貴族們和各州代表都向他宣誓效忠，由約克的大主教柏奈爾 (Robert Burnell, 1239?～1292) 為大法官即掌璽大臣，馬頓 (Walter de Merton, 1205?～1277) 為財政卿。

　　1274 年愛德華一世回到英格蘭，為了籌措軍費，從回國後到翌年之間，實施全國土地財產的調查，以便課賦租稅。這是繼征服王威廉一世

在 1086 年的《土地勘查記錄書》以後的一大事業，於 1279 年完成《一百卷帳簿》(*Hundred Rolls*)。他又於 1278 年發佈《以何種根據》(*Quo Warranto*) 的令狀，過問封建領主的土地權利的根據。1290 年又公佈《為何購得》(*Quia Emptores*) 的法令，禁止封建土地的再下封 (sub-infeudation)，同時下令將所有猶太人驅逐出境。自從 1204 年失地王約翰喪失歐洲的領土之後，愛德華一世算是諾曼征服後，第一個以英國為主的君主，使英國不再像是法國的屬國，明確的形成一個「民族國家」。但是這個過程，也是英國向威爾斯和蘇格蘭大舉侵略，為補償先王在歐洲的失地，而積極進行的大不列顛統一工作。

　　然而威爾斯的酋長路維林，卻不願屈服於英王的威武之下，於 1277 年公開宣佈拒絕向愛德華一世效忠，並計劃與造反而死的貴族蒙特福的女兒結婚，而繼續抵抗作戰。戰爭於是爆發，威爾斯人戰敗，僅保持安格西和斯諾登地區。1278 年，蘇格蘭王亞力山大三世 (Alexander III，在位 1249～1286) 也宣佈，他僅對英國的「封地」臣服愛德華一世，至於他的蘇格蘭王國並不對英王臣服效忠。愛德華一世為了征討威爾斯和蘇格蘭，於同年公佈《騎士強制執行令》(*A Writ of Distraint of Knighthood*)，所有每年二十英鎊以上土地收入者都強制受封為「騎士」。英王經過精密的佈署，才在 1282 年重整軍隊征討威爾斯，結果路維林退避威爾斯南部，然而，他的兄弟大衛 (David)，雖然曾經被英人收買，但也放棄對英王的效忠，在威爾斯北部起義。

　　由於威爾斯人的頑強抵抗，英王不得不派遣財政稅收人員到英國的各州 (counties) 和各市邑 (boroughs) 去籌募軍費，因得到各地方代表的合作募得充足的軍費，所以才能將酋長路維林擊敗於邕河戰死。1283 年，因籌措軍費之功，由教士和鄉紳代表所構成的地方議會 (provincial council)，分別在約克和諾薩普頓 (Northampton) 開會，賜與各種特權，

而路維林的兄弟大衛也在這一年被捕處刑。1284 年，英國公佈《羅德蘭法案》(Statute of Rhuddlan)，合併威爾斯。這一年剛好太子愛德華二世（Edward II，在位 1307～1327）出生，英王即賜其子為「威爾斯王子」(Prince of Wales)，以威服威爾斯人，其後「威爾斯王子」即變成太子（英王繼承者）的稱號。

愛德華一世所以能征服威爾斯，是採用羅馬當年的戰略，在軍事要塞地建築城堡，一步一步從邊界向沿海岸的地方推進，並切斷路維林軍隊的通路。路維林的部隊在攻擊英軍之後，經常撤退到斯諾登山，並從安格西島獲得糧食補給。由於英軍戰術上的成功，1285 年即完全的征服威爾斯。其後北威爾斯即分為幾個地方，由國王派遣官吏直接管轄控制，至於其他邊界地方的領主則仍然沒有變動。

威爾斯的征服，對英國政治還有其他的效果。自此以後，英格蘭內部也比較安寧，因為好戰的貴族如摩鐵茂家族 (the Mortimers)、鮑亨家族 (the Bohuns)、克萊斯 (the Clares) 就被分派到威爾斯去，與威爾斯人游擊隊周旋，這些好戰的貴族，從前經常是擾亂英國政治的因素。然而，這些邊界領主，其後又組織一大「歹徒貴族」(gangster nobles)，後來參加玫瑰戰爭 (Wars of the Roses, 1455～1485)，爭奪政權。

英國征服了威爾斯之後，還利用威爾斯的壯丁去打仗。因為威爾斯人很窮，故英軍即能從威爾斯山地雇用很多傭兵。他們勇敢善戰，在其後的蘇格蘭戰爭和百年戰爭扮演一大部分步兵的角色。再則，英軍跟威爾斯人作戰，也學習了新的戰術。英軍吸取了威爾斯人擅長的長弓 (longbow)，此武器使英軍在戰術上革新，而能比其他戰敵優越。因為經過長期的在威爾斯山谷游擊作戰的結果，英軍即發展成為一重武裝部隊和長弓部隊的聯合軍隊。此聯合軍隊的戰術，跟愛爾蘭的不規律的部落戰士，或蘇格蘭的矛兵（長槍隊），以及法蘭西的封建騎兵作戰，都能發

揮優越的作戰效果。

　　一般的說，在十三世紀末葉，英國的「民族國家」的形成，在政治上是以議會制為基礎，然而，英國議會制的成立，又可以說是蘇格蘭戰爭所促成的。

　　前面說過，1278 年蘇格蘭王亞力山大三世宣稱，僅對英王的「封地」臣服，而對其「王國」並不臣服。1286 年亞力山大三世歿，其外孫女挪威公主瑪格麗特 (Margaret, Maid of Norway, 1283〜1290) 就蘇格蘭王位。於是英王愛德華一世即策謀，促使蘇格蘭女王兼挪威公主瑪格麗特與自己的兒子威爾斯王子結婚，以圖將來合併蘇格蘭。1290 年，蘇格蘭人同意了女王瑪格麗特與威爾斯王子的婚事。然而此薄命的女王，在該年渡英成親的中途死去，於是蘇格蘭國內就有很多人起來競爭王位。英王愛德華一世即宣稱英國對蘇格蘭有宗主權，有權決定王位繼承問題，於 1292 年在競爭者當中，指定巴立奧 (John de Balliol，在位 1292〜1296) 為蘇格蘭王，他即稱臣於愛德華一世。然而愛德華一世剛愎自用，將巴立奧當成自己的傀儡，視蘇格蘭如己物，以致使巴立奧不甘心而與法蘭西通謀造反，拋棄其對宗主國英王的效忠。當時發生英軍襲擊法國商人艦隊事件，法國召請愛德華一世到巴黎會談，但愛德華一世拒絕出席，英法之間關係極為不快。

　　愛德華一世為了籌措討伐蘇格蘭的軍費，於 1295 年以直接的令狀召集包括伯爵、男爵的世俗大貴族，大主教、主教、修道院長的聖職大貴族，並以州長官的令狀，從各州召集騎士二名，各都市召集市民代表二名，開會討論籌款事宜。這就是「三種身分的模範議會」 (Model Parliament of the Three Estates)，也就是英國身分制議會的起源。代表宗教諸侯的教士為「第一身分」，代表世俗諸侯的貴族為「第二身分」，代表富裕「庶民」(commons) 的騎士和市民為「第三身分」。

　　當時才開始被稱為「庶民」的騎士和市民的二階級中，騎士鄉紳已經有每年二十英鎊以上的土地收入，約等於擁有五百英畝以上的土地，成為「自由土地保有者」的上層階級。由於第三身分的擠入議會，使騎士和市民居多的盎格魯薩克遜人的參政權，到此在政治舞臺上確實的得到一席之地。

　　英王為了征討蘇格蘭，為了課徵新稅籌措軍費，即運用從前「蒙特福造反」所利用的新興社會勢力，這就是鄉紳騎士和都市市民的「中產階級」。因為如果沒有這些地方自治體的代表來參與而召開議會，就不能得到充裕的軍費從事外征。於是以盎格魯薩克遜人為主的騎士和市民，因這次模範議會的參與，得到參與政治的正統性。

　　1295 年「三種身分的模範議會」召開之後，愛德華一世即得到充裕的財政支持，開始進軍侵略蘇格蘭。這時威爾斯的麥多克 (Madog) 也乘機起來反叛，但被優越的英軍適時鎮壓下來。進軍到蘇格蘭的英軍，在丹巴 (Dunbar) 之役，成功的擊敗蘇格蘭軍，逼巴立奧投降並剝奪其王位，由愛德華一世自稱兼任蘇格蘭王。

　　然而，蘇格蘭並不就此屈服，在華萊士 (Wallace) 的領導下，在各地蜂起勇敢的抵抗。1297 年，在康布肯納 (Cambuskenneth) 之役，華萊士軍大勝，於是華萊士就成為巴立奧的監護人 (guardian)。愛德華一世不得已再召集議會，由威爾斯王子確認「特許狀」。1298 年與法蘭西講和，一意致力於蘇格蘭的征服，企圖像威爾斯那樣合併蘇格蘭。1299 年，蘇格蘭人推柯明 (Comyn) 為攝政 (the Regent)，取代巴立奧，誓師抵抗英軍。英王不得不再召集議會商討對策，但是蘇格蘭人在攝政柯明的領導下還是擊退英軍。1301 年在林肯召開議會，最後確認各種「特許狀」。1303 年，英軍大舉進攻蘇格蘭，華萊士被俘虜，1304 年柯明不得已與愛德華一世講和，1305 年華萊士在倫敦被處死刑。

但是蘇格蘭人的抵抗，並不就此停止。繼華萊士之後，改由布魯斯
（Robert Bruce，在位 1306～1329）起來領導抵抗。1306 年，布魯斯謀
殺與英王講和的柯明，起來反抗英軍，並在斯科尼 (Scone) 加冕為蘇格
蘭王，稱為羅伯特一世 (Robert I)，決心與英軍抗戰到底。英軍雖然再進
攻蘇格蘭，擊敗布魯斯的軍隊，殘殺抵抗的蘇格蘭人，但是蘇格蘭人英
勇的抗戰，不願淪為英國的殖民地。愛德華一世征服了威爾斯，但是征
服不了蘇格蘭，其間還與法蘭西尋釁。如此連續從事對外戰爭，迫使英
王為籌措戰費而更頻繁的召集議會，使英國的議會制一步一步的確立其
基礎。英國議會制的初創精神是在「支援戰爭」，此後也一直成為英國議
會制存在的一個根本作用，從蘇格蘭戰爭以後到今天，議會每每都是為
戰爭而召集。

　　1307 年，愛德華一世在遠征蘇格蘭的途中死去，由其子愛德華二世
即位。由於新君在溫室中長大，生來愚昧懦怯；就位後即到法國向法王
稱臣，將國政交給伽威斯頓 (Peter Gaveston) 掌管。於是蘭卡斯忒
(Lancaster) 伯爵妥瑪斯 (Thomas) 為首的貴族在評議會要求革除伽威斯
頓。1310 年愛德華二世和伽威斯頓進攻侵略蘇格蘭，但是翌年議會集會
決議驅逐伽威斯頓。1312 年，伽威斯頓即被召回，不但被大主教溫柴雪
(Winchelsey, 1245?～1313) 開除教籍，並被貴族處刑，而英王也被迫赦
免貴族的所為。1314 年，愛德華二世再遠征蘇格蘭，在班諾克邦
(Bannockburn) 之役，英軍完全吃了敗仗。英王被迫革除其左右，由蘭卡
斯忒伯爵妥瑪斯擅權。1315 年是大饑荒之年，蘇格蘭人掠奪諾薩布蘭
(Northumberland)，威爾斯人也起來造反，但很快地被鎮壓下來。1318
年，布魯斯率領蘇格蘭軍收復柏維克 (Berwick) 並掠奪約克夏
(Yorkshire)，而蘭卡斯忒伯爵拒絕援助攻擊蘇格蘭軍。1320 年寵臣笛便
塞父子 (the Despensers) 掌權，但是議會決議驅逐笛便塞父子。1322 年愛

愛德華二世，圖片下方描繪其遭
暗殺的情形

德華二世擊敗「歹徒貴族」成員之一的摩
鐵茂，召回笛便塞父子，並擊敗蘭卡斯忑
伯爵妥瑪斯，將其處刑。

　　英王鑑於貴族的叛亂，就令騎士和市
民構成「平民院」(House of Commons)，
來對抗由貴族和教士為中心的「貴族院」
(House of Lords)，而漸漸的形成二院制，
「平民院」終於在國家機關上取得分庭抗
禮的地位。平民院代表的薪俸，即確定騎
士為一天四先令，市民則一天二先令。

　　笛便塞父子掌權之後，再進攻蘇格蘭
不克，於 1323 年與蘇格蘭訂十三年的休
戰條約。1324 年，監禁中的摩鐵茂脫逃
到法國。1326 年，被笛便塞父子排斥而
滯留法國的皇后伊莎貝拉 (Isabella)，與王子以及摩鐵茂勾通，攻擊英格
蘭，俘虜英王，並將寵臣笛便塞父子吊死。1327 年，在西敏寺召集議
會，主教奧爾頓 (Orleton, Bishop of Hereford, ?～1345) 問議會，是要父親
（愛德華二世）還是要兒子當英王，議會宣佈擁護太子為王。議會就撤
銷對前王的效忠，立十五歲的太子為王，而昏庸的愛德華二世終於被皇
后暗殺於獄中。

　　新王就位後，再向蘇格蘭宣戰，但終於不能戰勝而與蘇格蘭講和，
於 1328 年訂立《愛丁堡－諾薩普頓和約》(*Peace Treaty of
Edinburgh-Northampton*)，承認蘇格蘭的獨立。愛德華三世（Edward III，
在位 1327～1377）就位時，政權掌握在皇后伊莎貝拉和摩鐵茂的手裡。
到 1330 年，新王得蘭卡斯忑伯爵亨利 (Henry) 的支持，逮捕摩鐵茂處

刑，監禁母后而親政。

　　英國議會的濫觴，是 1264～1265 年蒙特福造反而召集身分制議會，想得到「平民」的支持以對抗王權。這貴族的造反顯然是失敗了，但是 1295 年愛德華一世反而召集「三種身分的模範議會」而使第三身分的平民參與議會得到正統性，確立了英國議會制的基礎。英王對英國中產階級的讓步，起因於要對威爾斯和蘇格蘭用兵，需要得到地方騎士（鄉紳）和都市中產階級的財政支持。

　　英國在 1295 年的「模範議會」時代，等於是中國的元朝元貞年間，議會尚無國民議會的性格，還沒有近代民主主義的本質。當時是傳統的「國王會議」支配一切的時代。國王和其屬下的寵臣和高官以及聖俗大貴族，構成國王的評議會 (king's council) 領導一切，各州的騎士或市民代表僅扮演被動的角色。因為要對威爾斯和蘇格蘭用兵，國王為了徵稅籌集軍費，這身分制議會才漸漸頻繁的被召集起來。但是當時議會的召集完全靠國王或其助理的意思。而且，當時以大貴族為中心的議會，其工作內容依然是以全國的重要政務居多。因為議會兼為最高法院，必須掌管現行法或下級法院所不能解決的案件，亦即基於國王的大權從衡平的立場加以判斷，這種司法功能是議會最重要的工作，因此其立法功能僅是附帶而已。

　　然而降至愛德華二世到愛德華三世的時代，英國中世紀議會的形式更為發展。自從 1322 年，愛德華二世將蘭卡斯忐伯爵妥瑪斯處刑以後，議會中的「平民」，不但對於徵稅問題，對於其他一般的立法事項，也開始有置喙的餘地了。於是平民代表成為一體，從協贊徵稅的代價，獲得提出有關平民利益的請願權，經國王屬下的官僚作成法案的形式，再經過國王和聖俗大貴族的承認，即可成立為法律。這種立法程序，使平民終於在立法過程分享一席之地。如此，降至愛德華三世統治初期的 1330

年代，在從來的身分制議會之下，大貴族和高級聖職者二種身分合併形成「貴族院」，各州的騎士和特權都市的市民二種身分合流形成「平民院」。這時「平民院」尚未有近代的自主性，而隸屬於國王和聖俗大貴族之下，但在國家制度上也漸漸成長為一有力的機關了。

　　英國的議會制，是歐洲的「民族國家」形成期前後，所出現的各種身分制議會的一個形態。歐洲的其他各國，從前也有國王所主持的封建家臣會議，由直屬的封建諸侯以及宗教諸侯所構成。但是十三世紀以後，由於王室財政的窮困，必須求財源於都市的市民階級。市民階級為了牽制封建勢力，並使其經濟活動趨於有利，必須依賴國王，因此也就甘願負擔贍養國王的軍隊和官僚的費用。但是市民階級又不喜歡國王的權力過分強大，因此又與國王對抗的封建貴族和教會僧侶聯合，以承認國王的課稅權為代價，來獲得政治上的發言權。因此與英國的 Parliament（議會）類似，在德意志有 Landstände（國會），在法蘭西有 États-Généraux et États provinciaux（三部會），在義大利有 Parliamenti（議會），在西班牙有 Cortes Generales（國會），就是在神聖羅馬帝國也有 Reichstag（帝國議會）。由於在政治制度上，有一般平民參與，所以稱為「民族國家」(nation-state)。英國因為對威爾斯戰爭和對蘇格蘭戰爭的必要性，也就比歐洲各國更早成立議會制了。

Chapter 6

百年戰爭和玫瑰戰爭

──封建體制的解體

（十四～十五世紀）

　　英國對威爾斯和蘇格蘭的戰爭是典型的中世紀戰爭，這是英國國王和貴族們為了擴張領土而從事的據為己有的戰爭。然而百年戰爭(1337～1453) 在形式上和表面上是中世紀的征服戰爭，但在實質上則是新式的貿易戰爭。

　　英國在愛德華三世統治早期，對外侵略的野心，已經從蘇格蘭轉移到法蘭西。因為這時候，蘇格蘭在精神上已是一個國家，而法蘭西則還是封建領地的一個鬆散的集合體。加上法蘭西比蘇格蘭或愛爾蘭更具有財富，法蘭西王國對英國的對外貿易顯然是非常重要。當然，法蘭西一直支援蘇格蘭抗拒英國的征服，也是使英國轉移侵略目標的原因之一。

　　中世紀後半以後，英王因為王位繼承和封建制度的關係，在法蘭西王國擁有很多封地。因此，英王除了是英國的君主之外，同時也是在法蘭西領有土地的領主。換言之，英王也是從法王受封土地的領主。這種複雜的支配關係，使英法之間更趨糾紛多端。

　　在法蘭西王國，有幾個地方對英國的貿易非常重要，也是釀成英法糾紛的癥結所在。

　　一是阿基坦和加斯科尼 (Gascony)。自從亨利二世開創金雀花王朝以來，一直是英王的封地，是當時歐洲的葡萄酒著名產地和鹽巴的供給地，

並且也是英國從西班牙輸入鐵的轉運地。英國在法國境內擁有廣大的封地，對法國的統一來說是一大障礙，因此法國在菲力普四世（Philippe IV，在位 1285～1314）時代，即主張此地的封建宗主權，為阿基坦問題與英王愛德華一世交戰。到愛德華三世時，菲力普六世（Philippe VI，在位 1328～1350）於 1337 年宣佈將英王的封地阿基坦和加斯科尼收歸己有，而向英王宣戰。這是英法釀成百年戰爭的一個原因。

另一是法蘭德斯 (Flanders)，是當時歐洲毛織工業的中心地，也是歐洲最大的羊毛生產國英國所最需要的羊毛輸出地，在地理上與英國隔一海峽極為接近。此地本來是屬於法國，後來成為臣屬於法王的法蘭德斯伯爵 (Count of Flanders) 的封地，從英國輸入大量羊毛，發展毛紡織工業，其生產毛織品的都市包括根特 (Gaunt)、布魯日 (Bruges)、麥克蘭 (Mechlin)、伊普爾 (Ypres) 等。法蘭德斯地方和英格蘭，因為毛紡織工業在經濟上結成不可分離的關係，這種經濟關係即發展為兩國的政治糾紛。

英法百年戰爭，在實質上是貿易戰爭，但其導火線則從王位繼承問題的糾紛而來。英法兩國的王室關係極為密切，但反而因王位繼承問題反目敵對而動干戈。法王菲力普四世的公主伊莎貝拉嫁給英王愛德華二世為王妃，其所生的王子在 1327 年即位，這就是愛德華三世。然而在法王菲力普四世之後，其王子兄弟相繼即位。在末弟查理四世（Charles IV，在位 1322～1328）逝世之後，就沒有繼嗣的男子，而使法國的卡佩 (Capet) 王朝斷嗣。於是推當時的攝政，凡洛阿 (Valois) 王室的菲力普就位，稱為菲力普六世，此法王是菲力普四世之外甥，可以說是旁系。卡佩王室的直系是伊莎貝拉之子（菲力普四世之孫）的英王愛德華三世，但是法蘭西人不承認女系的繼承權，而推凡洛阿的菲力普為法王。故英國即主張愛德華三世才是法王的正統繼承者，而法蘭德斯的貴族和市民又支持英國的主張，而導致英法兩國的開戰。

英法百年戰爭

英法動干戈的禍根，種植於法蘭德斯內部的鬥爭。到十三世紀末，法蘭德斯確實有城市化的性格，其大城市與其說是貿易中心，不如說是製造業中心。例如根特，當時居民約有五萬人，而其中直接從事毛紡織業的佔三萬人。在根特、布魯日、麥克蘭以及其他生產毛織品的市鎮，有一小撮富商，他們分配羊毛給織工去製毛衣，構成一緊密的寡頭，控制市議會。而織工們從 1250 年代開始罷工，甚至武裝蜂起。在 1280 年發生大罷工時，織工得到法蘭德斯伯爵和其他貴族的支持，因為他們也正想削弱城市富商的勢力。富商們挫於職工和貴族的聯合勢力，訴諸於法蘭西國王，法王正在尋找機會加強控制此半獨立的法蘭德斯地方。

法蘭德斯在地理上與法國接近，法王菲力普四世因此曾進軍法蘭德斯，企圖收歸版圖而不得要領。現在法蘭德斯的富商求助於法王，法國當然求之不得。於是使法蘭德斯內部的鬥爭擴大到國際規模上。在 1303 年法蘭德斯的織工們擊敗法國封建貴族所支持的精兵，短時間控制了市鎮。但是織工們和縮絨（羊毛衫的一道加工程序）業者內部不和，使富

商們再控制主要的城市根特。於是法蘭德斯伯爵不得已轉向英國求助。其他的市鎮，布魯日、伊普爾則還是在織工們的控制下，也求助於愛德華三世，承認他是法蘭德斯的統治者，甚至是法蘭西的統治者。1337 年愛德華三世自立為「法蘭西國王」(King of France)，率軍渡海遠征，登陸於法蘭德斯，英法百年戰爭於是爆發。

百年戰爭反映著英國商業資本的擴大，以及羊毛對外貿易有大領主的利益牽連著。英格蘭的東南部，是人口最多，工業發達，對外貿易興盛的地區，然而從國王直接受封者的大莊園也是集中在此地區，大領主大規模的從事牧羊事業，展開對外貿易。最先，生產的羊毛，是經法蘭德斯商人或義大利商人之手，輸出到大陸的法蘭德斯地方。然而十三世紀後半葉以後，英格蘭的商人漸漸的取代羊毛貿易，累積財富，到十三世紀末已經有相當富裕的商人階層抬頭，構成「商人會」。進入十四世紀以後，以稅金與國王交易變成特權的大商人，即所謂「都市貴族」，他們擁有相當規模的資金，可以支援國家對外戰爭。其真正的目的，是想將英格蘭、法蘭德斯、阿基坦和加斯科尼在貿易上的連帶關係，促成為統一的政治支配關係，所以英國的軍事作戰目標，也是放在法蘭德斯和加斯科尼的確保之上。

百年戰爭延續一個多世紀，是英王出征法蘭西，始終在法蘭西領域打仗，可以說是英國的「外征」。戰爭可分四個階段。第一階段 (1337～1360)，英國獲勝，但因糧食及其他補給的困難，戰況不很順利，以致兩國在不列顛尼 (Brétigny) 訂約講和。愛德華三世放棄對法國王位的要求，也不能保住法蘭德斯，但獲得羅亞爾河 (River Loire) 以南法蘭西的一半，以及北方的加萊 (Calais) 港鎮，加萊也是法蘭德斯重要的毛織品輸出的港市。第二階段 (1369～1389)，英國因在西班牙從事無益的競爭，使法國在名將伽斯林 (Bertrand du Guesclin) 的指揮下佔優勢，兩國重訂休戰

條約。英國僅保有加萊，以及波爾多 (Bordeaux) 至巴雲 (Bayonne) 之間的一段沿海地帶，其餘一切地方歸還法國。1396 年英王理查二世 （Richard II，在位 1377〜1399） 與法國的伊莎貝拉 (Isabella) 在加萊結婚，即締結二十五年休戰協定。第三階段 (1415〜1429)，英國獲勝，英王亨利五世 （Henry V，在位 1413〜1422） 迫法王查理六世 （Charles VI，在位 1380〜1422） 為城下之盟，訂立 《特爾瓦條約》 (Treaty of Troyes)，亨利五世成為查理六世的攝政，並娶查理六世的公主凱薩琳 (Catherine of Valois, 1401〜1437) 為妻，獲得法國王位繼承權。查理六世允諾自己死後，以亨利五世繼承法國王位。但是 1422 年，英王亨利五世和法王查理六世，兩人在同年逝世，繼承英王的亨利六世，宣佈自己是英、法兩國的共主，很多法國人拒絕承認，集合在查理七世（Charles VII，在位 1422〜1461） 的旗幟下，展開百年戰爭的第四階段 (1422〜1453)。

　　法國在這存亡危急之際，出現一女傑貞德 (Jeanne d'Arc, 1412〜1431)，法人在她所謂「拯救法國」的神的啟示之鼓舞和領導下，將英軍自奧爾良 (Orleans) 等地驅逐，挽救了法國的危亡。貞德後來被奸細出賣。被英軍施加「宗教裁判」，1431 年 在 盧 昂 (Rouen) 焚死。但是她的行動，使法國剛萌芽的民族意識和基督教的信仰結合起來，團結一心收復失土。百 年 戰 爭 遂 於

被英軍處以火刑的貞德

1453 年終結。

百年戰爭的前半期，英國的財政是以羊毛輸出關稅為主，英王增加關稅的徵收以彌補財政收入，愛德華三世尚以此羊毛關稅收入為擔保，向內外的大商人大規模的借款，以此借款遂行戰爭。除此之外，主要的財源還有對普通老百姓的動產課稅以及對教會的課稅，這些租稅從十三世紀到十四世紀初大為發展，到了十四、十五世紀已經固定為制度。然而進入十五世紀後，因為羊毛輸出銳減，關稅收入隨之逐漸減少，以致百年戰爭後半期的沉重戰費，使英國的財政瀕臨崩潰，英國的戰力也就消耗殆盡。因此，英軍在戰爭初期有利，戰爭後期失勢。

這是以封建戰爭開始，以民族戰爭終結的戰爭。在百年戰爭剛開始的 1337 年，英王愛德華三世及其貴族諸侯們是說法語的，他們的大部分時間也在其家鄉加斯科尼居住。然而戰爭的結果，英國除了加萊彈丸之地外，盡失歐洲大陸的領土。英國的領主階級既然喪失了征服和殖民諾曼第的美夢，只好退居英格蘭，而以盎格魯薩克遜的英語為官方語言了。同樣的在思想和文化上，英國也不得不脫離諾曼王朝以來法蘭西的羈絆，在政治、產業、文學各方面採用盎格魯薩克遜人的生活方式，而與之同化，產生民族自覺和獨特的民族文化。對法國來說，長期的戰爭，更是增進了民族自覺，推進了君主專制，因為人民擁戴法王完全是為驅逐外國侵略的「愛祖國」的行為。

長期的戰爭，又促使英國的軍隊制度產生了變化，具體的說，是封建軍隊的衰滅和契約軍隊的盛行。所謂契約軍隊，是國王以一定的金錢支付條件，與貴族所充任的軍司令官（或隊長）締結契約，軍司令官依此契約確保一定數目的兵員，在一定期間、一定地區服軍役。百年戰爭的英軍，大概都是以這種契約軍隊所編成，其他還有依徵兵制徵來的民兵，而軍隊逐漸由平民所構成，不再是封建領主的騎士所獨佔了。

　　軍隊制度的改變，對英國社會的影響是極大的。英國在百年戰爭的「外征」戰場上，武裝的封建騎兵遭受嚴重的打擊。新的軍事技術取代了封建騎士的優越地位，但這軍事技術並不如人們所想像的是因火藥的發明，而是威爾斯人的「長弓」隊的應用。因為長弓的使用，使訓練有素的農民弓手，可以與領主的騎士站在同等的地位，而打破從前騎士為戰爭專家的壟斷地位。

　　火藥在最初只是用於包圍戰，成為奪取不易攻陷城堡時的重要武器。但是手鎗或舊式的小鎗 (musket)，要到中世紀末才出現，最初在德國地區使用，在玫瑰戰爭時期愛德華七世雇用外國傭兵時才引進英國。起先，手鎗被認為比長弓效能差勁。因為當時鎗的射程短，上火藥的速度慢，貫穿力也低。手鎗的好處是只要稍微訓練就能使用，但是要變成熟練的弓手，可能要花一輩子功夫。手鎗的導入英國，和英國「自耕農層」(yeomanry) 的衰微，在時間上巧合一致，都是在十五世紀末，當時英國主要是從農村的無土地者和貧民窟的無產者募兵。

　　隨著軍事技術的革新，社會結構亦產生變化。戰爭變成企業化，使用更複雜的工具，牽涉更複雜的財政措施。英國的軍隊在百年戰爭是有定薪的，徒步的射手每日三便士，騎馬的射手則六便士。火藥和武器的供給，需要企業界的金錢支持，而這操在市鎮的市民手中。最先，火藥武器是市鎮的武器，而君權的伸張，也是要得到市民的支持，才能對抗封建貴族。

　　法國在百年戰爭的結果，也創設了新軍隊 (compagnies d'ordonnance)，成為國王遂行政策的絕好手段。此新軍隊不是領主所屬的封建軍隊，也不同於當時流行的僱傭兵，是直屬於國王且配置於全國的軍隊。這是以騎兵為中心，擁有多數步兵，配備大砲的軍隊，成為法國常備兵的肇始，對法國王權的發展很有貢獻。由於封建武士沒落的結

果，君主得以統率自己可以任意指揮的軍隊，而徹底的施行君主政治。
所以說近世君主政治的發達，是伴隨著常備兵的發達而來。

百年戰爭不但使封建戰爭變成民族主義戰爭，同時使衰弱的封建體
制的組織力更形降低，加速了封建社會的解體。百年戰爭的初期，英國
由國民組織的長弓隊，勢如破竹的擊破法國的騎士軍，然而在國內自
1348 年開始猛烈的流行鼠疫，俗稱「黑死病」(Black Death)。於是「外
征」加上「內患」的條件，使英國本來已經停滯不振的封建農村社會更
形荒廢，從 1348 年到 1349 年的十六個月間，因為征戰和黑死病的流行，
英國的人口從四百萬減少到約二百五十萬人。農業勞動力的不足，引起
工資的加倍上升，身分和土地保有權不自由的隸農，為了尋求高工資，
相偕逃亡，於是領主和騎士的領地或出租地，約有一半沒有人耕耘，英
格蘭農村的崩潰和混沌，可想而知。

愛德華三世於是在 1349 年 6 月議會開會時，發佈《第一次勞工勒
令》(Ordinance Labourers)，以法定工資確保勞動力的供給，並禁止施捨
給強壯的乞丐。換言之，60 歲以下健壯的男女，在沒有足夠的土地耕作
的條件下，必須依 1347 年（黑死病發生的前一年）的一般工資水準，或
該保有地習慣所定的地租率工作。這在另一方面表示，禁止隸農的逃亡
或怠工，以確保勞動力和生產力。這勒令在 1351 年以後，得議會的修改
通過，制定為《勞工法》(Statutes of Labourers)，在 1359 年、1362 年、
1368 年等逐年公佈實施。

支持此法案的是各州的騎士層（也就是鄉紳層），即盎格魯薩克遜人
的新興中產階級，他們在愛德華三世時代充任各地方州長官的輔佐（稱
為 bailiff），而成為地方行政官職中無薪俸的「治安法官」(justice of the
peace)。騎士是擁有小規模土地的小地主，隸農的逃亡或怠工對他們所
保有的土地生產收入影響很大，因此他們最熱心支持《勞工法》，對《勞

工法》的執行最為賣力，因為除非依靠國家權力，他們是無法以私人各自的力量來統馭隸農。自從 1362 年，愛德華三世下令英語成為法院的通用語言之後，這些盎格魯薩克遜的騎士層，逐漸建立起在英國社會維持地方秩序的地位。

其實「騎士」到這時已經成為歷史名詞，因為軍役制度的形骸化，騎士漸漸被包攝於「鄉紳」階層之中，到 1661 年終於被廢止。現在英國人之中有「爵士」(Sir) 勳位的（只限於一代，不得世襲），即等於「騎士」。

騎士層的興起，跟「賦役的金納」(commutation) 方式的改變有密切的關係，從十四世紀的後半葉開始，英格蘭的莊園漸漸流行賦役以貨幣金錢代納。不但是中小規模莊園的騎士層領主喜歡賦役的金納，就是連從國王直接受封土地的大莊園領主，也因為隸農的討厭賦役，而不得不漸漸以貨幣金錢代納來解除其賦役的義務。於是除了從前的「自由土地保有者」以及依傳統習慣法保有土地而負擔賦役的「慣習土地保有農」(customary tenants) 之外，又產生不負擔賦役而只負擔一定額的貨幣地租，並將其權利登記在莊園法院公簿的「謄本土地保有農」(copyholders)。加上大莊園的領主也開始將其直轄領地以一定期限附帶家畜農具貸出而收取地租，而有將直轄領地變成「定期借地」(leasehold) 的現象，產生「定期土地保有農」(leaseholders)。這種賦役的金納化（用貨幣而不再使用勞役或農作物來繳稅租），和領主直轄領地的借地化，促使諾曼征服以來所建立的封建社會開始趨於變質和崩潰。

在百年戰爭以前的十二、十三世紀，領主以莊園為單位，直接的支配其土地和耕作此土地的農民，領主擁有裁判權和警察權等經濟以外的強制手段，向農民要求賦役、貢納生產物、貨幣三種形態的封建地租。然而百年戰爭以後的十四世紀中葉開始，領主對農民的支配力減退，由於賦役的金納化，賦役制度幾乎消滅，而依賴賦役的領主的直轄領地經

營也隨之解體,領主和農民的關係變為基於契約的地主和借地農的關係。換言之,這表示農民全體的自立化。

農民的自立化,和農民的起來反叛他們的統治者,有密切的因果關係,而英國歷史上最大的「農民造反」(Peasants' Revolt),是在百年戰爭期中的 1381 年發生的。這時候相當於中國的明太祖洪武十四年。

前面說過百年戰爭沉重的軍費,使英國的財政瀕臨崩潰。1379 年,支持對外征戰的英國議會,通過凡 12 歲以上的人不論自由民或不自由民都要課賦人頭稅 (poll-tax) 的議案,但是徵收的結果,成績並不佳。1381 年,議會且將人頭稅提高三倍,由國王的收稅吏嚴厲徵收,於是引起農民的造反。「官逼民變」,東西古今皆然。當時的議會所代表的完全是有土地的鄉紳,以及城市的自由民的利益,他們仍舊認為對法國的戰爭是利潤和掠奪的泉源,而不顧隸農的要求自由。當時農村的社團為了提高工資而罷工,隸農要求減輕一英畝四便士的地租。

煽動農民造反的是基督徒,特別是信仰原始基督教的威克利夫 (John Wycliffe, 1320?~1384) 的黨徒,他們雖然是教區的教士,生活條件與隸農差不多。例如,東薩克遜出身的「乞丐教士」包爾 (John Ball, 1330?~1381) 就旅遊各地傳達人生而平等的教義。 他說 :「當亞當耕耘夏娃織布,那時誰是紳士呢?」(When Adam delved and Eve span, who was then the gentleman?)

由於宗教思想的傳佈,造反在 1381 年 6 月 4 日於東薩克遜和肯特兩州同時爆發。以封建隸農制為生產主力,同時也是大貴族領有地密集的東南部開始,波及全國三十七州中的二十八州以上。參與造反者,不限於農民,還包括終年不得升遷的職工等市民,由富農為領導,特別以具有國家權力的地方代表「治安法官」為襲擊目標。

這時候有一天生的領導者泰勒 (Walter Tyler, ?~1381),率領約六萬

農民，以反對勞工法令和人頭稅徵為口號，攻陷倫敦市。因此史家亦稱此次大暴動為「瓦特・泰勒的造反」(Tyler's Rebellion)。他們燒毀蘭卡斯忒公爵的宮殿，侵入倫敦塔，逮捕大主教兼掌璽官索德柏立 (Simon of Sudbury, ?～1381) 以及其他官僚，以裁判的形式將之斬首。他們也襲擊法蘭德斯人和倫巴底人，因為他們取代被驅逐的猶太人放債致富，其他還攻擊一些聲名狼藉的市民。

農民造反所提出的要求，包括即時廢止隸農制，廢止勞工法令，廢止一切市場稅，減輕地租率，將一切「傳統土地保有農」解放成為負擔一英畝四便士固定地租的「定期土地保有農」，大赦一切造反者。國王一方面與造反者會面敷衍，承諾其要求，一方面由倫敦市長謀殺農民領袖泰勒，在樹倒猢猻散的情況下，終於將造反各個擊破。

農民造反失敗的原因，是因農民階層的分化，因為造反者包括往資本家式「借地農」發展的富農階層，和前期的農業勞工等不同的階層。故造反是一時的結合，缺乏組織上的統一性，及共同的目的意識，容易被離間分化，各個擊破。儘管如此，1381 年的農民造反，加速了英國隸農制的解體。

當英國在農村進行封建隸農制的解體過程時，同樣的，在城市也進行工業行會的解體過程。自從百年戰爭爆發以後的十四世紀後半葉，手工業行會內部亦開始分化，行會會員的老闆和終生不能升遷的職工之間，地位對立激化。在 1381 年的農民造反之際，由於倫敦的職工與隸農同盟內應，才能使泰勒的農民軍攻陷倫敦。手工業生產者的職工們，因為討厭行會壟斷都市，漸漸移居農村，半農民化而經營毛織品製造業。這種都市手工業行會的分化和解體過程，也就是手工業向農村擴散，向農村吸收農業勞動力，使農村手工業叢生，以毛織品工業為中心，開始英國社會全盤工業化的過程。

　　英國在從前，農村僅生產羊毛，將生產的大量羊毛輸出到歐洲大陸的法蘭德斯去。英國本身的毛織品工業，從前只有都市行會手工業，或由「都市貴族」的商業資本支配生產的一種中世紀形態的批發制家庭工業。現在，因為封建隸農制的解體，從傳統土地保有農和定期土地保有農中成長的富農階層為母胎，獲得職工等工資勞動者群的協助合作，漸漸發展為近代的工業。故百年戰爭，可以說是使英國從「羊毛生產國」轉化為「毛織品生產國」的一大轉機。加上自從黑死病以後，工資上升，隸農逃亡，很多地主即聰明的將可耕地改變為牧羊地，所以製造毛織品的原料也不虞匱乏。

　　百年戰爭的結果，英國大陸征服和殖民的美夢失敗，然而法蘭德斯的放棄，反而導致促進英國的產業獨立。英國政府一方面保護那些逃避戰火，從歐洲大陸移民到英國的法蘭德斯人，特別是對具有優秀技術的毛織品織工，給予優厚的待遇和政治庇護權，另一方面為了保護英國的毛織品工業，抑制羊毛原料的輸出和毛織品的輸入。只要英國的產業獨立，法蘭德斯的放棄反而變成對外貿易機會的完全自由，此後英國可以輸出毛紡織品到歐洲各國了。但是英國的產業獨立後，英國政府又開始驅逐法蘭德斯商人和義大利放高利貸者，因為他們已經沒有利用價值了。

　　從「外征」跟「內治」的關係來看，外征的失敗必定引起內部政治的混亂。想在歐洲大陸掠奪土地和戰爭利潤而空手回國的封建大諸侯，將鬥爭的對象從國外轉向國內，而變成爭奪王位的鬥爭。因此百年戰爭結束後不到二年，即發生歷經三十年的玫瑰戰爭。這是蘭卡斯忐王族以紅玫瑰，約克王族以白玫瑰為徽章，貴族騎士各自附和此二王族，而展開的奪取王位戰爭。1485 年蘭卡斯忐的後裔亨利都鐸 (Henry Tudor)，擊敗英王理查三世的軍隊，理查戰死，戰爭結束。亨利即位，稱為亨利七世（Henry VII，在位 1485〜1509），開都鐸王朝 (Tudor, 1485〜1603) 之

幕。翌年，亨利與約克王族的伊莉莎白 (Elizabeth of York, 1466～1503)
結婚，英國再得到一段時間的和平。三十年的內亂戰爭，使諸侯騎士自
相殘殺滅亡，王權從此大為伸張，壓制封建諸侯的勢力，形成其後都鐸
王朝時代君主專制政體的基礎。

　　從百年戰爭到玫瑰戰爭的十四、十五世紀，可以說是英國社會的一
個過渡期，中世紀的封建社會趨於崩潰之際，而近代的資本主義社會尚
未開始出發。政治秩序的表徵「騎士采邑封建制」，到此已經有很大的變
質。封建家臣對主君的義務之中，最基本的軍役奉仕的義務，到了百年
戰爭時代，由於軍制上封建軍隊的凋落和契約軍隊的普及，而完全喪失
了原來的意義。從此有勢力的諸侯，在土地的授受時，不依嚴格的儀禮
那種封建君臣關係，而是以金錢的授受來維持一群部下築起自己的勢力
圈，當地的中小地主等鄉紳也依附此有勢力的貴族求其保護。這雖然與
從前的封建制度一樣是保護和隸屬的關係，但是不以土地，而以金錢的
給與維繫，並且又缺乏嚴格的禮儀，以及排他性效忠的主從關係，故稱為
新封建制 (new feudalism) 或疑似封建制 (pseudo feudalism)。又因為這是權
貴豪門與下級貴族、中小地主、無賴漢之間所締結的一種類似庶子的依附
關係，故又謔稱為庶子封建制 (bastard feudalism)。這時采邑封建制，喪失
了政治秩序的規模意義，而變成規定不動產所有關係的一種私法規範。

　　在此新封建制之下，中央的行政機構也有很大的變遷。國王的行政機
構，在中世紀時代，本來沒有國家行政和宮廷行政的明顯區分。然而經過
長期的戰爭到了中世紀末期，行政機關的大法官府 (Chancery)、財務府
(Treasury) 等，因為一般行政的日常化，逐漸失去與國王個人的密切連繫，
發展為獨立的官僚組織、慣行、行政程序。另一方面，國王也在宮內府
(Household) 成立納戶部 (Wardrobe)、宮廷財務室 (Chamber)、玉璽局 (Privy
Seal Office) 等一連串的宮廷行政機構，想以近臣為顧問，宮內府官僚為手

下，謀求政治權力的掌握。這時候貴族諸侯要對抗國王的近臣政治或宮內
府行政機構，所依據的政治鬥爭場所為傳統的評議會 (council) 和議會。

評議會本來是以國王為中心，由有勢力的諸侯和國王的近臣以及宮
內府官吏所構成。在十三世紀時由於王權的強化，國王的近臣和宮內府
官吏為其核心。但是經過百年戰爭到了十四、十五世紀，由於王權的虛
弱化和向心力的喪失，產生有勢力諸侯的聯合政權，諸侯勢力也就大大
的伸張，進入評議會。諸侯經過長期的政治鬥爭，認為國家權力機構的
中樞部是評議會，因此努力伸張其勢力，想從控制評議會來將國家機構
全體置於其監視和統制之下。故在十四、十五世紀的英國政治史，一貫
的主題是王權、諸侯、貴族諸黨派，在評議會角逐領導權。

此外，議會經過長期的戰爭，王權和貴族諸侯之間的權力鬥爭，也
更為定型起來。特別是平民院的政治地位和角色，因直接稅的貢獻而一
步一步穩定起來 。 因為直接受封者的領主對國王的 「封建援助金」
(feudal aids)，例如主君被敵俘虜時的贖金，主君的長子敘任騎士時，以
及主君的長女初婚時家臣的獻金等，在財政上幾乎沒有什麼大的作用，
但是直接稅到此已經脫卻封建的性格，得議會的同意頻繁的賦課，成為
最重要的財源。1414 年，平民院終於獲得國王同意，基於他們請願的任
何法律，除非經他們同意，不得附加或刪除的保證。當時的英王亨利四
世 （Henry IV，在位 1399～1413），可以說是篡奪王位而開蘭卡斯忎王
朝 (House of Lancaster, 1399～1461) 的，缺乏正統性的根據，因此努力收
買議會內大貴族的歡心，平民院也乘機確立其立法的地位，以致亨利四
世、亨利五世時代的立法，幾乎都是由平民院的請願。然而，到了亨利
六世統治末年以後的玫瑰戰爭時代，平民院的勢力再為減退，經由他們
請願而制定法律的僅半數而已，國王和大貴族的意向左右了法律成否的
關鍵。議會的地位，還是不及評議會的重要。

Chapter 7

宗教改革

——君主專制政體的奠立

（十六世紀上半）

　　中世紀的教皇制度是一個中央集權的國際組織，它藉上帝的恩賜成功地建立一個具有高度利潤的壟斷權。因此清教徒的宗教改革，在本質上是以宗教偽裝的政治運動，是歐洲的中產階級為了權力長期鬥爭的一小段。

　　在歐洲大陸，最先向中世紀封建支配者羅馬教皇反抗的是日耳曼地方，這是因為日耳曼在北方的條頓民族各國當中，最先從事商業而最為興盛的緣故。日耳曼的商業都市首先起自北海和波羅的海方面，以盧比克 (Lübeck) 市為中心成立漢撒聯盟 (Hanseatic League)。這又漸漸的延伸到歐洲中原，以至形成萊茵聯盟 (Rheinbund)。歐洲中原特別是萊茵河邊，所以興起很多商業都市，是因為十字軍東征往來之後，在地中海沿岸，興起很多商業都市，如威尼斯 (Venice)、比薩 (Pisa)、佛羅倫斯 (Florence)、熱那亞 (Genoa) 等，而在都市與都市之間需要貨物商品的中繼交換站。換言之，北海和波羅的海方面的商品，和地中海方面的商品，在歐洲的中央萊茵地方中繼交換，因此而興起很多商業都市。對此商業都市的發達和商品的流通，令人最感障礙的是羅馬教皇的壟斷權 (papal monopoly)。羅馬教皇對其支配下的教民可以徵收獻納金等稅，自然是想永久的將歐洲在封建經濟下單元的支配下去，然而商業都市化的日耳曼

地方，就最先起來反抗羅馬教皇的支配權，以反舊教運動來爭取經濟的自由。1517 年，日耳曼神學教授馬丁路德 (Martin Luther, 1483～1546) 公開批判免罪符 (indulgences) 的販賣，成為反抗羅馬舊教的先聲。

宗教改革的第一聲起於日耳曼，然而日耳曼要完成近代國家的統一，還需等到十九世紀末的 1871 年，俾斯麥時代才成立德意志帝國。這不但比歐洲各國為晚，甚至比日本的明治維新也要晚三年。日耳曼最先興起宗教改革卻不能成功，國家的統一也不能成功，是因為受到鄰近列強的內政干涉，法蘭西、西班牙、奧地利都是羅馬教皇的屏藩，連袂加以干涉所致。

歐洲的兩大強國法蘭西和西班牙，從未和教廷斷絕關係，因為他們都想控制和利用教皇制度，而教皇當時住在亞維農 (Avignon)，使法王更有機會利用。在十六世紀，法蘭西和西班牙在義大利的鬥爭，大部分就是起因於對教廷的控制。因為他們強大得可以利用教皇制度分贓。西班牙王查理五世（Charles V，在位 1516～1556）和法蘭西王佛蘭西斯一世（Francis I，在位 1515～1547），都准許在其領土出售免罪符，而獲得巨額的金錢。另一方面，奧地利的哈布斯堡王朝 (Habsburgs) 則需要獲得教皇的支持，以維持其在各小公國所構成的神聖羅馬帝國之內的霸權。對羅馬教皇制度興起反抗的，是比較弱小而落後的國家，如日耳曼地方的各小公國、斯堪地那維亞各國、蘇格蘭等。英國則介於強大和弱小的中間，但是如果將羅馬教皇組織當做一個宗教偽裝的殖民帝國來看，則英國也是其榨取利潤的殖民地。因此英國的歷代國王和貴族諸侯，都對教皇的壟斷權非常憤恨，而有所謂教權與政權之爭。

在日耳曼不能成功的宗教改革，移到英國則最先順利地達成，地理上的因素也是很重要的原因。因為英國不像日耳曼與歐洲列強毗鄰，而是海上孤立的島國，要向羅馬教皇宣告絕緣是很有利的。

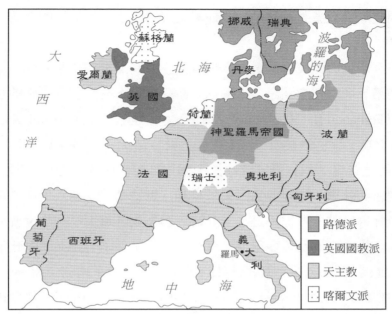

1560 年歐洲宗教勢力圖

　　日耳曼宗教改革的緣起，如馬丁路德那樣，從宗教家的內在信仰出發，然而英國的宗教改革則由英王亨利八世（Henry VIII，在位 1509～1547）個人感情上的行為發生。亨利八世僅 18 歲就登王位，有美好的體軀，愛好運動競賽，被一般國民認為是一位愛好學藝，提倡文藝復興的賢明君主。但是事實上，他是一位意志頑固、殘酷無信的專制君主。他殺戮很多功臣賢相，換了六次皇后，其中二名還以不義的罪名誅戮。他第一次與皇后離婚事件，就成為英國宗教改革的導火線。

　　亨利八世本來是舊教徒，為了維護羅馬教會的教義，以淺薄的神學知識著《七聖禮的辯護》(*The Defence of the Seven Sacraments*) 攻擊馬丁路德的教理，因此被教皇授予「信仰的衛護者」(Defender of the Faith) 的榮銜。然而因為想與皇后凱薩琳 (Catherine, 1485～1536) 離婚，跟喜歡的宮女安布林 (Anne Boleyn, 1501?～1536) 結婚，求教皇的許可而不得允

諾，因此無視教皇強行離婚。這是不是表示帝王也是愛情的力量大於一切呢？

　　亨利八世與凱薩琳結婚，本來是父王亨利七世的政略安排。在十六世紀初葉，英國在歐洲是二流國家，凱薩琳是一流大國西班牙的斐迪南二世 (Fernando II，在位 1479～1516) 和伊莎貝拉 (Isabella I of Castile, 1451～1504) 所生的長女，故亨利七世令皇太子亞瑟 (Arthur, 1486～1502) 與之結親，以提高國際地位。然而亞瑟結婚後僅五個月即去世，為了挽留凱薩琳，使她與第二太子亨利八世結婚。亨利八世與其哥哥的寡婦凱薩琳結婚，顯然不是為了愛情，因為凱薩琳大亨利八世五歲，而宮廷內年輕漂亮的女人多得很，可見這是為了保障英國在國際政治的地位。此政略結婚以後，凱薩琳懷胎五次，可是除了瑪利 (Mary，在位 1553～1558) 一女以外皆夭折。凱薩琳的外甥於 1516 年就任西班牙王位，稱為查理一世 (Carlos I)，1519 年再兼任神聖羅馬皇帝，稱為查理五世 (Charles V 即 Karl V，在位 1519～1556)，形成奧地利橫跨西班牙和德意志的哈布斯堡王國。亨利八世熱切的希望其女瑪利與查理五世結婚，然而查理五世不要瑪利，而娶葡萄牙的公主為后。這件事使英國與西班牙的關係不睦。1525 年亨利八世轉而與法國締結同盟，以對抗西班牙，以致亨利八世與凱薩琳的婚姻，失去了政治上的戰略意義。1527 年，亨利八世以凱薩琳所生之子大部分夭折而沒有男嗣，是因為娶哥哥的寡婦得神罰，故與嫂嫂結婚是違反《聖經》之誡，而向教皇要求宣告婚姻無效。教皇克利蒙七世 (Clemens VII，在位 1523～1534) 本來有意允許所請，但在神聖羅馬皇帝查理五世的壓力下，不敢同意。於是離婚問題轉換為英國與羅馬教會分離的宗教改革。如果查理五世娶了瑪利，恐怕亨利八世不敢鹵莽的與凱薩琳離婚，英國也沒有驟然與羅馬斷絕關係的宗教改革。

於是亨利八世的親信大法官兼樞機主教渥爾西 (Thomas Wolsey, 1473?～1530) 就成為代罪羔羊，因為他向教皇請求亨利八世的離婚許可而不得要領。這位終身對國王忠誠但生活驕奢華貴的樞機主教 (cardinal) 在 1530 年以叛逆罪被逮捕，並於護送倫敦刑場之際病歿，免了執行死刑。渥爾西對羅馬的外交失敗以後，亨利八世即改起用妥瑪斯‧克倫威爾 (Thomas Cromwell, 1485?～1540)，他是鐵匠出身，流浪各國後，忽然致富，被渥爾西提拔，於 1523 年進入議會。1531 年開始被亨利八世重用，成為英王的智囊，策謀國王與宮女安布林的結婚。

推動英格蘭宗教改革的亨利八世

　　亨利八世是巧妙的利用「議會」的力量來離婚。因為在議會，聖職貴族不敢反抗國王，世俗貴族對教士階級抱著反感，希望教會的權威衰微，而取得財政的利益，代表第三階級的鄉紳和市民，也垂涎於聖職者的特權和土地，何況與羅馬教會的分離獨立，正是民族主義者的愛國表現。亨利八世乃充分的利用議會和一般民眾的情緒，來壓迫教會。

　　從 1529 年到 1536 年之間，召開七年的宗教改革議會 (Reformation Parliament)，實行與羅馬的斷絕關係。1529 年，議會規定付給教士各種規費的定額，並禁止重覆徵收。1530 年，傾向新教而有高識學問的克倫默 (Thomas Cranmer, 1489～1556)，對離婚表示贊成的意見。1531 年，公佈「教皇尊信罪」(Praemunire) 的刑罰。1532 年，議會改革宗教法院，

加強《永代讓渡法令》(*Statutes of Mortmain*，不動產讓渡給宗教團體時，永久不能再讓渡給他人)。1533 年，議會通過法律禁止對羅馬教皇的一切上訴。同年，亨利八世即與安布林結婚，克倫默被任命為久已空懸的坎特伯里大主教，宣稱亨利八世跟凱薩琳的婚姻無效，與安布林的結婚合法。1534 年，議會通過一連串法律，禁止就聖職者奉獻給教皇初年度收入稅 (annates，即就任第一年的收入皆奉獻)，教士會議沒有國王的同意，不得制定法律，王位由安布林所生的孩子繼承，以及廢止教皇在英國享有權威的《國王至上法》(*Act of Supremacy*)。1535 年，亨利八世取得 「英國教會最高首長」 (Supreme Head of the Church of England) 的頭銜。這時相當於中國明世宗嘉靖十四年。

在英王輝煌的宗教改革之下，也隱藏著陰殘的史實。例如寫出著名《烏托邦》 (*Utopia*) 的近世理想主義先驅者摩爾 (Thomas More, 1478～1535)，當 1530 年渥爾西死後，繼任為大法官 (Lord Chancellor)，他自己是舊教徒 ， 因此為了國王的離婚問題夾在教皇和國王之間苦悶憂慮 。1532 年，因為反對國王的教會政策憤而辭職。1534 年，以反對安布林的孩子繼承王位被捕送進倫敦塔。1535 年，以反對國王為國教會最高首長的罪名被處刑。其他被處刑者，不計其數。遺憾的是亨利八世的愛妻安布林，在 1536 年 5 月 19 日也以通姦罪被處刑。然而殺死愛妻的第二天 5 月 20 日，亨利八世即與新寵妃西瑪 (Jane Seymour, 1516～1558) 結婚了。

亨利八世是一個獨裁專制的君主，然而卻能夠在英國史上完成宗教改革的大事業，是因為他利用新興中產階級對羅馬教皇及教士的反感。當時在英國的主教、修道院長、教會等的財富達英國全體的三分之一，而教會等聖職者在教皇的支配下，受羅馬教廷的層層剝削，就聖職者須奉獻第一年的收入給教廷，其他聖禮 (sacrament) 的執行也須一一納錢，向教廷的一切上訴都要花錢，教廷對英國人民又課徵十分之一稅及教廷

獻金等稅，以各種名目榨取金錢。因此，英國的民眾對羅馬教廷恨之入骨。當然，最先將《聖經》翻譯為英語向英國民眾傳佈真福音的威克利夫及其信徒們 (Lollards) 的反對舊教，以及 1517 年在日耳曼馬丁路德宗教改革後，歐洲大陸的新教思想飛越海峽傳播到英國，使一般民眾間浸潤了路德派的思想，這種在思想上批判舊教運動的風氣，也是對英國的宗教改革提供有利的條件。

英國的宗教改革，第一個步驟，是切斷跟羅馬教皇的關係，也就是切斷了付給教皇的巨額歲收。自盎格魯薩克遜時代羅馬基督教支配英格蘭以來，至此英國才完全的從宗教體系的殖民地獨立。英國的教會從此不再是國際宗教組織的一部分，而是成為國家權力裝置的一部分，教會的財產也跟王權連結在一起。從政治效果來看，從此教會人士參與國家政治的角色大為減少。在渥爾西主教以前，很少出色的大臣是俗世之人，然而渥爾西死後，很少聖職者成為國王的高官。在中世紀，教會是獨立的權力，跟國家的權力匹敵。但是宗教改革以後，教會隸屬國家，其權力也嚴格的限定於其應自行約束的範圍內。如果從經濟效果來看，切斷羅馬教皇的關係，也就是切斷資金外流的惡循環線，這也可以說是英國要建設資本主義國家的第一期基礎作業。

宗教改革的第二個步驟，是解散修道院，沒收教會的財產。1535年，亨利八世命主教總代理妥瑪斯‧克倫威爾，計劃調查所有從事聖職者的收入，製作《教會財產查定錄》(*Valor Ecclesiasticus*)，並巡察修道院的狀況，調查修道院長的生活和素行，其目的與其說在改革教會，不如說在為解散修道院製造口實。1536 年，由議會立法限制聖職者的特典，例如教士犯罪被捕不受普通法庭審訊等，從此以後，在裁判權的範圍內，教士和普通人是站在平等地位，但是教士犯某些重罪可減輕死刑的特典，則要等到 1827 年喬治四世時才廢止。1536 年制定《小修道院

解散法》，解散二百四十四個修道院，將其財產轉為國王所有。對於大修道院，亨利八世不敢驟然一律以法律解散，採較迂迴的先剝奪修道院長的私權，然後解散的方法，或向修道院長施壓力，讓其在形式上採自發解散的方式。至 1539 年時機成熟，才以法律的形式公佈《大小修道院解散法》將其合法化，至 1540 年解散一百八十四個大修道院，將其財產轉移給國王。

當時男女修道院的僧侶和尼姑們，都非常孤立，不能抵抗，他們之間存在著舊的敵對，而教區的教士和教友都不支持他們。亨利八世將這些從修道院掠奪的土地財產，撥一小部分建了幾所學校及賜給六個新的主教區之外，其餘的都佔為己有，但是並不長久的遺留為王室之用。這些攫取的土地財產很快的以遠低於市價的價格出售給貴族、朝臣、商人以及一群投機者，其中的大部分再由他們轉售給小地主和富農。到 1547 年亨利八世已喪失了從修道院沒收土地的三分之二，獲得新土地的是新貴族、鄉紳、商人、小地主、富農，而以盎格魯薩克遜人為主。這些新創立龐大而有影響力的階級，為了維護他們的既得利益，有最大的理由來維持宗教改革的結果。

在亨利八世下的英國宗教改革，僅止於英國教會從羅馬教會獨立，以及教會財產沒收的二項而已，至於第三個步驟，教義 (theological dogma) 內容的改革，則未能採取新教教義 (Protestantism)。亨利八世終其一生自認是虔誠的天主教徒，儘管他在政治上與教皇爭吵，可是並沒有改變其宗教信仰。至於修道院的解散，他認為是為道德和真正的宗教利益而實行的，當然教皇和天主教勢力者，並不同意亨利八世的觀點。妥瑪斯‧克倫威爾知道英王在信仰上固執於舊教，因此努力推動亨利八世朝向完全新教教義的方向走，並且與日耳曼的路德派小國聯盟。解散修道院的最初幾年，英國的新教化頗有進展，但是亨利八世立刻警戒，

這樣幹下去英國會從歐洲的大國孤立，而要恢復其與歐洲各國「權力均衡」的老路。妥瑪斯‧克倫威爾跟渥爾西一樣，過分的自信自己有影響亨利八世決定政策的力量，而不能洞悉亨利八世的狡詐。1540 年，這位推行宗教改革的功臣，以叛亂罪被砍頭。

亨利八世一直否定路德說或喀爾文說，1539 年還公佈《六信條法》(*Act of the Six Articles*)，主張：一、化體論 (transubstantiation，聖餐中的麵包和酒變成了耶穌的血和肉) 的真實性；二、聖餐禮 (Holy Communion) 不需要麵包和葡萄酒；三、教士 (priest) 不可以結婚；四、貞潔的誓約 (vows of chastity) 必須遵守；五、私人彌撒 (private Masses) 應該繼續；六、聽聞懺悔 (auricular confession) 必須保持。

亨利八世從此一直到他去世統治終了，對於否定化體論的清教徒以及否認他為教會首長的天主教徒，都毫不寬容的加以迫害處刑。除了極少數的例外，主教和教士們都宣誓服從國王，而留於職位。於是舊的禮拜儀式沒有產生根本的改變而繼續下去，只有少數改革派的教士零星的傳佈新的教義。信仰新教的人口，在英格蘭還是極為少數。

在亨利八世的獨裁權力之下，議會完全屈服，化為授與國王專制權的御用機關。上院無力，下院由宮廷的寵臣充任，於是國王的命令即變為議會的法律，國王屢次課徵的御用獻金，也侵害了議會的課稅權。但是國王成為教會的首長，王位繼承的順序，以及教會的信仰條法，都以議會之名公佈，這表示像亨利八世這樣專制的君主，在這時代還須假借議會之名行事。所以在實質上，亨利八世在其統治中，確立中央集權體制，削減北部大貴族的勢力，而完成英國的君主專制政體，但在形式上議會的權限則更為擴大，而由分配得教會領地的新貴族所佔據的議會，以和國王磋商的形式，第一次對王位繼承確立了立法權。

1547 年亨利八世死後，由第三皇后西瑪所生的愛德華六世（Edward

VI，在位 1547～1553），僅 9 歲就即位。幼君的監護人中，新教徒佔優勢，特別是舅父索美塞得公爵 (Duke Somerset) 為徹頭徹尾的新教思想者，乘機當了攝政，他與大主教克倫默合作，以政府的權力決定國民的信仰。議會也與他們共同行動，廢止了亨利八世時代的《六信條法》，承認僧侶的結婚，允許在聖餐禮給予麵包和葡萄酒。1549 年，國會通過《禮拜統一法》(*Act of Uniformity of Service*)，採取喀爾文派的教義，公佈英語的《一般祈禱書》(*Book of Common Prayer*)，命全英國人民一律使用。此祈禱書是大主教克倫默所編，關於禮拜事項採用舊教的《每日祈禱書》(*Breviary*)，教理則以新教的路德派和喀爾文派所折衷的。1552 年，公佈《第二次禮拜統一法》以及《第二祈禱書》，也是克倫默所起草的，包含舊教和喀爾文的要義，但基調是傾向於路德派，使英國逐漸普及路德主義或喀爾文主義。

然而，其後登位的瑪利一世（Mary I，在位 1553～1558）是亨利八世和凱薩琳所生之女，從母親繼承西班牙的舊教精神。加上 1554 年，她與西班牙王菲力普二世（Philip II of Spain，在位 1556～1598）結婚，於是採取舊教復活政策，恢復亨利四世和五世時代的《異教徒焚刑法》，慘酷的迫害新教徒，殉教者達三百名之多，連大主教克倫默也在 1556 年被焚死，故有「血腥的瑪利」(Bloody Mary) 之稱。有許多新教徒即亡命歐洲大陸，這就是「瑪利時代的亡命者」。但是瑪利一世為了獲得議會的承認，對於從教會沒收而分配的土地，還是維持現狀沒有加以改變。

1558 年瑪利一世短命死後，由亨利八世與安布林之間所生之女，伊莉莎白一世（Elizabeth I，在位 1558～1603）即位。新女王在年輕時代被瑪利一世囚禁於倫敦塔，而有過苦難的經驗，25 歲就位後，即修改瑪利一世的舊教反動策，於翌年 1559 年，恢復了《國王至上法》及《禮拜統一法》，並根據愛德華六世時代的《四十二信條》，於 1563 年制定《三

十九信條》(*The Thirty-Nine Articles*)，規定英國的官吏必須為國教者，新舊教徒不得就任官職，這雖然使天主教徒或喀爾文派感到不滿，但是除非擾亂治安，還是准許宗教自由，比起當時歐洲大陸各國在宗教戰爭的漩渦中，英國算是安泰得多了。此信仰自由，以後就成為西歐基本人權的濫觴。於是自亨

伊莉莎白一世

利八世以來的英國國教 (Anglicanism) 即行確立。

　　英國的宗教改革，是國王以政治權力自上改革，不是羅拉得派或路德派的自下改革。故其教義雖受路德主義或喀爾文主義的影響，仍舊留著很多舊教教會的儀式。例如聖職者必須穿著白色的聖服，聖餐時必須跪拜等。其他又採用跟舊教或路德派相似的「主教制度」，國王成為教會的最高統治者，其下設置大主教、主教、副主教、司祭長等教階制度。英國國教會因為採取主教制度，故成為英國專制制度的強有力武器，在國民之上發揮力量。

　　英國的封建社會，自十一世紀初的諾曼征服以來，王權自始強大，經過十四、十五世紀的百年戰爭和玫瑰戰爭後，封建貴族的勢力衰退，王權顯著的伸張。現在再經過十六世紀的宗教改革，打倒羅馬教皇的權威，沒收龐大的教會財產於國王手中，國王不但是全國的政治領袖，同時也成為精神信仰的最高首長，英國的君主專制政體，自此才確立。

　　英王之所以能夠打倒封建領主、羅馬教會、特權行會等中世紀的封建特權階級，而創立君主專制政體，不用說不是靠自己單獨的力量，而是得到新興中產階級的擁護，這些興起的貴族、鄉紳、商人、小地主、

富農，以盎格魯薩克遜人居多數。盎格魯薩克遜人為主的中產階級，所推行的政治運動可以分為二個階段。第一階段，先在宗教革命擁護國王，使英國脫離羅馬教皇及其所屬羅馬教會的支配。然後才開始第二階段，解決國王與新興商工中產階級的問題，這就是十七世紀的清教徒革命和光榮革命，也就是真正奪取政治權力意味的政治革命。

在十六世紀，王權在英國政治史上還扮演著正面的角色，有打破封建殘渣的積極作用。當時，王權與中產階級的利益是一致的。盎格魯薩克遜人所代表的中產階級，認為只要國王在前鋒打破封建殘渣，他們願意與國王攜手合作，當其後盾，支持其政權，因此議會才完全聽命國王的指揮，其代價就是保障社會秩序，英國人免於羅馬教會榨取，減少封建勢力的壓迫。因為國王與中產階級同盟，所以在都鐸王朝時代，英國才能打破羅馬教會和貴族諸侯的權力，建立英國向資本主義發展的前提條件。

但是王權本身是封建體制的產物，包容了太多封建殘餘性，不能帶動完成英國的革命。所以一旦共同打倒的目標消滅之後，國王立刻變成一切反革命勢力的中心，成為中產階級革命的主要障礙。在十七世紀初，國王對舊教態度的轉為溫和，和新教徒對國王的敵視，表示中產階級不能再跟國王同盟合作了，這是發生清教徒革命的必然因果關係。

另一方面，從國際上航海權的爭奪戰爭來看，宗教改革不但是英國擺脫羅馬教皇的支配，同時也是英國在海上想要擺脫西班牙支配的一個鬥爭。因為西班牙的菲力普二世，一直是充當羅馬舊教的爪牙，支配世界的波濤，直到英國興起發展海外，而取代其海上稱霸的地位為止。

擊敗無敵艦隊

——文藝復興的開花

（十六世紀下半）

　　英國的君主專制體制與海外貿易的爭奪戰，是互為表裡進行的。英國毛紡織工業的發達，促進了海外貿易，而海上爭霸的勝利，又使君主專制達到巔峰。

　　英國的君主專制政體，可以說是建立在當時迅速發展的以毛紡織工業為中心的前期資本主義的基礎上。自從十四世紀中葉英王愛德華三世採取保護和獎勵政策，一方面管制毛織品及羊毛的進出口，一方面保護來自法蘭德斯的職工和獎勵本土產業的生根，英國國內的毛紡織工業才大為興勃。到了十六世紀，毛紡織品的輸出已經凌駕羊毛的輸出了。

　　因為毛紡織工業的發展，羊毛的需要大增，領主們即競相將農民所賴以生活的山野或耕地以籬牆圈圍起來變成牧羊場，這稱為「圈地」(enclosure) 運動。如此，多數的農民喪失耕地，而產生摩爾在《烏托邦》書中所痛切批評的嚴重社會問題。由於毛紡織工業的發展和隨其發生的圈地運動，英國的農村完全改變了面貌。

　　在英國的農村，隨著商品貨幣經濟的滲透莊園，農民以貨幣繳納地租，漸漸的化為獨立自營的自耕農層。然而到了十五、十六世紀，自營農民經過社會的分工和競爭，分解為貧富兩極，勤勉而富於企業心者，為了獲得農業經營的更大利潤，即兼併自營農民中貧農的保有地，並將

此土地合併於一個地方圈圍起來，有的甚至付出高額的地租，介入領主
的直轄領地，而擁有跟領主同樣廣大的保有地。

他們並不自行耕耘，雇用貧農或自營農民之中因「圈地」而喪失土
地的失業者來耕作或牧羊，這就是被稱為「農業家」(farmer) 或「畜牧
家」(grazier) 的農業資本家。再者，自營農民之中，亦有人以毛紡織工
業為副業者，逐漸的擴大其規模，雇用工資勞動者經營，而變成小規模
的手工業者。當時，因為都市的「行會」限制不能及於農村，故獨立自
營農 (yeoman) 的手工業，能逐漸的擴大其規模。

另一方面，都市的手工業行會也產生很大的變化。毛紡織工業逐漸
的繁榮而成為「國民工業」 (national industry) 時，隨著農村的富裕化和
擴大銷路，令人感到「行會」對於銷路或價格等的嚴格統制是一種束縛。
行會的職工之中，一直不能變成老闆的人數不斷的增加，他們不得不以
自己的工具，變成從商人轉借原料施以加工而獲得工資的小老闆 (small
master)。但是行會本身被擁有貨幣資本的批發商人 (wholesale merchants)
所支配，而小老闆層亦被其勢力匯合在內，為了尋求出路而產生大的變
遷。小老闆層為了逃避都市行會的束縛，逐漸移居於農村尋求自由的天
地。於是小老闆與自營農民並立，從事半農半工形態的毛紡織工業。這
種農村工業 (country industry)，最初主要是依靠家族勞動而規模尚小，但
是隨著分工經營的新生產方式，雇用因「圈地」而喪失土地的農民、都
市的職工或徒弟等為工資勞動者，逐漸擴大規模，生產力也大為增加，
這稱為農村的 「工場制手工業」 (manufacture)。其勢力的成長，甚至可
以與都市商業資本家所經營的 「批發制手工業」 相抗衡。

英國在世界貿易的爭霸戰，能夠逐漸的壓倒西班牙、葡萄牙、荷蘭
等，是基於在國內「工場制手工業」順利的發展。在近世初期，正如大
商人因批發制的先行貸借原料等手段支配手工業那樣，商業資本家也因

其大資本而往往支配工場制手工業的經營者。但是商業資本家本來是以金融或貿易等投機事業為其本領，很少實際的從事生產事業。故當其支配工場制手工業的經營者時，也專門從事製品的販賣，不留意技術或經營的改善。因此這些商業資本家，對於資本主義的成長，真正的貢獻不大，反而是壓迫工場制手工業，而擔任阻止其發展的角色。相反的，工場制手工業的經營者，對於生產的發展極為熱心，逐漸的充實其實力，後來即成為產業資本家。

如此，以獨立自營農，農村小老闆的手工業經營者為中心，英國已經出現自由而富裕的中產階級，他們擁有自己的工廠，以自己的生產手段與勞務自由生產，所得全歸自己所有，這已經從中世紀的隸農制和行會制的封建束縛得到相當程度的解放，而有初期國民經濟的產業資本家的性格。這些人以信仰新教的清教徒居多數，他們信仰合理經營和計算利潤以累積資本才是對「創造世界之神」的奉獻，才能為「正義之神」增光，這就是韋伯 (Max Weber) 在《清教徒的倫理和資本主義的精神》(*Die protestantische Ethik und der Geist des Kapitalismus*, 1920) 所論的典型。喀爾文主義就是主張不斷勤勞以累積財產的正當性。

對著獨立自營農的手工業經營趨勢，在毛紡織興盛的東南英格蘭的貴族，也開始雇用工資勞動者經營直營地，或者乾脆廢止直營地自己經營的方式，以高額的地租貸與農業家，漸漸的從「封建領主」轉化為「近代地主」。英國於是在莊園經濟的崩潰和都市行會手工業的腐化下，產生經濟地位的分化，從此漸漸的發展起資本主義來。

都鐸王朝的各代英王，對於此分化變動的傾向，為了保全支持君主專制政體社會基礎的自營農民，即嘗試壓抑「圈地」的土地奪取運動，或應都市商業資本家的要求，限制農村手工業的發展，但是都不能成功抵住時代的潮流。

　　除了獨立自營農的手工業之外，當時還有由羊毛商人或毛紡織品出口商人、工匠行會的大主匠等所兼營的毛紡織工業，他們常以批發制手工業支配全部紡織工程。由於行會的經濟性壟斷，羊毛及毛紡織品國內外貿易的轉手，不斷的累積財富，而有商業資本的誕生。

　　但是自十四世紀以來，歐洲的貿易即由「漢撒聯盟」的日耳曼商人及義大利威尼斯商人所壟斷。前者壟斷日耳曼北部至波羅的海地區的商業，後者則獨佔大西洋沿岸至地中海地區的貿易，而英國的貿易也是日耳曼的漢撒商人以倫敦的代理店斯狄爾 (Steelyard) 為據點活動。對抗著這外來的勢力，英國即有出口羊毛的「固定市場商人」(Merchants of the Staple) 與之競爭。Staple 是主要的貿易中心，也就是常設的固定市場之意，於 1363 年設定於加萊之後，加萊港支配英國羊毛出口總額的五分之四左右。但是由於國家管制羊毛出口，以及百年戰爭後英國喪失在法國的領地法蘭德斯等，漸趨不景氣，1557 年更因最後的據點加萊的喪失而式微。代之而興的是以倫敦為中心的「冒險商人」(Merchant Adventurers)，他們是由綢布商、香料商、毛織品商、固定市場商等起家發展的。1407 年得到亨利四世的特許狀，創設「冒險商人公司」(Company of Merchant Adventurers of London) 於英吉利海峽和北海的對岸海港安特衛普 (Antwerp)。隨著毛紡織品及其他工業製品的大規模生產和大量輸出，他們累積財富，確立英國貿易的地位。他們在海外的固定市場，也由安特衛普移到漢堡 (Hamburg) 或恩登 (Emden)，壟斷荷蘭或日耳曼的貿易。該公司採規定制，會員要服從公司的規定，但以自己的資本計算而各自從事貿易。冒險商人公司所出口的毛紡織品，在十六世紀前半葉，達全國輸出總額的 70% 到 90%。

　　英國的冒險商人對貿易的擴張，必然的與漢撒商人與義大利商人集團衝突。尤其是以新航線新大陸的發現為轉機，「新市場」的出現，使各

國更急切的要擴張市場，衝突越不可避免。在亨利八世領導宗教改革，議會通過禁止就聖職者奉獻一年收入給羅馬教皇的 1534 年，英商人排除義大利商人在英國的特權，其成功正表示英國的冒險商人已逐漸擁有力量向外擴張，在國際貿易上由被動轉為主動的地位，與各國一爭長短，而從事海外商業活動。

於是英國的毛紡織品，經冒險商人公司之手，不但輸出到尼德蘭、日耳曼，現在又要向西班牙進攻了。自從 1577 年設立西班牙公司以後，西班牙南部港口塞維爾 (Sevilla)，和安特衛普並稱為英國的二大市場。從英國出口到塞維爾的毛紡織品，再轉運到新大陸出售，英國從此貿易攫取了新大陸的銀幣。自從 1570 年代以後，隨著西班牙毛紡織工業的衰頹，英國毛紡織品的輸出更形增加，同時銀幣的流入也更形加多。這些累積的銀幣，也是英國在 1588 年擊敗西班牙的無敵艦隊，1600 年設立東印度公司 (East India Company)，再轉向東印度發展貿易的基金。

然而，英國的殖民活動最初是聘請義大利威尼斯航海家喀波特父子的航海探險開始的。約翰・喀波特 (John Cabot, 1450～1498) 於 1496 年獲得英王亨利七世的特許狀，1497 年從英國西南部的城市布里斯托 (Bristol) 出發西行探險，到達布里敦角島 (Cape Breton Island) 以及拉布拉多 (Labrador) 海岸。1498 年再得到英王的特許狀，到格陵蘭 (Greenland) 的東西兩海岸探險，到達巴芬 (Baffin) 島和紐芬蘭 (New Foundland) 島，再南下到北美洲東海岸三十八度線左右探險，但死於海外沒有回國。其子西巴斯善・喀波特 (Sebastian Cabot, 1474?～1557) 繼承父志，得到英王和西班牙王的特許，從事航海探險，製作很多地圖。1509 年為了發現西北航路出發航海，到達哈得遜海峽 (Hudson Strait)，1525 年再率領探險隊調查南美的拉布拉他 (La Plata) 河域一帶。從此經驗，他才能在 1544 年製作有名的世界地圖。亨利八世死後，西巴斯善・

喀波特回到布里斯托定居，服務英朝廷，對英國的商業及航業問題備英王諮詢，特別建議英王限制日耳曼漢撒商人的特權，但是，要到西巴斯善‧喀波特死後二十一年，伊莉莎白一世時代的 1578 年，才能完全排除漢撒聯盟在英國的特權地位，迫其在倫敦的代理商店斯狄爾公司關閉。1551 年由於他的建議，設立冒險商人的公司而任總經理，以開闢到東印度及中國的東北航路，於 1553 年派遣威洛比 (Hugh Willoughby, ?～1544) 指揮三隻船舶，此次航海雖然失敗，但以此為轉機開展與俄羅斯的通商。同年設立俄羅斯公司 (Russian Company)，並任總經理，於 1555年和 1556 年派遣船隊到俄國。英國自此以後才一連串的成立特許公司 (chartered companies)，諸如 1579 年的「東方公司」(Eastland Company) 以巴爾幹和斯堪地那維亞半島的貿易為目的，1581 年的「土耳其公司」(Turkey Company) 以君士坦丁堡和黎凡特的貿易為目的，1588 年的「非洲公司」(African Company) 專門從事奴隸販賣。當時是奉行舊教的西班牙和葡萄牙雄霸海洋，在新航路新大陸發現之後的 1493 年，教皇亞力山大六世 (Alexander VI) 宣佈西葡二國平分全球的新發現地，所以當初亨利七世不敢宣佈約翰‧喀波特也在 1497 年發現北美洲。而 1553 年西巴斯善‧喀波特召集一些冒險商人成立第一家對外貿易的特許公司「俄羅斯公司」時，正式的名稱為「發現無人知的地方、領土、島嶼和處所的冒險商人行會」，將目標放在俄羅斯，向北海發展，不敢往美洲、非洲、亞洲各地直接與西葡競爭，因當時西葡盛極一時，不可觸犯。

　　西班牙和葡萄牙位於南歐伊比利半島，東臨地中海，西瀕大西洋，南扼直布羅陀海峽，與非洲相對，便於向海洋發展。故歐洲各國之中對殖民地活動著先鞭者也是西葡兩國，因為是信奉舊教，還得依靠教皇的勅書，分割歐洲以外的世界。在十六世紀，西班牙壟斷美洲方面的領土和金銀，葡萄牙則獨佔亞洲方面的香料等東洋的貿易。西葡兩國以強大

的海軍排除第三國的插足，獨自享受貿易的利潤，以最富強的專制主義國家君臨歐洲。但是十六世紀中葉以後，步入民族主義國家的英國、法國、荷蘭等，漸漸的統合國內體制，得新教徒市民的協助，企圖插入西葡的獨佔圈，於是在殖民地及海洋上展開激烈的鬥爭。此殖民地的掠奪戰，因為與新舊兩教派的宗教對立糾纏在一起，使各國之間產生複雜的同盟或敵對關係，使君主專制主義時代的歐洲捲入頻繁的國際戰爭。

　　十六世紀的最後三分之一的期間，可以說是英國和西班牙為殖民活動鬥爭的時期。英國政府被商人階級推動，決定起來打破西班牙在西歐各國之中壟斷殖民地，獨佔新世界財富的地位。在英西兩國的爭霸戰中，荷蘭扮演重要的角色，因為荷蘭當時正想脫離西班牙的支配而進行獨立戰爭，英國的新教徒即與法國和日耳曼的新教徒共同加以支援擁護。這是因為只有打倒西班牙和葡萄牙，英國、荷蘭、法國、日耳曼的貿易才有成長的可能性。因此可見殖民貿易的擴張是西歐民族主義發展的前提條件。

　　那時候，跟西班牙戰爭而縱橫活躍於海洋的「愛國強盜」霍金斯 (John Hawkins, 1532～1595)、杜累克 (Francis Drake, 1540?～1596) 等的名字，修飾了英國征霸世界海洋史的最初一頁。霍金斯是英格蘭南部普里茅斯 (Plymouth) 市的商人，見西班牙所領有的美洲殖民地缺乏勞工，即從葡屬的非洲西海岸，走私奴隸到美洲大賺其錢，此從事奴隸貿易的商船，在 1567 年被西班牙的憲警捕拿。於是英格蘭西南部的水手杜累克，即借「報復」之名，屢次組織私掠船 (privateer)，掠奪西印度群島等美洲殖民地，襲擊從美洲載回金銀財寶的白銀艦隊 (Silver Fleet)，這稱為「私掠船的活動」(activities of the privateers)。杜累克在私掠遠征的歸途，為了避開西班牙憲警，曾於 1581 年迂迴太平洋歸航，這就成為繼麥哲倫的第二次環遊世界的航海。伊莉莎白一世對於這些奉獻世界珍奇禮

物的「愛國水手」，就授與爵士的稱號獎賞。此後這種「海盜」行為，成為「愛國」的表現，風靡了英國朝野。於是，貿易爭奪戰，私掠海盜行為，有發展為國際間公然戰爭的樣相。

西班牙王菲力普二世，為了控制英國以便壟斷世界貿易，曾與英女王瑪利一世結婚，也使英國復活舊教，嚴厲的鎮壓新教徒於一時，然而瑪利一世的遽死，使他的計謀受挫折。菲力普二世起先採懷柔政策，向繼任的英女王伊莉莎白一世求婚，然而伊莉莎白一世及其左右有瑪利一世的前車之鑑，只是虛與委蛇，並不肯定的答應。西班牙王知道婚事不成之後，就從「外交」改變為「陰謀」，最後訴之於「戰爭」了。

西班牙之所以有恃無恐，除了強大的海軍之外，是因為跟教皇密切聯盟所致。對西班牙王來說，新教徒是破壞西班牙海上霸權的最大敵人，跟羅馬教皇敵視新教徒和宗教改革，利害一致。

伊莉莎白一世雖然以《國王至上法》、《禮拜統一法》，樹立英國國教會，但是北部地方殘留著舊教徒，且與外部的羅馬教會、西班牙、法蘭西暗通款曲，陰謀叛變。1568 年蘇格蘭女王瑪利·斯圖亞特 （Mary Stuart，在位 1542～1567） 逃到英國，這位天主教的信徒即被內外的天主教徒政治陰謀所利用。1569 年，封建制根深的北部地方天主教貴族起來叛變，其後十八年間瑪利即成為一連串陰謀叛變的中心人物。西班牙王菲力普二世也擁立瑪利，向英國的舊教徒活動，謀伊莉莎白一世的廢位，但是事機不密而洩漏，1587 年終於將瑪利處刑。

菲力普二世終於決心，出動誇言歐洲第一的無敵艦隊 (Invincible Armada) 遠征英國。1588 年 5 月，一百三十隻無敵艦隊浩浩蕩蕩的從里斯本 (Lisbon) 出發，進入英吉利海峽，但是被英國海軍將領霍華德 (Charles Howard, 1536～1624) 所率領的霍金斯、杜累克、饒列 (Walter Raleigh, 1552?～1618) 等的艦隊所擊垮。英國戰勝了號稱歐洲最強國的

西班牙的無敵艦隊

西班牙，使英國的國際地位一躍提升，並使西班牙的海上霸權走上衰頹
的第一步。

　　無敵艦隊的擊敗，以現代的眼光看來，並不是奇蹟。因為西班牙海
軍尚停留於中世紀的觀念，以為船艦主要是運輸軍隊，目的在鉤住敵船，
登上敵艦，以作肉搏戰，故其士兵也是世界上最強壯的。然而這時英國
和荷蘭已經展開完全不同的戰術。他們以為船艦是流動的砲臺，其目的
在追上敵船，在一定的距離以砲火打擊，使敵人喪失作戰能力。故英國
建設較小型而速度快的船艦，在風中亦能行駛，並且在舷窗裝置砲門，
以取代在甲板設置砲臺的舊法。故這種船艦的火力和方位，都比較優越。
西班牙三、四層甲板的大帆船，雖然可以載大量的士兵，但是浮出水面
的龐大舷側，反而成為最好的砲擊目標，而又沒有反擊的力量。故其噸
數和士兵數目的優越，在不同的條件下，反而成為致命的作戰障礙。受
英國海軍襲擊的無敵艦隊驚逃到北海，因為英國艦隊缺乏火藥，給與西
班牙艦隊的打擊損傷亦有限，但是一旦航行到北海的無敵艦隊，因為風
向的關係，無法調頭回英吉利海峽，被迫沿著蘇格蘭和愛爾蘭的北端航

行，結果遇上颱風，無數的船艦遭難，第二年回到西班牙時僅殘留半數。

　　英國海軍擊敗西班牙無敵艦隊的 1588 年，等於中國明朝神宗萬曆十六年，這是英國中產階級對內鬥爭的轉捩點。到 1588 年為止，英國的中產階級是為生存而鬥爭，其後即轉為為政治權力而鬥爭。贏得這場戰爭的是商人們，他們以自己的船艦、自己的資金獲得勝利，儘管女王和樞密院不很熱心，也不全然支持戰事。對外的勝利完全的改變對內的政治權力關係，中產階級的力量開始覺醒。由於這種覺醒，君主和中產階級的長期聯盟，從此開始解體。中產階級雖然還需君主權力的支持，但是已經不需要其保護了。在伊莉莎白一世晚年，以毛紡織工業為中心的產業資本家、近代的地主農業家、獨立自營農民等中產階級，和逐漸反動化而與專制君主結合的商業資本家等，有分裂的現象。以清教徒為中心的議會，對女王的結婚、王位繼承、宗教改革、議會的特權，開始活躍的發言，並對女王賜與商業資本家「獨佔權」大肆抨擊了。

　　因此，英國與西班牙的戰爭，可以說是英國市民革命的前提條件。因為這表示西歐封建反動勢力的挫敗，而鞏固了宗教改革勝利的成果。在英國領導戰爭對外擊敗菲力普二世的人士，正是其後領導國內政治反對查理士一世（Charles I，在位 1625～1649）的人士。當 1642 年內戰發生的時候，整個海軍和重要的海港都是站在支持議會派這邊，由於跟西班牙的戰爭，英國的中產階級經過鍛鍊和動員，才發展一種「神選者」(the elect) 的特殊階級感，使政治信仰和清教主義一樣的強固可畏。

　　從此以後，英國的國家權力即極力的掩護中產階級的海外發展。由於在歐洲大陸的最後一塊領土加萊的喪失，以及對西班牙無敵艦隊的勝利，才產生「海洋國家」的理論，避免在大陸的紛爭，專注於海洋的發展。強化海軍及商船隊即成為基本國策，美洲及印度即成為英國殖民活動的方向。

在美洲方面，1538 年英格蘭西南部的探險家吉柏特 (Humphrey Gilbert, 1539～1583)，在北美洲的紐芬蘭建立最初的殖民地。1585 年饒列得到伊莉莎白一世的特許狀，向北美洲派遣探險家，將該地稱為「維吉尼亞」(Virginia)，以讚美女王「處女」(virgin) 終身未嫁，而成為今日美國「維吉尼亞州」的起源。其後又數次派遣殖民者到該地，但初次的殖民事業皆歸失敗。然而這時候的殖民方式，跟過去西班牙專門從事掠奪金銀財寶的殖民政策不同，從當初即計劃從事農業的土著生根，這顯示了其後北美洲殖民政策的方向。

到了詹姆士一世（James I，在位 1603～1625），由於嚴屬的勵行國教，有許多清教徒或天主教徒因忍不住國教的壓迫，為尋找信仰的自由，遷居美洲殖民地。一群拒絕信仰國教的清教徒，就是被稱為美國人祖先的「朝聖的父老們」(Pilgrim Fathers)，最先亡命到荷蘭，1620 年乘一百八十噸的帆船「五月花號」(Mayflower)，橫渡大西洋，登陸於北美的普里茅斯海岸，經過許多困難，開拓新天地。接著有許多逃避查理士一世迫害的清教徒們，在 1630 年建立波士頓市。美國東北部的「新英格蘭」(New England) 殖民地，從此漸漸被開拓起來。在清教徒革命之後，殖民越來越盛，不久發展到北美一帶。

在亞洲方面，英國於 1600 年設東印度公司，翌年派遣最初的商船隊。當時亞洲貿易由葡萄牙和荷蘭兩國獨佔，因此只好專門從事印度經營，其後進軍東印度群島及印度各地。1613 年也到日本，在平戶開商館，然而因與荷蘭的關係惡化，1623 年關閉商館撤退。東印度公司則年年增加其資本，到查理士二世（Charles II，在位 1660～1685）時代，取得領土的保有、貨幣的鑄造、軍隊的編制等特權，宛如擁有國家的權能。

西班牙無敵艦隊的擊潰，是使英國形成海洋國家，轉變成殖民帝國的一個轉機。英國由一個畏懼西葡霸權的二等國家，一躍升為取代西葡

的海上領導地位，向美洲與印度發展市場的一流國家。隨著國內工商業的發展，和海外市場的擴張，英國迅速的累積了財富，在民族的光榮和社會的繁榮中，就產生了以莎士比亞為代表的英國文藝復興。伊莉莎白一世成為一切光榮的象徵。

　　1603 年，伊莉莎白一世臨終時，也許是問心有愧，指名曾經親手殺死的瑪利・斯圖亞特的兒子，即蘇格蘭王詹姆士一世為英王。在這伊莉莎白一世和詹姆士一世時代，出現了國民文學的黃金時代，對近代英國文學的成立有決定性的影響。在文學史上，被熟知為伊莉莎白一世時代的作家，莎士比亞 (William Shakespeare, 1564～1616)、詩人斯賓塞 (Edmund Spenser, 1552?～1599)、哲學家培根 (Francis Bacon, 1561～1626) 等名人輩出。英國的文藝復興所以開花，可以說是建立在英西殖民爭霸戰的勝利基礎上。

　　文藝復興是從十四世紀開始到十六世紀，由義大利發生，然後展開到西歐各國。文藝復興最先發生於義大利，是因為十字軍以來，北義大利各都市因地中海貿易而繁榮，擁有經濟力的新興市民階級，成為新文化的傳播者。義大利在地理上和歷史上，有利於繼承古典文化，然而更重要的是，義大利壟斷東方貿易的結果，商業和有關毛紡織品、綢織品等工業發達，而形成發展自然科學和經驗主義的基礎，再加上經過東方貿易，大大的受阿拉伯和拜占庭二大文化的影響。文藝復興的本質，可以說是「世界和人類的發現」，但是人文主義 (humanism，或人道主義)，是從地理上的發現、自然科學的發達，以及人體美的發現而來的。

　　英國文藝復興的開花，是歐洲各國中最遲的，因為英國在地理上和歷史上，是歐洲文化的邊陲，也是文化的後進國。自從百年戰爭以來，封建體制的解體，再經過宗教改革的成功，確立了君主專制體制，在初期資本主義的發達中，漸漸的鞏固中央集權國家的基礎。但是這些內在

的因素之外，還需要外在的輝煌成果，英國人才能達到「世界和人類的
發現」那種境界。如果沒有擊敗西班牙無敵艦隊的輝煌成果，則英國的文
藝復興也僅止於喬叟 (Geoffrey Chaucer, c. 1343～1400) 的《坎特伯里故事》
(Canterbury Tales) 或摩爾的《烏托邦》，含蕾待放而已，而不能使「文藝
復興最偉大的天才」、「人類有生以來最偉大的詩人」莎士比亞開花。

　　莎士比亞在歷史劇或悲喜劇等各方面留下很多不朽的傑作，在其作
品中所登場的人物包括國王、貴族、大商人、僧侶、高利貸、職工、船
員、乞丐、流浪人等多彩多姿，將每一個人的複雜心理和行為活生生的
描寫。但是例如歷史劇《亨利四世》(Henry IV) 的主角，就是賜與冒險
商人公司特權的國王，悲喜劇《威尼斯商人》(The Merchant of Venice) 也
是故意醜化義大利的猶太人，而歌頌基督教商人的幸運，這些都跟英國
的貿易向海外伸張有密切的關係。換言之，他的作品是在英國擊敗西班
牙無敵艦隊之後，英國的君主專制體制達到巔峰之時開花的，因此作品
之中滲浸了與專制體制結合的市民感情，以及濃厚的宮廷趣味，這種文
藝不用說是在宮廷政治保護之下成長的。再看英國的哲學家培根的作品
《殖民論》(Essay of Plantations)，論述英國的殖民必須選在未開發地，
如果不能掃蕩土人、不能佔領土地，則不可以殖民，不要一播種就立刻
期待收穫，要警惕那種性急的經濟掠奪。這些都道破英國以經驗論為基
礎的近代科學的殖民方法。英國文藝復興與海外殖民活動的關連，從此
可見一斑。

Chapter 9

政治革命

——制霸世界市場的基本作業

（十七世紀）

　　英國在伊莉莎白一世時代，以 1588 年英國海軍的擊敗西班牙無敵艦隊為分水嶺，開始產生中產階級對君主專制政體的反抗。「中產階級」(bourgeoisie) 本來是從德語 burg（有武裝防備的城廓）的法語化 bourg 而來，意指法國自由都市的居民，故日本的學者也常將中產階級翻譯為「市民階級」。這是法制上的概念，與教士和貴族的身分相對，成為身分制三級會議的構成分子。然而，隨著時代的演進，市民階級漸漸成為新的資本主義生產方式的擔任者，亦即近代資本家階級。他們為了打破阻止其生產和交換自由的封建束縛，在中世紀末以來的君主專制體制形成期，常擔任著極大的角色。當然，在資本家之中，還有商業資本家和產業資本家之分，而最初是前者佔優勢。商業資本家以和平貿易的方法或以武力為背景，從事海外市場的開拓和資本的原始儲蓄。他們因為以從事商業獲取利潤為目的，不喜歡利潤歸於直接生產者，希望利潤歸於自己掌握，故當生產者的勢力漸興時，商業資本家反而利用守舊的封建勢力，或維護「行會」的特權，想加以壓制。商業資本家是君主專制體制的支柱，隨著英國毛紡織品等工業產品的輸出增加，從冒險商人公司所徵收的關稅也年年增多，變成龐大的金額，這成為英國君主專制體制最大的財源。因此，這些商業資本家，在國家財政上獲得重大的發言權，與專

制政體的王權結合成親密的關係，而取得種種「專利」（monopoly，即
獨佔）的特權。部分上層的商業資本家，依其財力獲得貴族的稱號，或
者收買貴族的領地而變成領主，又有些人利用其巨大的資本經營高利貸，
壓迫都市或農村的下層人民。

　　商業資本家與專制王權政體緊密結合的例子，可以伊莉莎白一世在
經濟上採用的重商主義為例。她依貿易商人葛萊興 (Thomas Gresham,
1519～1579) 的建議，於 1560 年改鑄貨幣，統一幣制，以利於商品交換
和貨幣的流通。葛萊興也得了「爵士」的稱號，當王室財務官，辦理對
外國借款，並盡力於王室匯兌交易所的設立。其外國匯兌論，成為君主
專制體制理論的一體系，其著名的葛氏定律 (Gresham's law) 即所謂「劣
幣驅逐良幣」(Bad money drives out good) 的法則。

　　伊莉莎白一世在外國貿易上，賜與冒險商人世界各地區的貿易獨佔
權，如 1577 年的西班牙公司 (Spanish Company)、1579 年的東方公司、
1581 年的黎凡特公司 (Levant Company)、1583 年的威尼斯公司 (Venice
Company)、1588 年的幾內亞公司 (Guinea Company)、1600 年的東印度
公司。例如東印度公司即享有從好望角到麥哲倫海峽地區的貿易和殖民
獨佔權，1601 年首次向東洋派遣船隊，其後成為英國侵略印度和進軍亞
洲的中心機關。她又以培養新工業、保護新技術、防止進口等名目，賜
與其側近的貴族、官僚、商人等，有關煤炭、礦山、製鹽、製糖、製肥
皂、製玻璃、製鐵等特定工業的專利權。例如鄉紳出身而任伊莉莎白一
世國務卿和財政卿的塞梭 (William Cecil, 1520～1598)，即得製鹽業的專
利權。另一方面，對於勞工方面，於 1563 年制訂《職工法》(*Statute of
Artificers*，或稱《徒弟法》)，除了規定產業部門的徒弟最低七年的限制
外，為了確保農業的勞動力，規定能勞動者都有勞動的義務。其後在
1598 年公佈《乞丐處罰法》(*Beggars Act*)，流浪者乞丐都要赤裸上半身

在公眾面前鞭打至血流斑斑為止，然後送還出生的教區從事勞動。1598年以降又發佈《救貧法》(*Poor Relief Acts*)，在每一教區任命教會看守官 (churchwarden) 以及二至四名房主 (householders) 來監督貧民，這些人可依全國根據財產稅為準所課徵的救貧稅，使用於：一、讓貧窮的孩子和有能力工作的貧民工作；二、救濟不能工作以及沒有近親撫養的人；三、設置流浪者矯正院，讓貧民的子弟當學徒學技藝。

女王的政治是以「樞密院」(Privy Council) 為中心，以「星室法庭」(Star Chamber) 審問政治犯，以「高等宗教法院」 (Court of High Commission) 取締天主教徒和清教徒，成為專制君主大權裁判所的兩翼。議會則在其四十四年半的長期統治中，僅召開十次，期間僅三、五個月而已。

君主專制體制，以專賣權的賦與或公債的發行等謀商業資本家的利益，相對的，對產業資本家則課徵重稅，或以限制勞工和生產手段，來壓迫農村的工場制手工業，阻礙其自由發展。產業資本家因此大為不滿，不斷的起來要求撤廢封建的土地所有關係，廢止各種限制，以獲得生產及交換的自由。

這時候，英國以產業資本家階層為中心的中產階級，出現了新的盟友，這就是講究清淨戒律的清教徒。在道德上忌惡不淨的聖僧團，為什麼會和市僧主義的盎格魯薩克遜中產階級攜手合作呢？因為中產階級和清教徒都是君主專制體制下的被壓迫者，所以兩者要聯盟，擁護議會的權利，因為議會是自中世紀以來市民最正當的政治鬥爭場所。何況英國的王室自從擺脫羅馬教皇的羈絆以後，生活更形腐化，流於淫靡放縱，令人側目，這是清教徒和中產階級合作，向君主專制體制挑戰的機會。因此，當伊莉莎白一世在世的專制體制巔峰期的 1601 年，議會已猛烈的展開反對「專利權」運動，而迫使女王允諾其廢止了。這是平民院以委

以蘇格蘭國王身分入主英
格蘭的詹姆士一世

員會制度的擴充為手段，排除樞密院和貴族院的干涉，掌握政策決定的創制權。

伊莉莎白一世終生未出嫁，1603 年歿後，沒有嗣子，即由亨利七世的女兒瑪格麗特‧都鐸 (Margaret Tudor, 1489～1541) 的曾孫，即蘇格蘭王詹姆士六世兼任英王，改稱詹姆士一世。從此，英國和蘇格蘭進入「同君聯合」的關係，但兩國合併要等到一百多年後的 1707 年。

詹姆士一世是外國人，一半蘇格蘭血統，一半法蘭西血統，故他開創的斯圖亞特王朝 (Stuarts, 1603～1649, 1660～1714) 可以說是外國人統治英國的王朝。蘇格蘭沒有像英國一樣的議會，只有一種「教會」(kirk)，成為王權的工具。詹姆士一世從一個很貧窮的蘇格蘭，來到一個相當富裕的英格蘭為王，以為這個新王國的財富資源是無窮盡，足夠他揮霍的。他提倡王權神授說 (the divine right of kings)，無視市民的既得權和習慣，否認代表市民利益的議會的權利，嚴禁國教會派以外的一切宗派。因為宮廷生活的奢侈和對外戰爭累積開支，他未得議會的承認即強行採取重課罰金、新徵關稅、出賣爵位、賦與專利權等財經政策。這些政策，在宗教上壓迫了非國教徒 (Nonconformists) 的信仰自由，在經濟上又妨害產業的自由發展，使市民不滿的情緒高漲。尤其是專利權的賦與，最遭受議會的激烈反對。

在伊莉莎白一世時代，一年的歲收不超過四十萬鎊，但是到詹姆士一世時，歲收四十五萬鎊尚不足平時的開支。其中三十萬鎊來自國王的地產和關稅的收入，其他必須仰賴議會的授與。自伊莉莎白一世末年以來，產業市民和自營農民的財富不斷增加，但是除非實質增加其政治權

力，他們是不願贊成增稅的。議會勢力的伸張，且強烈的主張自己的權利，自然的與外來的國王對立。而且產業市民或自營農民中，有很多是屬於歐洲大陸喀爾文教派的清教徒，他們就是所謂「勤勉種類的人民」(the industrious sort of people)，激烈的反抗詹姆士一世的國教主義，而與擁護議會權利者合作。

1621 年，詹姆士一世召集議會，要求五十萬鎊。議會只准十五萬鎊，並要求向西班牙開戰，以及彈劾國璽大臣兼上院議長培根貪污。培根因為這貪污案被彈劾坐牢，出獄後隱棲寫作，成為英國有名的哲學家。1621 年 11 月，議會的第二次會期，詹姆士一世要求九十萬鎊，議會只准七萬鎊，並公開抨擊英王侵犯議會言論自由。1624 年詹姆士一世召集第四次議會，議會以向西班牙宣戰為條件，准許最巨額的三十萬鎊的供與，並迫使詹姆士一世終於廢止專利權的賦與。詹姆士一世在二十二年的統治期間，僅召開四次議會，每遇議會攻擊即解散議會。

繼任的英王查理士一世，在太子時代曾旅行西班牙首都馬德里求妃而沒有成果，即位時娶法國公主瑪利亞 (Henrietta Maria of France, 1609～1669)，可見當時英國的國際地位還相當低下。查理士一世因王后是天主教徒，而又要強化國教主義，就專門壓迫清教徒，並且一再的課徵重稅，而加劇了國王與議會的抗爭。查理士一世追隨其父主張「王權神授說」，一再的解散議會，但每一次新召集的議會，反對派仍不斷增加。1628 年的議會，終於通過《權利請願》(Petition of Rights) 案，查理士一世見議會將允諾五種補助金約三十五萬鎊，也就不加以考慮於《權利請願書》上簽名。

《權利請願》，是繼《大憲章》後的第二部基本法，其大部分是下議院議員柯克 (Edward Coke, 1552～1634) 所執筆的。他是劍橋大學畢業的律師，曾當過高等民事法院首席推事，因提倡習慣法 (Common Law) 的

優越性以對抗「王權神授說」而被左遷，所以轉到議會來以其法學的知識援助對王權的鬥爭。《權利請願》包括四點：一、任何自由人，除非經由議會制定法律同意，不受強制交付贈與、公債、捐款或稅金；二、任何自由人，除非違反國法，不受拘禁或拘留；三、陸海軍士兵不得住宿民房；四、軍法裁判的命令書取消，不再發行。從後面兩點，我們可以推想當時軍隊是如何亂佔老百姓的家屋以及濫用軍事審判。這雖然是採取「請願」的形式，內容則是一種「人權宣言」。這是以習慣法在歷史上的權利為基礎，故與美國革命的《獨立宣言》以及法國革命的《權利宣言》，以自然權思想為基礎，哲學思想的淵源不同。

查理士一世簽署法案，是中了議會允諾三十五萬鎊補助金的甜頭，心裡非常不甘願，所以又漸漸採取無視的態度，於 1629 年又解散議會，逮捕八名主要的平民院議員，送入倫敦塔拘禁。其後十一年間不召集議會，以星室法庭和高等宗教法院來鎮壓反對勢力。

在此無議會時代，國教會大主教勞得 (William Laud, 1573～1645) 和斯特拉福伯爵 (Earl of Strafford, 1593～1641) 狼狽為奸領導國政。國王、國教會、獨佔商人的勾結越形密切，施行違反《權利請願》原則的專制政治，因此國民的反感更加升高。於是要求產業上的自由者、擁護議會的權利者、反抗國教會壓迫的清教徒等，廣泛的階層在思想上以維護「習慣法」結成反對勢力。

當時國內的對立，本來是基於社會經濟利益的對立，但現在同時跟政治上的國王和議會的對立，宗教上的國教徒 (Conformists) 和清教徒的對立，廣泛的連結在一起，這些對立漸漸密切結合的結果，就爆發了英國的革命。

英國清教徒革命的導因，是查理士一世為提高其專制君主的地位，要在長老教會派 (Presbyterian) 佔優勢的蘇格蘭勵行英國國教，而引起蘇

格蘭人的反叛。查理士一世採權臣斯特拉福的獻策，以其任愛爾蘭總督十一年在當地實行專制統治的經驗應用到蘇格蘭去，而大主教勞得亦誤認為英格蘭情況穩定，可將英國國教擴張到蘇格蘭去，以增加其勢力。他們意料不到，對外的壓迫，反而促進對內的鬥爭。

　　英王為了籌募鎮壓蘇格蘭叛亂的戰費，又聽斯特拉福的建議，於1640年召集議會。但是議會不但拒絕國王的戰費要求，反而提出專利權和船舶稅 (ship money) 的問題反抗。船舶稅的起源，在於英國的海港有義務提供船舶給海軍的習慣。當1634年英王施行船舶稅，從沿海的都市徵收而實際的用在海軍船舶的修理時，尚無多大異議。然而過不到兩年，徵收的對象擴大到內陸，顯然的有設定船舶稅二十萬鎊為定期歲收的意圖。如果擁有這龐大的財源，國王可以不再依靠議會而獨斷獨行了。因此，克倫威爾 (Oliver Cromwell, 1599～1658) 的表兄弟漢普登 (John Hampden, 1594～1643)，在1636年拒付船舶稅，而依習慣法興起訴訟，次年各地方也激烈的興起了反對船舶稅運動。

　　議會因為不答應國王的要求，會期僅三週而遭解散，故有「短期議會」(Short Parliament) 之譏。然而，財政上的困難仍未解決，國王不得不再圖和議會計謀，於同年11月召集新議會。這議會就是正式與國王戰爭，將查理士一世處刑，持續到克倫威爾死後1660年王政復辟為止的所謂「長期議會」(Long Parliament, 1640～1660)。此議會提出彈劾斯特拉福和勞得、廢止星室法庭和高等宗教法院以及《大抗議書》(Grand Remonstrance) 等決議案。1641年，《大抗議書》以十一票之差於議會通過，國王為了逮捕急進派中心人物，派兵進入平民院，此時他們已經聞風逃跑了。於是國王與議會的對立激化，倫敦市民為了對抗國王以武力鎮壓議會，召集了維護議會的民兵，而兩者都進入武力鬥爭的準備。1642年終於因國王的挑釁而打開國王與議會內戰 (The Civil War) 的序

幕。從此展開全國規模的八年內戰，導致了 1649 年的清教徒革命。

　　當時英國議會內部分為議會派 (Parliament) 和王黨派 (Royalist) 二大對立陣營。議會派以所謂「圓顱黨」(Roundheads) 的清教徒為中心，王黨派又稱為騎士黨 (Cavaliers)，以國教會派和天主教徒為中心。前者得近代地主、農業家、自營農民、產業資本家、手工業者、近代商人等進步分子的支持，在地域上是以倫敦為據點，而以工商業發達的英格蘭東南部為勢力圈。後者以封建貴族、特權商人、封建而保守的鄉紳和農民等保守分子為地盤，以西北部為其根據地。

　　內戰開始後，前二年以查理士一世之外甥路柏王子 (Prince Rupert, 1619～1682) 所率領的王黨派佔優勢，議會派一時陷於危殆。但後來議會派由克倫威爾出來指揮軍隊，他以清教徒的自營農民編成「鐵騎兵」(Ironsides)，大為活躍，再將議會派的全體軍隊改編為「新型軍」(New Model Army)。從此議會派漸漸挽回頹勢，1645 年在納斯比 (Naseby) 之役得勝後，到 1647 年將逃亡蘇格蘭的國王逮捕為止，一直由議會派保持優勢。然而在其間，議會派本身也分裂為想跟國王妥協而樹立立憲君主政體的長老派，和以清教主義實現共和政體的獨立派 (Independents)。長老派可說是議會的右翼，掌握議會的多數，獨立派是議會中的急進分子，雖是少數，但是掌握軍權。

　　當時，在事實上推進革命勢力的克倫威爾及其軍隊，支持獨立派的主張，1648 年克倫威爾的部將布萊得 (Thomas Pride, ?～1658) 以武力將長老派議員從議會中肅清。在「布萊得肅清」(Pride's Purge) 的大整肅後，僅留下獨立派議員一百多名的所謂「殘餘議會」(Rump Parliament)，1649 年英王查理士一世以「暴君」、「叛逆者」、「國民之公敵」被斬首。於是廢止王政，英國誕生史上無君的「英格蘭共和國」(Commonwealth of England, 1649～1660)，這就是清教徒革命。時值中國明清之交，李自

成滅明，清軍入關，鄭成功抗清後的明桂王永曆三年，清世祖順治六年。

　　然而，在共和政體下的英國，內外遭遇很多困擾的問題。在國內，一方面有王黨派的殘餘勢力伺機復辟，另一方面因多年的內戰，國民經濟被破壞，大眾生活窮困。此外在內戰期間產生的急進分子，在戰後更為活躍起來。其中有代表性的是以一部分沒落的自營農民和都市小市民為背景的平等派 (Levellers)，還有一部分為喪失土地的農民要求平等的所謂真平等派 (True Levellers)。他們曾經當議會派的士兵或後盾，為議會派奪權立下汗馬功勞，可是革命成功之後，政治地位和經濟地位都沒有得到改善，故成為議會外下層社會的政治黨派，攻擊議會和高級士官。跟國內王黨派和平等派騷動相呼應，在國外則天主教國愛爾蘭、長老教會國蘇格蘭，也相繼造反，大陸對岸則有荷蘭乘英國內亂的機會進入世界市場。

　　克倫威爾所領導的共和政府，即為掃除此內外反對勢力而來。首先將平等派的領袖們李勃安 (John Lilburne, 1614?～1657) 等逮捕下獄，並將叛亂的首謀者處刑，到 1649 年秋完全鎮壓平等派的運動。李勃安則轉變為「貴格會」(Quaker)，不做正式教會禮拜那樣神祕的一支宗教。其他的人，有的同化為獨立派，有的走向王黨派，平等派四分五裂以至消滅。

　　平等派在十七世紀時代，思想上就有以個人主義、合理主義為基礎的民主主義政綱，可是在運動上終於崩潰失敗，這跟克倫威爾利用平等派遠征愛爾蘭的政策有密切的關係。1649 年 8 月，克倫威爾率領一萬二千名新型軍遠征愛爾蘭。其用意在於將平等派和真平等派分子為中心編成軍隊，投於鎮壓愛爾蘭的造反，使雖沒落但日漸激烈的分子的注意力轉移國外，以阻止革命的進一步激進化。本來在 1647 年春季，長期議會內保守的長老派已經企圖派遣新型軍鎮壓愛爾蘭，可是激化的平等派士兵同情愛爾蘭的爭取自由反對遠征。1649 年清教徒革命成功，成立共和

國以後，一方面猛烈壓迫拒絕遠征的士兵，另一方面允諾其遲滯未發的薪俸，以從愛爾蘭叛徒沒收的土地償付。

　　克倫威爾的遠征愛爾蘭，實際上是對天主教徒「大慘殺」的報仇，而以「神的名義」美化為「聖戰」，但是其不擇手段瘋狂殺戮的結果，不僅「叛徒」，連一般市民的老幼婦女也都遭慘殺。其狂暴的野蠻行為，使愛爾蘭人長久的懷恨　「克倫威爾咒詛」　(Imprecation after Cromwell)。1652 年征服了愛爾蘭之後，議會通過《愛爾蘭土地處分法》，將愛爾蘭全體居民分為十類，依參加叛亂的程度分為死刑、驅逐國外、土地資產的沒收及赦免。死刑及土地資產的全部沒收者，是積極的參與叛亂者、羅馬教皇授命的天主教士、領導的王黨派分子，以及愛爾蘭南部城市的「啟耳肯尼」(Kilkenny) 聯盟會員。其他的叛亂分子，沒收土地資產的三分之二；不能證明對共和國「一直忠貞的」(constant good affection)，沒收三分之一。至於沒有土地及十鎊以下資產的，才免除刑罰。事實上要證明忠貞是很困難的，僅二十六名而已，這是對愛爾蘭人土地資產的掠奪和對天主教徒的迫害政策。結果有三萬四千名士兵被驅逐國外，在歐洲大陸服兵役，有六千名以上的青少年、婦女等被驅逐國外，在牙買加等西印度群島的新殖民地服勞役。遺留在愛爾蘭島上的人，大部分被沒收全部的土地資產，即便只沒收一部分土地的人，也是由政府指定其他地方的土地來與之交換，並限期在 1654 年 5 月 1 日以前離開其祖先歷代所傳下來的居地，遷移到肯諾特 (Connaught) 等地方，違反者罰以死刑。於是將愛爾蘭人全部強制遷移到夏農河 (River Shannon) 西方的偏遠地區，將阿爾斯特 (Ulster)、曼斯特 (Munster)、倫斯特 (Leinster) 的沒收地，分配給英國的新教徒。換言之，愛爾蘭總面積二千萬英畝之中，沒收了天主教徒所有的一千一百萬英畝，將沒收地的約 30% 偏遠地，再分配給愛爾蘭人作為代替補償，其餘良田六百五十萬英畝分配給貸款給政

府從事戰爭的投機商人，和從軍鎮壓叛亂而未領薪俸的將兵，共三萬二千人。士兵們雖得了「薪俸債務證券」，因迫不及待土地測量和分配，為了生活早把證券廉價出售，以致投機者收購證券獲得龐大的土地，而在愛爾蘭確立大土地所有制。這些投機者幾乎無人定居愛爾蘭，而成為「不在的地主」。愛爾蘭人則淪落為佃農，繳納高率的地租，過著淒慘的生活。因為實際上，幾十萬人的全體強制遷移，在技術上不可能實施，僅二千名天主教徒和五萬名直接參加叛亂者被強制遷移。結果，在叛亂當時佔全愛爾蘭 55%，約一千一百萬英畝的天主教地主的所有地，被削減為 7.5% 的一百五十萬英畝，從此可見土地掠奪嚴屬的一斑。因此，清教徒革命對封建土地所有關係的廢棄作用，雖然在國內有對王黨派所有領地的沒收、扣押、出售、磋商等複雜的措施，但最重要的是對外有對愛爾蘭土地沒收和分配的所謂 「克倫威爾土地處分」 (Cromwellian Settlement)，英國在其後才有土地制度的鞏固重編，私人所有權的確立，到十八世紀，形成地主寡頭政治的結構。

從對外方面來看，克倫威爾政權，除了在 1649 年遠征愛爾蘭，1650 年討伐蘇格蘭之外，1651 年又發佈了《航海法》(Navigation Act)，以打擊荷蘭的商業霸權，而引發其後三次的英荷戰爭。克倫威爾為了向外進軍，必須集中政治權力，鞏固市民秩序，因此共和政府即變成獨裁政治。1653 年制定《統治章典》(Instrument of Government)，克倫威爾升為終身職「護國卿」(Lord Protector) 的地位。以屬行嚴峻的清教主義，開始其獨裁政治。將全國分為十一個軍管區，各區派遣有檢察權的司令官，以謀軍制的強化和維持國內的治安，故克倫威爾的獨裁政治也是軍事獨裁制。這是英國為了應付內部的造反和對外跟荷蘭抗爭，所採取的權力集中體制。

英國自從 1588 年擊敗西班牙的無敵艦隊興起殖民活動之後，跟同樣

與西班牙競爭勝利而取得海上霸權的荷蘭，即互相對立起來。從十七世紀初起，英荷在世界各地時常衝突。兩者之間的明爭暗鬥，環繞著北大西洋的漁業、印度的貿易據點、美洲和西印度群島的奴隸貿易、美洲的殖民地展開起來。在北美洲，以新阿姆斯特丹 (New Amsterdam) 為中心的荷蘭殖民地，和在維吉尼亞和新英格蘭兩地拓殖的英國殖民地，互相對立。在亞洲，特別以「香料群島」著名的摩鹿加群島 (Moluccas Islands) 的支配為問題，也有激烈的抗爭。自從十六世紀末期，荷蘭就代替葡萄牙壟斷香料的貿易，而香料買賣的利潤極高。因為歐洲冬天，冰天雪地，青草不長，缺乏飼養畜牲的糧草，所以必需在秋季屠宰不需留種繁殖的一切畜牲，鹽醃起來，以備冬季食用。當時在英國鹽巴很貴，而香料是使醃肉美味可口的珍貴商品。為了香料貿易的利害關係，1623年在安汶 (Amboyna)，有英國商人和殖民者，被荷蘭海軍所慘殺。

克倫威爾時代的《航海法》，可以說是針對荷蘭海上貿易霸權的一大挑戰，規定一切地方生產製造的商品，除非用英國人的船舶，禁止進出口於英格蘭、愛爾蘭或其殖民地。如此對英國商人的專利保護，使英荷兩國的貿易衝突轉化為正式的戰爭。從 1652 年起到 1674 年之間，英荷即展開三次的殖民地爭奪戰。

第一次戰爭 (1652～1654) 荷蘭的海軍名將羅易德 (Michael A. de Ruyter, 1607～1676) 很活躍，英軍免不了苦戰，戰果互有勝負，但英國巧妙的締結和約，取得摩鹿加群島的貿易據點，並獲得安汶慘殺案的賠償。之後，1655 年與法國締約以對抗西班牙，1656 年展開對西班牙戰爭，1658 年英法聯軍擊敗西班牙，英國因而獲得西印度群島的牙買加島等，而確立英國對荷蘭、西班牙的優越地位。

如此，克倫威爾以其獨裁權力，對內壓抑封建反動勢力和急進的革新運動，對外亦成功地制壓荷蘭和西班牙，從而打開了阻止工商業自由

發展的內外各種障礙。克倫威爾的政治，雖然獲得輝煌的成果，但是因為基於軍人獨裁和嚴厲的清教主義，不適合英國中產階級追求自由的性格，故在革命後的混亂平靜之後，市民之間逐漸興起反對的聲浪。1658年克倫威爾去世，依其遺囑任命其子理查·克倫威爾 (Richard Cromwell, 1626～1712) 繼任護國卿。他不是軍人，不是革命家，也不是熱烈的清教徒，他不能善任職位。1659 年，他被代表商人利益的長老派勢力所壓倒，就任護國卿僅八個月即被迫自行辭職。當時人們厭惡軍人干涉政治，興起自由議會的呼聲，軍隊內部亦產生分裂，長老派乘機與亡命法國的先王之子查理士二世妥協，於 1660 年實行王政復辟 (Restoration)。

　　長老派所領導的王政復辟，並不意味著絕對王政或舊秩序的復活，但復辟後所召集的臨時議會 (Convention Parliament)，王黨派比長老派佔優勢。因此查理士二世在即位之際，雖承認政治犯的大赦，革命期中所沒收土地歸新所有者等條件，但就位後一直不肯照言實施，反而有將政治犯處刑，或將沒收地歸還貴族或僧侶等舊所有者的舉動。最令人髮指的是，將克倫威爾從其墳墓挖掘出來鞭屍，將屍體處絞刑。十二名弒君者處死刑，其他多數則下牢、放逐、罰金等刑罰。因為土地的奪還政策，在 1661 年成立的新議會，王黨派的騎士佔絕對多數，長老派僅五十名而已，故又稱為「騎士議會」(Cavalier Parliament, 1661～1679)，王黨派的貴族和鄉紳也復歸「治安法官」等地方官職，而使騎士階級的勢力大增。從此之後，長老派和騎士派構成英國的大土地所有者，操縱其後英國的政權，但是他們都是尊重議會的權力和地方自治，而不支持君主專制體制的復活。

　　英王查理士二世在法國亡命期中，賴法王路易十四（Louis XIV，在位 1643～1715）的保護，而受其專制主義的薰陶，又與天主教接近，回國即位後，露骨的表現法國式專制作風。當時國王支持天主教，騎士派

擁護國教，長老派則主張非國教徒的權利，宗教改革之後的英國，宗教
還是棘手的一大問題。當時除了羅馬天主教外，非國教派包括長老會派、
獨立派、浸信會派 (Baptists)、教友會派 (Society of Friends) 等。然而騎
士議會在克萊雷敦伯爵 (Earl of Clarendon) 的領導下，一連制訂了包括四
個法案的《克萊雷敦法典》(*Clarendon Code*)，確立了國教會派優越的地
位。1661 年的《地方自治團體法》(*Corporation Act*)，規定地方自治團體
的官員必須為國教徒，剝奪非國教徒在地方自治團體的官職。1662 年的
《禮拜統一法》，規定一切聖職者必須宣誓使用國教會的祈禱書宣誓，拒
絕的教士即不得任聖職，因而驅逐約一千名的清教徒聖職者。1664 年的
《集會法》(*Conventical Act*)，規定除非國教會的允許，其他非國教徒不
得有四人以上的集會。1665 年的《五哩法》(*Five-Mile Act*) 規定從聖職
驅逐的教士，不得在教區五哩之內教書或定居。從以上的四個法律，可
以窺見當時英國是如何慘酷的壓迫異教徒，迫使非國教徒的生活窮困，
而確立國教派的正統性。當時王黨派的貴族和鄉紳在社會經濟上佔優勢，
清教徒的地主，有的為了保持其社會地位和政治權，不得不圖方便的改
信國教會，後來就轉變成輝格黨 (Whig) 的地方領袖。長老會派因為在新
地主和大商人間有大的地盤，所以能成為一個教派。當然清教徒在中產
階級下層，也是持續的生存著。

　　英王主張親法政策，騎士議會繼承共和政府的對外政策積極要向海
外發展，因此在 1665 年 2 月對荷蘭宣戰，開始第二次英荷戰爭 (1665～
1667)。7 月，約克公爵 (Duke of York) 的軍隊戰勝荷軍於羅斯托佛
(Lowestoft) 外海，然而 1666 年 1 月，法王路易十四反而向英國宣戰。
1667 年英國海軍於西印度群島擊敗法國和荷蘭的艦隊，可是 6 月荷蘭海
軍進入泰晤士河，威脅倫敦，英國不得不與荷蘭講和。英國奪取新阿姆
斯特丹，改稱為「新約克」(New York)，以紀念約克公爵的功勞，這新

約克在美國獨立後漸漸的變成世界第一大都市「紐約」。

騎士議會認為，英國從此以後經濟上的競爭對手將是法國，所以在 1668 年與荷蘭和瑞典締結三國同盟 (Triple Alliance) 以對抗法國。然而，英王查理士二世和法王路易十四，在 1670 年締結《多佛密約》(*Secret Treaty of Dover*)，其主要條款是：一、查理士二世幫助路易十四對荷蘭宣戰，其代價是法國給英國三十萬鎊和三十隻船舶；二、西蘭 (Zealand) 和其附近的島嶼保留給英國；三、查理士二世如果宣稱自己是天主教徒，則路易十四將每年給二十萬鎊。金錢的誘惑是很大的，1672 年，約克公爵公開宣稱加入羅馬天主教會，國王也接著宣佈《寬容宣言》(*Declaration of Indulgence*)，廢止一切對非國教徒和天主教徒不利的法律，而為天主教的復活鋪路。同年 3 月，英法才聯合對荷蘭宣戰，展開第三次英荷戰爭 (1672～1674)。英國因為配合法國攻擊荷蘭，戰局節節優勢，但是議會反對戰事而緊捉軍費。

1673 年制訂第一次《審查法》(*Test Act*)，規定一切英國的官吏必須限於經過信仰國教的審查，並宣誓反對化體論 (transubstantiation)，即否認天主教所認為聖餐中的麵包和酒變成耶穌的肉和血的說法。1674 年，議會通過決議反對常備軍的設置，克萊雷敦受多數議員彈劾下臺，英國也就跟荷蘭講和，從荷蘭取得在印度的貿易權利。荷蘭因屈辱的戰敗，將其在世界上的殖民地位轉讓給英國，然而英國尚需要與新的強敵法國繼續約一個世紀的戰爭，才能取得世界海上霸王的頭銜。

1678 年，議會決議增加陸海軍以備對法國作戰，並授與一百萬鎊軍費。查理士二世因此募集陸軍。法王路易十四懼怕查理士二世將來站在荷蘭那邊對法開戰，以金錢賄賂反對黨起來反對政府。但荷蘭和法國在談判期間，查理士二世又和法國締結密約，如果法國提供六百萬里布（livre，舊法國貨幣單位）給查理士二世，查理士二世即解散議會、解

散陸軍，而不援助荷蘭。此約款的主文是由國教派領袖丹比 (Thomas Osborne, Lord Danby) 起草的。這時候發生「天主教陰謀事件」(Popish Plot)，有一國教會牧師鐵達時・奧茲 (Titus Oates, 1649〜1705) 虛構證言，說天主教徒陰謀廢查理士二世立詹姆士（王弟）為王，並得外國援助征服英國。於是議會即刻被召集，兩院都要求國王革除約克公爵為王室顧問的職位，很多無辜的天主教徒即被審判處刑。查理士二世態度也豹變，承認《審查法》，容許國教派丹比的新外交政策。法王路易十四覺得查理士二世已無可利用，即與荷蘭講和，並翻臉暴露和查理士二世的密約，丹比因起草密約被議會譴責下臺，關入倫敦塔監禁。有人說，「天主教徒陰謀事件」等是沙佛茲伯 (1st Earl of Shaftesbury, 1621〜1683) 所捏造的，在政治上打擊騎士派的首領丹比。1679 年解散十八年來的騎士議會，成立了民權派的新議會，制訂《人身保護法》(Habeas Corpus Act)，規定為確保市民的自由，禁止非法的逮捕或拘禁。

當時，丹比為首的騎士派稱為「宮廷黨」(Court Party)，沙佛茲伯為首的民權派被稱為「地方黨」(Country Party)。黨派的對立，從國教徒和非國教徒的宗教為主，漸漸的轉變為政治性質的鬥爭。於是以 1679 年的王位繼承問題為轉機，英國漸漸的形成以個人的黨派為中心的政黨。

查理士二世無嫡子，國王的弟弟詹姆士就成為憲法上的王位繼承人。然而詹姆士是天主教的支持者，故沙佛茲伯所率領的政治集團，極力的反對詹姆士的繼任英王，而希望查理士二世的庶子信新教的蒙摩司公爵 (1st Duke of Monmouth, 1649〜1685) 為王位繼承人。1679 年提出請願召集議會，以討論王位繼承《排斥法案》(Exclusion Bill)。另外有一政治集團，則認為詹姆士是正統的王位繼承者，死後才由新教徒的瑪利 (Mary) 或安妮 (Anne) 繼承，而厭惡《排斥法案》。這兩個政治集團，「請願者」(Petitioners) 和「厭惡者」(Abhorrers)，因為互相漫罵對方為 Tory（愛爾

蘭的匪徒）和 Whig（蘇格蘭的狂信者）。於是在英國議會支持詹姆士繼承王位的被稱為「托利黨」(Tories)，反對詹姆士繼承王位的被稱為「輝格黨」，而與宮廷黨和地方黨，以種種利害關係糾合成派閥的連橫和合縱，成為英國政黨的起源。其後到十九世紀的《選舉權修改法》(Reform Act) 時，托利黨才又轉變成保守黨，以地主貴族的保守勢力為中心，而輝格黨也轉變成自由黨，代表產業市民層，而以清教徒居多數。如此，二黨才成為有黨教條和黨組織的現代政黨。

1685 年查理士二世歿，詹姆士繼承王位，改稱詹姆士二世 （James II，在位 1685～1688），蒙摩司公爵宣稱自己是王位繼承者起來造反，結果失敗，牽連而被絞殺者三百五十人，處流刑者達八百人以上。國王以此造反為藉口，設立一萬三千名的常備軍。詹姆士二世有法國人的母親，在法國長大，是狂熱的天主教徒，就位後即接受法國的六萬七千鎊援助，踏襲前王的反動政治，且更變本加厲。他為了圖謀天主教的復活，設立「特免權」，使《審查法》不發生效力，開放天主教徒就任主要官職之途。1687 年再發佈《寬容宣言》，讓天主教徒自由就任文武官職，並把牛津和劍橋二所大學的負責人更換為天主教徒。1688 年，將坎特伯里大主教等七名主教逮捕監禁。

面對著這樣的專制君主，不但是輝格黨，甚至托利黨的人士也都興起反感。王政復辟後的查理士二世和詹姆士二世二代君主，對內為天主教的復活賣命，而開英國宗教改革後確立英國國教會的倒車，對外又依賴法國的援助，出賣英國全體國民的利益。因為到了十七世紀，西班牙和葡萄牙逐漸衰退，英國經三次對荷蘭戰爭，擊敗專門從事東印度的香料貿易而成為世界商業霸者的荷蘭，現在英國所面對的敵人，無疑是完成國內統一而轉向海外爭霸的法國。因此，英國絕大部分國民，包括貴族、鄉紳、聖職者、法律家、工商業者、農民、軍人等，都對國王的反

公主瑪利和其夫威廉登基

動政治採取敵對的態度。

　　在萬民背棄賣國的國王的狀況下，1688 年輝格黨和托利黨攜手合作的議會，決定捨棄舊王，迎接公主瑪利及其夫荷蘭統領威廉為王。該年11 月新教徒的威廉率領軍隊渡英時，國內已經沒有人支持詹姆士二世，使其落荒亡命法國。如此不經過流血的慘劇而遂行的政治革命，就是英人所誇稱的「光榮革命」(Glorious Revolution)。這時相當於中國的清聖祖康熙二十七年。

　　1689 年 1 月 22 日，議會兩院通過《權利宣言》(*Declaration of Rights*)，經過威廉和瑪利的承認後，於 2 月 13 日宣佈立為國王和王后，並將國王的歲收固定為每年一百二十萬鎊。同年 10 月議會將《權利宣言》法典化，通過《權利章典》(*Bill of Rights*)，確認國民的自由和議會的權利，保障立法權、徵稅權、軍事權屬於議會，國王的任免權屬於議會，將「議會主權」(Sovereignty of Parliament) 和「依法統治」(rule of law) 與傳統的君主結合，而樹立立憲君主制的基礎。這是《大憲章》以來，英國立憲政治史上的重要里程碑。

1215 年的《大憲章》所解決的，只是國王和諸侯的關係，國王與中產階級的關係尚未解決。到了 1689 年的《權利章典》，才對國王與中產階級的抗爭下一決斷，這就是「議會主權」。盎格魯撒克遜人依其財力緊緊的在議會生根，以合法的戰術，一步一步封鎖國王的獨裁權，最後要其確實的保障中產階級的生命財產的自由。英國名實都成為以盎格魯撒克遜人為基礎的資本主義工商國家，然後才向世界的市場進軍。不然盎格魯撒克遜人辛勤的向世界市場奪取的利潤，全歸國王一人，則又何苦對外進軍呢？

英國政治革命的目的，在創造一個新的國家機構 (a new state apparatus)，不是像都鐸王朝那樣的一個樞密院對國王負責，而是要創立一個對中產階級的議會負責，而對中央財政和地方政府有更新更適合的政治體制。

因為在十六世紀都鐸王朝的君主專制體制下，國家沒有常備軍，沒有警察力，官僚機構骨瘦如柴，其財政收入也從未超過緊急所需。君主專制體制的統治是建立在各種階級暫時平衡的基礎上，特別是日益壯大的商人和地方鄉紳的支持上。伊莉莎白一世政府和倫敦金融界的親密關係，表示金融利潤可以幫助政府渡過緊急的財政危機。而各地方的鄉紳以「治安法官」的身分，執行地方行政的職務。但是到了十七世紀斯圖亞特王朝時代，國家機構因為工商業的發達和國民生活的複雜化，漸漸不足以應付時代所需。問題在於要創造一個什麼樣的國家機構，由誰來控制這國家機構？

在歐洲的封建各國，特別以法國為典型，在絕對君主專權下，培養了一個國王直屬的常備軍，以及龐大的官僚和警察機構。常備軍和官僚

警察機構的維持，需要巨額的費用，由國庫支出。故絕對君主都採取重商主義政策 (mercantile policy)，努力於貨幣的取得，以圖王室財政的確立。當時國庫和王室出納的區分不很明顯，從王室支出的費用，就付給常備軍、官僚、警察的薪俸，並裝備鎗砲等現代的武器。因此，在國王為最高統帥之下，國王所指揮的常備軍和官僚組織，成為維護王權的兩大支柱，對內制壓封建貴族，干涉市民的活動，對外以常備軍武力為背景，從事貿易競爭、殖民地爭奪、王位繼承、對外侵略等頻繁的國際戰爭。故絕對主義成熟的十七、十八世紀，就呈現為戰爭的世紀。

英國斯圖亞特王朝的國王們，本來也想學法國絕對君主的例子，但是中產階級所盤據的議會，以「祖宗之法」習慣法為手段，頑強的抗拒君主專制政治。

英國自從百年戰爭以後，很少牽涉歐洲大陸的戰爭，就是十六世紀的宗教改革以後，英國跟外國的戰爭也大多數由海軍在海上打，所以常備軍的創立並不急需，常被議會否決，不能成立。英王沒有直屬指揮的常備軍，這是跟歐洲大陸各國的絕對主義王政根本不同的地方。

再者，英國自中世紀以來，就有議會制的傳統，而且國王的歲收尚殘留一大部分封建的性格，不夠其每年的開支。議會即從徵稅權來牽制專制君主的權力，以保護個人私有財產的權利。在十六世紀中產階級興起的階段，正是「私有財產神聖」的觀念增強的時候。議會對斯圖亞特歷代國王的反抗，幾乎都是關連到徵稅的問題。國王說：為了國家行政需要徵收這麼多稅；議會說：我們認為只要這麼多就夠了，我們有不再付稅的權利。徵稅問題表示，議會所要求的是直接的政治權力。議會是願意讓國王依照他們所要求的方式統治，如果國王拒絕了，一切拉倒，國王什麼也沒有了。

清教徒革命的直接導火線，也是議會對國王徵收船舶稅的反抗而來。

議會拒絕國王享有獨立徵稅權，所以起來革命，親自完全掌握國家財政權。1660 年王政復辟之後，議會立即廢止軍隊的保有，並對國王的封建課稅權，限定查理士二世的歲收為一百二十萬鎊，從終身享受的關稅「噸稅」(tonnage) 和 「磅稅」(poundage)，以及一部分國內消費稅提供。當 1665 年英國對荷蘭宣戰，而開始第二次英荷戰爭時，議會授與一百二十五萬鎊，限定為戰費之用。國王因為不能任意的掌握財政，所以才跟法國密約，想得到外國財政援助。 1671 年議會通過八十萬鎊的軍艦建造費，引起上下議院的爭執，而停會二十一個月。1674 年的議會，還是決議反對常備軍的設立。 1686 年詹姆士二世以鎮壓叛亂為藉口設立常備軍，跟國王復活天主教的反動政治結合起來，成為國民最厭惡的暴君印象。1688 年詹姆士二世得一子，人們恐懼暴政將繼承下去，所以議會內的各黨派才一致要推翻暴君，攜手合作寫一密信給新教徒的威廉，請其帶兵來維護英國人民的自由。英國政治革命的前提條件是：一、國王未能獲得常備軍和有薪俸的地方官僚；二、鄉紳階層的勃興和平民院政治自信的上升；三、清教主義 (Puritanism) 的流行。

　　十七世紀的英國政治革命，為什麼有那麼濃厚的宗教色彩呢？當時宗教的信仰可以幫助他們相信其政治鬥爭是為 「神的正義」 (the divine justice)，而鼓起勇氣去面對每一個障礙衝刺。正如韋伯所說，清教徒的倫理是像資本主義的精神那樣，清教徒的倫理在政治上是爭取自由主義和市民平等的精神。 再者， 當時尚缺乏政治理論的關係。 洛克 (John Locke, 1632～1704) 的《政府論》(*Two Treaties of Government*, 1690) 是光榮革命後的產物。他本來是沙佛茲伯的侍醫和顧問，因為有參與沙佛茲伯政治陰謀的嫌疑而亡命荷蘭， 1688 年隨光榮革命回國。 故其政治理論，可以說為擁護光榮革命和遂行此革命的一切掌權者立論。他從個人的生命、 自由、 財產的基本權論國家， 並採霍布斯 (Thomas Hobbes,

1588～1679) 的社會契約思想為「依法統治」的立憲政治，而將現實的政治世界理論化，但是並不言及一般民眾的政治參與。可見洛克也是時代的產物，並無超越時代。

　　光榮革命是世界上最早的政治革命，比法國的政治革命約早一百年，比日本的明治維新早一百八十年。英國能成為資本主義工商國家稱霸世界，就是因為最早完成政治革命的緣故。換言之，英國的政治革命，是英國創造由中產階級掌握政治權力的體制，這是英國制霸世界市場的基本作業。英國政治史的把握，不應該侷限於輝格黨派的「一國中心的」正統史觀，必須從英國在當時歐洲以及世界所處的地位來探討，才能了解革命在世界史上的真實意義。

Chapter 10

英法殖民地戰爭

──殖民帝國的建設

(1689～1763)

　　英國在十六世紀末葉擊敗西班牙的無敵艦隊，在十七世紀下半葉經過三次的對荷戰爭 (1652～1674)，擊敗荷蘭而從其轉奪世界上的殖民地位和貿易利益之後，又要面對新的強敵法國的抗爭。從 1688 年到 1763 年之間，英國捲入歐洲的四次戰爭，奧格斯堡同盟戰爭 (War of the League of Augsburg, 1689～1697)、西班牙繼承戰爭 (War of the Spanish Succession, 1701～1714)、奧地利繼承戰爭 (War of the Austrian Succession, 1740～1748)、七年戰爭 (Seven Years' War, 1756～1763)，這些戰爭中，英國不是直接以法國為對手，就是站在歐洲的反法同盟軍方面與法國交戰。這時候的歐洲戰爭，已經不是單純的王位繼承戰爭，從英國的立場來看，這是道道地地的為殖民地和制海權的爭霸戰。

　　十六世紀的歐洲，幾乎是由西班牙支配，到了十七世紀西班牙帝國迅速的解體了，代之而起的是英、法兩國。於是西班牙再也不能防衛其延伸於半面歐洲和佔領半個以上美洲的廣大領域。西班牙在歐洲的領域，包括大部分的義大利和西班牙屬尼德蘭 (Spanish Netherlands，約等於現代的比利時)，前者為法國和奧地利覬覦吞併之地，後者為法國和荷蘭企圖攻擊的目標。荷蘭已從商業大國的巔峰降落，除非得到就任英王的威廉三世 (William III，在位 1689～1702) 援助，恐怕很難防衛其疆土。

　　當荷蘭掌握殖民活動的霸權時，英、法兩國雖然也抗爭，但為打倒共同的敵人荷蘭，時而提攜合作。然而英國對荷蘭的三次戰爭獲得勝利以後，英國的主要對手，立刻改變為法國。英國的外交政策，即謀求集結反法國的勢力，以打倒法國。這種外交，說是詭譎多變也好，說是富於彈性也罷，總之對虛弱的競爭者原則上採取聯盟友好的態度，與之聯合起來全力攻擊最強大的敵手。當這敵國被擊敗而不威脅英國時，即又跟其恢復友好關係成立同盟，再與新的競爭國交戰。英國的主要敵國，從西班牙轉為荷蘭，再轉為法國，也就是這種權謀外交的運用，在大英殖民帝國的建設過程中，當西班牙衰微而在歐洲形成一種真空狀態時，新興的英、法兩國即為奪取西班牙的殖民地而敵對起來。

　　法國的殖民活動，也在十七世紀初才建立其基礎。法國的探險家戴山普倫 (Samuel de Champlain, 1567～1635)，於 1603 年探險北美洲的聖羅倫斯河 (the St. Lawrence River)， 1608 年在該河口北岸建設魁北克市（Québec，在今加拿大東部）。從此，法國人在十七世紀中葉，於加拿大阿加底亞（Acadia，今在美國緬因州）殖民，從事毛皮、木材、漁業的交易。到十七世紀末，由於法王路易十四的宰相柯爾柏 (Jean-Baptiste Colbert, 1619～1683) 主張重商主義政策，以獲得歐洲的霸權和壟斷海外貿易為國是，以海軍的增加來開發殖民地，使法國的殖民活動更加擴大。北美洲密西西比河全流域即歸為法國領土，此地為紀念法王路易 (Louis) 十四鼎力支持殖民的功勞，取名為「路易西安那」(Louisiana)，現在為美國南部一州的州名。在北美洲，法國領有路易西安那和加拿大之地，形成包圍英國以維吉尼亞為始的東海岸殖民地，因此英、法兩國的敵對逐漸加強。

　　法國又在西印度群島和非洲設立殖民地，前者因為甘蔗的栽培競爭及墨西哥和南美洲基地的支配權而與英抗爭，後者因奴隸貿易而與英敵

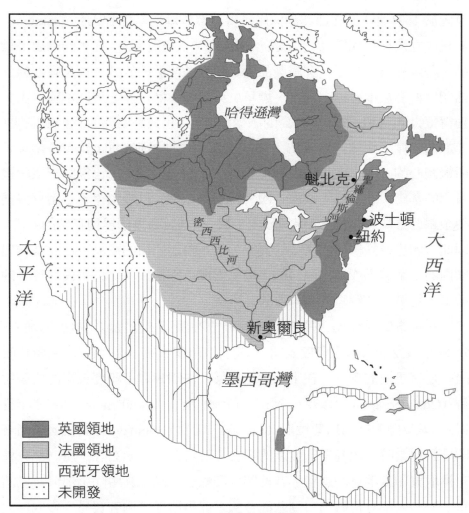

哈得遜灣

魁北克

聖維倫斯河

波士頓

紐約

密西西比河

太平洋

大西洋

新奧爾良

墨西哥灣

■	英國領地
▨	法國領地
▥	西班牙領地
⠿	未開發

十八世紀中葉的北美洲

對。英國自從擊敗西班牙的無敵艦隊後，進軍西班牙的勢力圈，於十七世紀開始，獲得西印度群島的一些島嶼，以使用奴隸種植甘蔗而發展糖業，從而西印度群島立刻成為世界最大的砂糖產地，使英國人欣喜若狂。英國於 1631 年，又在西非洲海岸獲得買賣奴隸的基地甘比亞 (Gambia)，於是成立連結英國製品、奴隸、砂糖的「三角貿易」。從英國輸出毛織品、印度棉布、火器、金屬製品等，換取西非洲的奴隸，再運輸奴隸到西印度群島換取砂糖、糖蜜、煙草、染料等，然後將之運回本國，由此獲得很大的利潤。西印度群島的砂糖殖民地，和美洲南部的栽培殖民地，非洲西海岸的奴隸貿易據點，是英國舊殖民地體制 (old colonial system) 所最關心的。在十七世紀中葉，於英國支配的領域上，已漸漸形成殖民帝國的基礎。這時候，歐洲各國，特別是法國，已經懂得不必用直接獲得金銀的方法，開始追求保護國內工業，以其貿易差額累積貨幣的方法。因此法國也為獲得國內產業的資源，或為再出口用的商品，以及為輸出國內的工業製品或多出原料的市場，而與英國抗爭。這種殖民地貿易的競爭，是英、法戰爭的基本原因。

　　在東方的亞洲，法國的殖民地也建立在跟英國殖民地相接近的地方。1604 年設立的法國東印度公司，最初沒什麼成績，在路易十四時代改組，才有迅速的發展。在十七世紀末葉，法國奪取了印度東岸的成德拉哥（Chandernagore，1672 年獲得）和旁地治利（Pondicherry，1674 年獲得），與英國領有的馬德拉斯 (Madras)、孟買 (Bombay) 相對抗。英國東印度公司當時以銀購買印度產的棉布、靛青染料、硝石等，將一部分棉布換取東印度群島的香料，其他部分則輸送本國，其中除小部分自己消費之外，大部分再轉出口到歐洲各國，而專門從事捐客貿易，獲取巨大利潤。

　　英法的殖民地抗爭，是以 1688 年光榮革命為轉捩點，從暗默的抗爭

轉變為正式的戰爭。因為光榮革命之後，法國一方面援助亡命王詹姆士二世的復辟運動，攪亂威廉三世統治下的英格蘭；另一方面擴大法國的疆域到萊茵河，於 1689 年侵入巴拉丁挪（Palatinate，德人則稱 Pfalz），威脅荷蘭。

　　從英國統治者的立場來看，法國如果征服尼德蘭，必然會坐大而破壞歐洲的勢力均衡。不但如此，法軍勝利的話，還會干涉英國內政，將 1688 年光榮革命的成果全部推翻，破壞輝格黨的既有勢力，甚至發動斯圖亞特王朝的復辟，建立一軍事專制體制。何況英、法的抗爭，又是有關貿易和殖民地利益的爭奪戰。1689 年威廉三世剛即位的英國，即加入以荷蘭為中心而與日耳曼、瑞典、西班牙等國結合而成的奧格斯堡同盟 (League of Augsburg)，對法宣戰，故稱為奧格斯堡同盟戰爭。1690 年亡命王詹姆士二世，得法王路易十四之援助復辟，率領法國軍艦登陸愛爾蘭，威廉三世亦親自指揮英荷聯軍破之，更進一步追擊到大陸與法軍作戰。但是英國不像歐洲各國糾纏於大陸的戰爭，而將其主力移到美洲殖民地去打，攻擊法國的殖民地阿加底亞，法國則使用土著印第安人去燒燬英國的殖民城市，因此在殖民史上，這稱為「威廉王的戰爭」(King William's War, 1689～1697)。當時法國的加拿大總督，在 1690 年派遣印第安人所編成的三部隊，在 1696 年佔領紐芬蘭，但是本國政府對殖民地未加以援助，終於在 1697 年締結《萊斯維克 (Ryswick) 條約》，但未解決兩國殖民勢力的敵對。因此四年以後發生西班牙繼承戰爭時，英、法的殖民地戰爭又要火拼一場了。

　　自從克倫威爾的時代以來，戰爭的技術又更進一步革新，這是由於鎗上刺刀的發明和小鎗的改良而來。刺刀的發明幾乎使士兵的效能加倍，因為士兵現在同時擔任「槍手」(pikeman) 和「鎗手」(musketeer) 的雙重任務。由於鎗上刺刀的導入，槍矛從戰場消失，使士兵不須要解開刺刀

而射擊，射擊之後馬上可以衝鋒，於是騎兵更喪失其優越的地位，戰爭的勝負現在主要是決定於火力和步兵的穩定。同時，砲術也大大的改進，堡壘和包圍作戰在戰爭中扮演更重要的角色。軍隊現在是慢行，小心翼翼的爬近預備線，故需要更精密的裝備和繁多的輜重。

戰爭樣式的改變，最大的影響是戰費的增高，使任何國家除非是富有而產業發達，否則不能從事長期的戰爭以獲得最後的勝利。因此，英國和荷蘭的聯盟，造成有利的形勢。而法國不利的條件在於財政薄弱，其產業由於驅逐胡格諾派新教徒 (Huguenot) 而受重大的損傷。然而對英國的金融家和契約承包商來說，戰爭可以創造龐大的利潤，從其財富的累積，鞏固輝格黨的奪權勝利。

輝格黨的奪權，是從國債和英格蘭銀行的創立而來。從十六世紀末葉，倫敦的金匠們就開始扮演類似銀行家的角色。他們接受存款和貸款，並以其資產背書保證發行支票。在斯圖亞特時代，他們常以將來的稅收保證貸款給國王，這些貸款通常是短期的，也獲得儘快的償還。但是也有像查理士二世那樣，在對荷蘭戰爭期的 1672 年拒絕償還貸款，而破壞了政府的信譽。

1688 年光榮革命以後，政府的信用還是很差，因為政府尚未穩定，如果一旦倒垮，則其債務也必定拉倒拒還。然而，英國和法國的戰爭越拖越長，新政府的財政緊迫，而募集國債又不能得到預期的效果，可是為了籌措戰費，越需要以高利率借龐大的國債。這時候因蘇格蘭議員帕得遜 (William Paterson, 1658～1719)，與財政大臣孟塔古伯爵 (Charles Montagu, 1st Earl of Halifax, 1661～1715) 私交甚厚，乃提議創設英格蘭銀行 (Bank of England)，一方面可以成為安全的存款地方，另一方面可以籌集巨額的款項。1694 年，英政府為了籌措一百二十萬鎊國債，就准許幾個豪商組織金融公司，並給予特別的權利，成立英格蘭銀行。這一

英格蘭銀行

金融機關，即以募集的一百二十萬鎊為資金，以年利八分五厘的利息貸款給政府，而享有發行同額銀行券的特權。從此開始存款、貸款、商業支票兌換、外匯等一般銀行業務，確立英國的近代金融制度。英格蘭銀行的建築物，是設立於舊市區的中心，因其邊界的街道名而又被稱為「針線街的老貴婦人」(Old Lady of Threadneedle Street)。現在所謂「市區」(the City)，就是指倫敦的舊市區，即指英國的金融商業中心地，除了英格蘭銀行外，還有股票交易所、王立交易所、市長公邸、銀行總公司、金融、保險、海運公司、批發市場等。

　　在經濟上，銀行業的興起，表示信用的擴大，商業資本家能夠更容易且迅速的利用大眾資金，製造更大的利潤。而且，隨著對外貿易的進展，股票和商品的投機事業也興盛起來。例如硝石的進口一項，因為是製造火藥的基本原料，在這戰爭時代是賺取巨大財富的好事業。

　　1701 年議會制定《王位繼承法》(Act of Settlement)，規定天主教徒或與天主教徒結婚者均喪失王位繼承權，將來的英王必須是國教徒安妮，安妮以後因其子在 1700 年夭折，由新教徒的日耳曼漢諾威 (Hanover) 選

帝侯妃蘇菲亞 (Sophia) 或其子孫繼承英王位，因為他們算是詹姆士一世
的子孫。其他還規定英王未得議會同意，不得從事為防衛在國外領土的
戰爭；英王未得議會同意不得離開英國本土；英王不得賜與外國人官職
或特權；政府的政務應由樞密院執行；政府官吏不得為下院議員；法官
有定薪，除非犯特定的罪或經二院同意，不得任意免職。

在同年的 1701 年，歐洲發生西班牙王位繼承戰爭。因為西班牙王卡
勒二世（Carlos II，在位 1665～1700）在 1700 年死後沒有嫡系的後裔，
法王路易十四即操縱西班牙宮廷，讓其孫安茹公爵成功地繼承西班牙王
位，稱為菲力普五世（Philip V，在位 1700～1746）。英國和荷蘭不願意
法國控制西班牙，奧地利也是主張繼承權的敵對候選人，於是三國即於
1701 年 9 月形成反法同盟（後來又加入日耳曼和葡萄牙），在歐洲的義
大利、尼德蘭、日耳曼各地展開戰爭。

1702 年 2 月，英王威廉三世從馬上摔倒折斷頸骨，3 月去世，即由
安妮女王即位。她在國際情勢的緊逼下，繼續威廉三世的對外積極政策，
於 1702 年 5 月對法宣戰。正如奧格斯堡同盟戰爭是一個殖民地爭奪戰，
西班牙繼承戰爭對英國來說為殖民地爭奪戰爭的一環。當時在印度的殖
民地戰爭雖然比較不激烈，但在美洲則成為全面性的殖民地戰爭，英、
法之間爆發所謂「安妮女王的戰爭」(Queen Anne's War, 1702～1713)。

安妮女王起用好戰的馬博羅伯爵 (John Churchill, 1st Duke of
Marlborough, 1650～1722) 為英荷聯軍總司令，一連串的擊敗法軍，1704
年英軍佔領直布羅陀 (Gibraltar)。在美洲周圍則英、法兩軍在西印度群
島、南北卡羅來納、新英格蘭等地作戰。英國即在對法戰爭勝利的氣氛
下，一口氣合併了蘇格蘭，於 1707 年成立大不列顛聯合王國 (United
Kingdom of Great Britain)。

自從 1603 年都鐸王朝絕嗣，由蘇格蘭王詹姆士一世兼任英王後，兩

國共戴一君，但因宗教和經濟利益不同，各自獨立。在英國革命時代，
蘇格蘭有時支持議會派，有時支持王黨派，兩國的紛爭不停。1649 年查
理士一世被處刑之後，蘇格蘭即擁其子查理士二世為王，查理士二世乃
率領蘇格蘭軍企圖恢復英國王位。1650 年克倫威爾親自遠征蘇格蘭，將
其置於將軍蒙克 (George Monck, 1608～1670) 的統治下。1660 年王政復
辟以後，蘇格蘭與英國同戴一君，可是 1688 年光榮革命以後，蘇格蘭的
貴族之間有很強大的支持詹姆士二世的勢力。 1689 年有貴族為首的造
反，英國新政府即派軍討伐，強迫蘇格蘭宣誓臣服威廉三世。1702 年安
妮女王即位，繼承先王威廉三世的意思，進行兩國合併的討論會議。
1703 年蘇格蘭議會通過決議，規定長老教會 (Presbyterian Church) 是蘇
格蘭的唯一真正的基督教會，並限制國王的權力為：一、英國的國王沒
有得到蘇格蘭議會的同意不得對外宣佈講和或戰爭；二、蘇格蘭大官的
任命權轉移至蘇格蘭議會。 另外又通過一個 《安全保障法》 (Act of
Security)，指定由蘇菲亞的家族繼承王位時，由英國所指定者繼位的條
件是蘇格蘭的自由貿易和宗教獨立獲得安全保障。

　　英國的議會為了對抗蘇格蘭議會的決議，於 1705 年通過 《外國人
法》(Alien Act)，宣佈自 1705 年的聖誕節以後，所有的蘇格蘭人將被視
為是非英國人，禁止一切蘇格蘭商品進口到英格蘭來，邊境城市奉命採
取防衛狀態， 直到蘇格蘭接受英國的 「漢諾威繼承決定」 (Hanoverian
Settlement)。此《外國人法》，使蘇格蘭的飼養牲畜業者大為恐慌，因為
怕喪失其主要的英格蘭銷售市場。英國的軍隊並北移到邊界地帶，戰爭
似乎有爆發的可能。腐敗的蘇格蘭貴族和議會終於屈服，以蘇格蘭上院
議員十六名，下院議員四十五名加入英國議會為條件，於 1707 年承認兩
國的合併。蘇格蘭獲得了在英國的海外殖民地貿易的權利，但是另一方
面其低度開發的工業也要遭遇英國的競爭。在政治上，蘇格蘭變成一個

龐大的腐敗選區，由大貴族所操縱。

　　英國在「安妮女王的戰爭」當中，合併蘇格蘭，成立了大不列顛王國。又乘在殖民地戰爭中大勝的餘威，於 1713 年與法國簽訂《烏特勒克條約》(*Treaty of Utrecht*)，英國承認法國的菲力普五世為西班牙王，但是法、西兩國不得聯合，法國也承認英國可由清教徒繼承王位。結果英國自法國取得紐芬蘭、新斯科夏 (Nova Scotia)，哈得遜灣地區 (Hudson Bay Territory)，又從西班牙奪取直布羅陀、米諾卡島 (Minorca)，以控制地中海的鎖鑰。不但如此，又使西班牙承認英國也有美洲的奴隸貿易權。奴隸貿易在經濟上的重要性，從 1680 年到 1786 年，每年平均從非洲輸送兩萬名黑奴到美洲去，亦可窺見其利潤優厚之一斑。

　　從 1713 年的《烏特勒克條約》以後，約三十年的期間，英、法沒有正式的戰爭，但兩國都各自在加強擴大殖民地，其利益的對立更形尖銳化。然而，英國國內除了在初期的一段時間有詹姆士王黨 (Jacobite) 的叛亂之外，皆為享受和平的時期，工商業隆盛。

　　1714 年安妮女王猝逝，依《王位繼承法》，由詹姆士一世的曾孫，即日耳曼的漢諾威選帝侯 (Electoral Prince of Hanover) 即位，改稱為喬治一世 （George I，在位 1714～1727），而開始漢諾威王朝時代。以 1714 年漢諾威王朝為轉機，英國政治即進入「單一政黨國家」的狀態。

　　在安妮女王末年，托利黨一連串的推行反動政治。1710 年的《財產資格法》(*Property Qualification Bill*)，提高下院議員的財產資格，在州郡 (counties) 土地稅收在六百鎊以上者，在市邑 (boroughs) 三百鎊以上者，才有被選舉權，而形成地主寡頭議會。1711 年的《臨時遵教法》(*Occasional Conformity Act*)，禁止非國教徒臨時改信國教，以取得官位，以後又恢復為非國教徒。1714 年的《宗教分離法》(*Schism Act*)，規定除非是國教會的教徒並得主教的許可，不得開設公私立學校，而剝奪了非

國教徒的教育權。

　　然而，從 1713 年《烏特勒克條約》的締結，1714 年漢諾威王朝的確立，內外的情勢大大削弱了托利黨的勢力。新王喬治一世是新教徒，托利黨中也有支持詹姆士二世的遺子詹姆士復辟，而被稱為「詹姆士王黨」的，然而一般市民支持喬治一世，支持反對詹姆士復辟的輝格黨，使 1715 年的選舉中托利黨慘敗，輝格黨獲得壓倒性的勝利。這表示輝格黨代表了英國工商業的勢力，希望積極向海外發展。從 1715 年到 1716 年，「詹姆士王黨」興起叛亂，其失敗給了托利黨致命的打擊，事實上托利黨在政治上已解體無力了。

　　在「詹姆士王黨」叛亂期中的 1716 年，輝格黨的議會通過了《七年議院法》(Septennial Act)，規定議員的任期為七年。因為自從 1694 年的《三年議院法》(Triennial Act) 以來，選舉頻繁引起了選舉費用的高昂和黨爭的激烈化，議員們對政治地位的不安定頗有怨言。輝格黨的政治領袖華爾波爾 (Robert Walpole, 1676～1745)，即適時把握這議員不滿心理，努力推行《七年議院法》，因該法案成立的結果，使輝格黨的「單一政黨政權」持久化。從 1714 年到 1761 年，輝格黨不曾間斷的掌政，也未遭受嚴厲的挑戰，而 1760 年代以後的托利黨，在政策上和社會結構上，已經跟安妮女王時代的托利黨大為不同了。

　　自從光榮革命以後，英國經濟在資本儲蓄和市場開拓有很大的進展。在一切經濟領域設立了多數的公司企業，而大企業則與政府財政結合，得政治權力的支持，從事大投機事業。南海公司 (South Sea Company)，及其所牽涉的南海泡沫事件 (South Sea Bubble)，正表示當時的經濟情況和人心動向。

　　南海公司於 1711 年被賦予西班牙領美洲的貿易權和南海的捕鯨權，但在 1719 年收購巨額的國債，而獲得美洲的黑奴供給專利權，因此國債

引發南海泡沫事件的南海公司

所有者成為其股東，股價從一百二十鎊漲到一千二十鎊，不但輝格黨政府的要員，甚至威爾斯王子也涉入投機的狂熱。因為投機的利潤，產生多數類似空頭的泡沫公司(bubble company)，人心皆醉於投機熱。南海公司憂慮事態的嚴重，向政府提議「泡沫公司取締令」，於是投機熱急速冷卻，造成恐慌，多數的泡沫公司破產，南海公司的股值也跌到十分之一，釀成了 1720 年的「南海泡沫恐慌事件」。這種投機恐慌，事實上是《烏特勒克條約》的結果，從西班牙奪取奴隸貿易權的自然現象之一。

　　南海泡沫恐慌之後，由鄉紳出身的輝格黨議員華爾波爾當政，收拾殘局。他於 1721 年被英王喬治一世召請為財政總裁兼財政大臣 (First Lord of the Treasury and Chancellor of the Exchequer) 起，到 1742 年下臺為止的二十年間掌握政權，形成所謂華爾波爾時代。英王喬治一世在日耳曼長大，不諳英語，對英格蘭的情況缺乏認識，而且時常滯留日耳曼生活，因此政務常委任大臣行事。其繼任者喬治二世（George II，在位 1727～1760），也是生於日耳曼，舉動與其父差不多，於是被國王信任的輝格黨，即有大顯身手的機會，成為輝格黨全盛時代。

　　華爾波爾鑑於對內要應付「詹姆士王黨」顛覆漢諾威的企圖，對外要應付在殖民地與法國的對立，於是放棄了輝格黨傳統的激烈黨派精神和使用武力的海外發展政策，轉變為內政採發展工商業的穩健政策，外交採和平貿易政策，促使英國的經濟繁榮。他為了要維持議會的多數，收買議員以謀強化自己的權力，另一方面也採用托利黨的對外和平政策，

減除地主階層的戰費負擔，讓托利黨的地主任治安法官，並且又兼採輝格黨所企求的商業、貿易、財經政策，調和了英國的支配層、地主和資本家的利益。華爾波爾的國內協調主義，創出了二十多年的「華爾波爾和平時代」，使托利黨中的「詹姆士王黨」欲顛覆漢諾威王朝的企圖受挫，使政局安泰，工商業發展，海外貿易進展。

1733 年，華爾波爾導入了有名的「物品稅制」(Excise Scheme)，這是對香煙和酒所徵的稅，不在港口徵收海關稅，改在製造廠依其品質以及物質銷售的執照徵收消費稅，因此製造商和商店都要負責查檢。對外方面，在 1733 年歐洲發生波蘭繼承戰爭 (War of the Polish Succession, 1733～1738)，可是英國因為沒有經濟利益的牽涉，所以華爾波爾能堅持和平外交而沒有捲入戰爭。

依照屈勒味林 (George Macaulay Trevelyan, 1876～1962) 等正統的輝格史觀，英國在華爾波爾時代確立了內閣制度，華爾波爾為第一代首相，以財政總裁的身分代替國王主宰內閣會議。英國議會制民主主義的特質：「限制君主制」、「責任內閣制」、「二大政黨制」，此三大政治制度在十八世紀開花結果。國王君臨而不統治，行政大臣對議會政黨負責，政黨依選民的意願交替政權，這種政治體制是光榮革命後，從斯圖亞特王朝末期到漢諾威王朝之間，經過輝格黨和托利黨，特別是輝格黨的努力，逐漸確立起來。

原具波蘭籍猶太血統，後來歸化為英國籍的歷史學者納米厄 (Lewis Bernstein Namier, 1888～1960)，曾經專心埋頭於 1761 年平民院結構的研究，對上述古典的解釋加以挑戰和痛擊。他說，英國政黨制度的議會政治要完全取代君主政治，是進入十九世紀以後的事。在十八世紀的中葉，就是在喬治三世 (George III，在位 1760～1820) 統治時代，也還是國王和政治家雙方形成「混合政體」的立憲形態，故是一種過渡期。在二十

世紀的今天，沒有一個選區不選出政黨議員，但是相反的，在 1761 年的時代，沒有一個選區的選舉是由政黨決定的。當時為了獲得官職而在議會內部的鬥爭，必然地產生議會內的在朝派和在野派的對立，於是從十七世紀末葉 1680 年左右流行輝格黨和托利黨二者的名稱。因此，十九世紀以來的政治史家，從形式上誤認為有兩大政黨制度。但在實際上，十八世紀的平民院議員，與其說是依黨派 (parties)，不如說是依類型 (types) 區分為三個集團。有「政治家」(politicians) 的集團，有「宮廷行政黨」 (Court and Administration Party) 的議員集團，有 「地方鄉紳」 (country gentlemen) 的集團。這三個集團在實際的政治行動，則表現為贊成者或反對者，亦即 「政府黨」 (Government) 與 「反對黨」 (Opposition)，因此使人錯覺有二大政黨存在。事實上，十八世紀的英國政治，不是輝格黨和托利黨的對立，而是 「宮廷黨」 (Court) 與 「地方黨」(Country) 的對立，如此才能解明分析。所謂宮廷黨，包括當時得國王的寵信厚遇而參與政權的政治家群，宮廷行政黨、地方鄉紳的一部分；所謂地方黨，則包括當時未得國王的支持恩顧而下野的政治家群，以及地方鄉紳的大部分。因此十八世紀英國的政權交替，有兩個側面的政治鬥爭。一是對立的「政治家」派閥集團之間，為獲得國王和「宮廷行政黨」支持，而展開的王室和議會的鬥爭；另一是在中央議會和地方社會之間，為獲得「地方鄉紳」支持而展開的鬥爭。因為當時，英國「地方鄉紳」（以及都市中的中產者），才是輿論的代表和指標，也是最後決定政權鬥爭勝敗的重大因素。

　　繼納米厄之後，美國的學者華克特 (Robert Walcott, 1910～1988) 也在其《十八世紀初期的英國政治》(English Politics in the Early Eighteenth Century, 1956)，肯定納米厄的方法和見解。他說，要說明威廉三世和安妮女王統治時代的議會政治，與其用二大政黨制，不如用「多數政黨制

的假設」(multi-party hypothesis) 更為適當。以羅盤針來比喻，除了「輝格黨」對「托利黨」的東西軸之外，還應該加上「宮廷黨」對「地方黨」的南北軸，如此才能將這時代議員政治行為的軌跡說明清楚。當時政治集團的各單位，並不是以共通的政見或哲學結合的政黨，而是以地緣或血緣關係以及利害關係為動機所構成的「連繫」(connection)。

因此，自從納米厄對輝格史觀提出挑戰和反論之後，政治史家已經不能依照「正統」的說法，隨便主張在十七世紀末或十八世紀前半葉，英國就已成立了兩大政黨制或責任內閣制。雖然屈勒味林的門徒普蘭布 (John Harold Plumb, 1911～2001) 等，成為「新輝格史學派」，努力嘗試傳統史學的復活，但已經不能忽略納米厄的論點，而以「政治的安定」等概念，修改傳統的輝格史觀了。

納米厄史學的另一個貢獻，在於從世界史的觀點，構築十八世紀英國的政治史。他的研究領域，除了「美國革命時代的英國」之外，對十九世紀歐洲民族主義的興隆、第二次世界大戰外交史的背景、近代世界的猶太人問題等，皆有獨到的研究。

且說，在華爾波爾的長期安定政策之下，英國的工商業及海外貿易有更顯著的發展。可是到 1740 年左右，為獲得海外市場，進入武力鬥爭的階段。因為自從 1713 年的《烏特勒克條約》之後近三十年期間，英、法雖然沒有熱戰但有冷戰，為了爭奪殖民地的利益，不時枕戈待旦，以備隨時引發戰爭，加以迎頭痛擊。法國在美洲建築要塞；在印度則在總督留布烈 (Joseph François Dupleix, 1697～1763) 領導下干涉蒙兀兒帝國 (Mughal Empire, 1526～1857) 的內政，扶植土著民間勢力，編成所謂「西波尹」(Sepoy) 的土民軍。英國一方面在北美洲和印度與法國相抗，另一方面在西印度群島也因奴隸貿易而與西班牙對立。1739 年因為英國船長成金斯 (Robert Jenkins) 被西班牙人襲擊而割去耳朵事件，華爾波爾應與

論要求而放棄和平主義，開始對西班牙作戰，以這件事為動機發生了成
金斯的耳朵戰爭 (War of Jenkins' Ear, 1739～1741)。但是戰局不順利，華
爾波爾亦失去市民的信望，1742 年辭去官位。然而 1740 年歐洲大陸發
生奧地利繼承戰爭，英國亦捲入戰渦中，援助奧地利並提供反法同盟國
軍資金。喬治二世亦親自率領大軍到大陸與法軍作戰，並在殖民地也展
開激烈的爭奪戰，稱為「喬治王的戰爭」(King George's War, 1743～
1748)。結果法國雖敗而締結《亞琛和約》(*Peace of Aachen*，法人稱
Aix-la-Chapelle)，但是沒有解決列強的殖民地紛爭。

　　給英、法兩國的殖民地抗爭打上休止符的是 1756 年的七年戰爭。這
戰爭是因奧地利和普魯士在歐洲爭奪西利西亞 (Silesia) 領有問題而來。
但早一年，英法兩國在北美洲、印度、西印度群島，為殖民地爭霸已展
開「法蘭西和印第安的戰爭」(French and Indian War, 1755～1763)，跟以
前一樣，歐洲的戰爭和殖民地戰爭合流起來。

　　戰局最初對英國不利，但是 1756 年庇特 (William Pitt，在職 1756～
1757) 當政之後，放棄和平主義，推行積極的對外政策，以軍用資金援
助普魯士的腓德烈大帝 (Frederick the Great，在位 1740～1786)，委任其
歐洲大陸之戰，英國則將軍隊主力集結在海軍和北美洲、印度等殖民地
作戰，使對法殖民地戰爭導向勝利。

　　1758 年英軍擊破法國海軍，完全掌握制海權。在北美洲，英將渥爾
夫 (James Wolfe, 1727～1759) 於 1759 年佔領法軍的據點魁北克，攻陷蒙
特利爾 (Montreal)，確保征服加拿大之路。在印度的英法殖民地戰爭，
稱為卡納笛克戰爭 (Carnatic Wars，1744～1748，1750～1755，1756～
1763 共三次)，最初也是法軍佔優勢，後來英國派遣對印度殖民有經驗
的將領克萊武 (Robert Clive, 1725～1774)，才挽回頹勢。他在 1756 年奪
取成德拉哥，1757 年在印度東北部的普拉西 (Plassey) 戰役，攻破法軍和

孟加拉土侯，確保了孟加拉地方，接著在 1761 年佔領了法國的根據地旁地治利。如此，在印度的爭霸戰的勝利也歸於英國。克萊武因戰功，於 1765 年出任孟加拉行政官，開始了以孟加拉為中心的印度征服政策。

七年戰爭的結果，於 1763 年簽訂《巴黎條約》(*Peace of Paris*)，英國從法國殖民地奪得北美洲密西西比河以東的土地，包括加拿大和布里敦角島（Cape Breton Island，在加拿大東南部），西印度群島的一部分及西非的塞內加爾 (Senegal)。又從西班牙獲得佛羅里達 (Florida) 半島，完全的支配北美洲東部和加拿大。在印度也驅逐了法國的勢力，法國的東印度公司除了尚保有若干土地之外，不得與原住民有政治上的關係。如此，不論在東洋或西洋，英國殖民地的地位確立，大英殖民帝國的基礎亦奠定下來，時值中國的清高宗乾隆二十八年。

英國在伊莉莎白一世時代末期，即 1600 年設立東印度公司時，在歐洲之外沒有一塊殖民地，也沒有貿易據點。然而經過一個半世紀的爭奪戰，在七年戰爭後的 1763 年，英國主要的領土如下（括弧內為取得年代）：

一、歐洲：直布羅陀 (Gibraltar, 1713)。

二、北美洲：維吉尼亞 (Virginia, 1607)、麻薩諸塞 (Massachusetts, 1620)、馬里蘭 (Maryland, 1634)、羅德島 (Rhode Island, 1636)、康乃狄克 (Connecticut, 1639)、北卡羅來納 (North Carolina, 1653)、紐約 (New York, 1664)、新澤西 (New Jersey, 1664)、德拉威 (Delaware, 1664)、南卡羅來納 (South Carolina, 1671)、新罕布夏 (New Hampshire, 1679)、賓夕凡尼亞 (Pennsylvania, 1681)、紐芬蘭 (Newfoundland, 1713)、新斯科夏半島 (Nova Scotia, 1713)、哈得遜灣地區 (Hudson Bay Territory, 1713)、喬治亞 (Georgia, 1733)、魁北克 (Quebec, 1763)、佛羅里達 (Florida, 1763)。

三、西印度群島：巴佩道斯島 (Barbados Is., 1605)、百慕達群島

1775～1858 年英國在印度的擴張

(Bermuda Is., 1609)、聖克里托非島 (St. Christopher Is., 1623)、安地瓜 (Antigua, 1632)、宏都拉斯 (Honduras, 1638)、牙買加 (Jamaica, 1655)、巴哈馬群島 (Bahama Is., 1666)、維爾京群島 (Virgin Is., 1666)、多明尼加 (Dominica, 1763)、聖文生島 (St. Vincent Is., 1763)、格拉那達 (Grenada, 1763)、托貝哥島 (Tobago Is., 1763)。

四、非洲：甘比亞 (Gambia, 1618)、黃金海岸 (Gold Coast, 1650)、聖赫勒拿島 (St. Helena Is., 1651)。

五、印度：馬德拉斯 (Madras, 1629)、孟買 (Bombay, 1661)、加爾各答 (Culcutta, 1686)、孟加拉 (Bengal, 1763)。

　　總之，英國在資本主義的發展先行於歐洲各國，經過二次革命，成立了中產階級為中心的議會主義政治體制，有利其推行世界貿易和殖民地的爭奪戰。在十七世紀後半，經過三次的對荷蘭戰爭，奪取荷蘭的海上霸權。接著到十八世紀後半的一世紀之間，經過奧格斯堡同盟戰爭、西班牙王位繼承戰爭、奧地利王位繼承戰爭、七年戰爭等，粉碎了法國爭取世界市場霸權的渴望。如此到 1760 年代，英國以北美洲、加拿大的廣大領域，和西印度的島嶼群為中心，並連貫西非和印度，建設巨大的殖民帝國。這是以世界第一的海軍力量形成的。換言之，是以霸道獲得遍佈於全世界的廣大市場，從此累積資本，達成了產業革命的準備階段。大英殖民帝國形成的 1760 年代，正是英國產業革命開始的時期。

Chapter 11

產業革命

——英國的勞工貧窮化？

(1760〜1830)

　　英國的史學家，有意地將產業革命的原因，歸於英國的天才瓦特 (James Watt, 1736〜1819) 等發明新的生產技術，使資本利用不斷增加，生產大規模化，貿易擴大，國富增加，來說明英國經濟的高度成長過程。然而，英國產業的發達，無論如何，與對外戰爭是脫離不了關係。

　　如果說，從 1688 年的光榮革命到 1763 年的《巴黎條約》期間為產業革命的準備期，則英國的資本累積是經由戰爭的國債而來的。1694 年為了準備對法戰爭籌募一百二十萬鎊貸款，這算是小數目，也促成了英格蘭銀行的創設。奧格斯堡同盟戰爭花了一千八百萬鎊，而以前伊莉莎白一世四十五年的統治期間總共也不過花了五百萬鎊的戰費，比起來，戰爭的花費越來越多了。西班牙王位繼承戰爭花了五千萬鎊戰費，其中近乎一半是國債籌募的。到 1717 年國債約達五千四百萬鎊，經過二十多年的和平時期和清償債務，到 1739 年國債仍達四千七百萬鎊。七年戰爭花了八千二百萬鎊戰費，其中的六千萬鎊是貸款來的。在美國獨立戰爭前夕，1775 年國債達一億二千六百萬鎊，結束戰爭的 1782 年，國債升到二億三千萬鎊。在拿破崙戰爭 (Napoleonic Wars, 1799〜1814) 前的國債是二億三千七百萬鎊，戰後則高達八億五千九百萬鎊。

　　國債的償付固然是要靠國內的稅收，但巨大的數額是來自殖民地的

榨取。以印度為例，東印度公司在 1740 年資本三百萬鎊，分 7% 紅利給股東，這只是從印度獲得的微小利潤。公司付給員工只是一般的薪俸，他們最大的收入在獵取賄賂、強奪財寶、走私貿易。孟加拉這個地方，從 1757 年到 1766 年之間，以賄賂的形式被英國的東印度公司榨取六百萬鎊，其他如馬德拉斯、卡納笛克榨取的數目也不相上下。對重要商品的貿易壟斷，例如食鹽、鴉片、煙草的壟斷，都製造巨大的財富。如在 1769 年到 1770 年之間，英國在印度的廣大區域，以囤積食米的方法製造饑荒，除非以昂貴的價格購買，否則拒售食米給當地的民眾，以圖謀暴利。又如從東印度公司的書記幹起，在印度殖民地戰爭屢建奇功，而當上孟加拉行政官的克萊武，就是專門從印度的地方官或土著商人收賄而致富的，他在印度假公濟私榨取巨大財富，但 1767 年回國，遭受輿論的攻擊，於 1774 年自殺死亡。1767 年，英國政府堅稱要直接分享殖民地榨取的利潤，東印度公司不得不開始每年繳付四十萬鎊給財政部。1773 年的 《規制法》 (*Regulating Act*)，規定由孟加拉行政官哈斯丁斯 (Warren Hastings, 1732～1818) 任印度總督，並設五人參事會統治東印度公司。 1784 年的 《印度法》 (*India Bill*)，在政府機關內新設監督局

英國東印度公司在印度的鴉片倉庫

(Board of Control)，監督東印度公司統治印度。在表面上，這些法律是政府要監察東印度公司的非法行為，但實際上是要將自印度榨取的利潤制度化的分配，因為印度利潤的增大，已經不允許繼續歸於私營了。

這時候，印度對英國的貢獻，正是從第一階段，印度為本國所不能生產的貴重商品的來源，轉移到第二階段，印度成為英國製造商品，特別是棉紡織品的重要市場。1813 年，東印度公司的貿易壟斷權被廢除，使對印度的經濟榨取達到新的階段。從此，印度的市場大大的開放給英國製造工業的商品，特別是蘭開夏製 (Lancashire-made) 棉布的市場。在十年之間，出口到印度的商品價值倍增。在 1813 年，僅有少額的棉布輸出到印度，但到 1820 年代，每年幾乎達二百萬鎊的輸出。於是孟加拉的紡織工業中心地達卡 (Dacca)，人口從 1815 年的十五萬人遞減到 1837 年的二萬人。工業都市的人口減少，表示自生資本主義萌芽的摧毀，於是印度和愛爾蘭一樣，變成純粹的農業殖民地，供給英國糧食和原料。印度手工紡織業的破壞，並不只意味著蘭開夏製品獲得壟斷市場，更重要的是，印度的棉花和黃麻纖維輸出到英國，而不由自己製造了。故說英國的產業革命是建立在印度人的骨灰上，實不為過吧！

就是其他的殖民地，也是為英國累積資本的。西印度群島帶給英國的利潤，可謂最大。在 1790 年，英國投資在西印度群島約七千萬鎊，在遠東只不過投資一千八百萬鎊，英國對西印度群島進出口的商品總值，約等於東印度公司的二倍。西印度群島最富有的農場主，並不像美洲殖民地的移民那樣土著化，他們構成英國中產階級的主要部分，這就是為什麼美國獨立革命運動在他們之間找不出類似人物。初期的大英殖民帝國，是使殖民地絕對的隸屬於本國之下，由本國獨佔其貿易、資源、市場的殖民地掠奪體制。殖民地之中，從重商主義帝國的立場來看，栽培煙草的北美洲南部和生產砂糖的西印度群島等「栽培殖民地」，或與此有

關的非洲西岸貿易型或「商館型殖民地」，是比較受重視的，至於北美洲新英格蘭的「移居殖民地」，被認為對本國利益沒什麼貢獻，因而受輕視。所以英國在七年戰爭結束的 1763 年成立龐大的殖民帝國後不久，在 1775 年北美洲即興起獨立運動，反抗本國的重商主義殖民政策。

　　且說殖民地戰爭促成國債的成長，而國債的成長又表示流動資本的成長，顯示資本的無限集中，形成浩大的數額。這些資金可以提供給國家從事戰爭，另一方面又從戰爭發大財再形擴大，成為產業革命的基金。

　　英國的產業革命，的確是從其工場制手工業發展而來，以及因農村的圈地運動產生過剩的勞動力為條件，但更重要的是英國因殖民地競爭勝利的結果，在世界上獨佔了殖民地市場。英國在十八世紀，已經支配世界的制海權，掌握世界市場，迅速的增加貿易的數額，這必然增加英國對工業製品的需要。英國的工業製品，本來主要是工場制手工業製造的毛紡織品，這不但在歐洲就是在新大陸也是需要很多的商品，所以才提高英國在工業上的地位。但是自從棉紡織品由印度輸入以後，簡便而廉價的棉布迅速的擴大，於是棉紡織工業逐漸凌駕毛紡織工業之上。棉布是人類生活的必需品，而英國又掌握世界市場的霸權，這是英國進行產業革命所不可缺的條件。

　　英國在殖民地不斷的投資以增加財富，殖民地的貿易不斷增加其對英國商品的市場需求，而對這市場的需求，英國國內的小型手工業方式已經不能夠充分的供應。再則，十八世紀的戰爭是大規模而長期的戰爭，大量的軍隊需要大量的標準製品。因為軍隊需要統一的制服，需要幾千萬碼的布，使用特定的顏色和特定的質料，也需要千萬個同一型的鈕扣，千萬雙同一型的長靴，需要同一口徑而能發出同樣子彈的鎗和能上此鎗的刺刀。不但英國的軍隊需要武裝，還有很多英國同盟的軍隊也要武裝，他們要求英國的補助，而且是英國的工業在支持盟軍在歐洲戰場打仗。

英國是一個很狡猾的國家，其戰爭的方法，是將本國的軍隊大部分投在海上和海外殖民地上，而歐洲大陸的戰場則由英國供給軍費的同盟國軍隊替英國打仗。英國所力戰的敵國，不用說都是當時在海上或海外最強力的競爭者。

對於標準商品的大量需要，才是產業革命的基本原因，並不是有英國天才的發明家才產生產業革命。在理論上，瓦特等工業技術發明家，可以出現在任何時代，只要時代有這種需要，所以說「需要是發明之母」。這是時代創造瓦特，他們生長在十八世紀末期，時代的條件強制他們用其智慧來解決如何生產大量商品的方法，因為資本累積已到達了一個水準，只要充分的利用這資本，就可以創造大量生產的方法。

英國產業革命的推動力，在纖維工業的部門。衣料為生活必需品，其大量生產必須依賴工業，故這一部門自然的成為產業革命的中心。特別是木棉工業，隨著英國的殖民地開發，為了供給奴隸衣料的需要及得以交換其他物質，使棉紡織品的價值更加提高。此外，作為棉布生產原料的棉花，在殖民地的印度及美洲大陸盛產，適於機械的操作，從而有一連串的發明產生。

纖維工業可分為紡織工程和織布工程。早在 1733 年，在織布工程部門就有凱 (John Kay, 1704～1780) 發明飛梭，將從前需兩人操作的織布機改良，變成只需一人操作，提高織布的生產效率。飛梭的發明使棉絲感到不足而刺激紡織部門，於是產業革命三大紡織機械的發明，相繼產生。1764 年哈格里夫 (James Hargreaves, 1720～1778) 發明了一次可紡織八根紗的絨線紡織機，1768 年阿克萊特 (Richard Arkwright, 1732～1792) 發明水力紡織機，1779 年克倫普頓 (Samuel Crompton, 1753～1827) 發明走錘紡織機。從此在英格蘭，以使用水力為動力，沿著河川建立很多紡織工廠。在織布工程方面，1785 年喀特萊特 (Edmund Cartwright, 1743～

1823) 也發明了水力織布機，而增加生產能率。此發明與前三者合為四大發明，從此木棉工業煥然一新，其影響及於全纖維工業。

　　但是當時的動力尚限於水力，受地理上的限制，阻礙大規模工廠的設立。為了克服此缺點，就有蒸汽機的應用發明。當時蒸汽機已經發明了，但是僅限於使用在煤坑的排水唧筒。1769 年瓦特將煤坑的蒸汽機大加改良，1785 年已經能將蒸汽機應用成為紡織機械的動力，並且也被利用在喀特萊特的水力織布機上。於是工業的生產力飛躍的提高，工廠不再受地理上的限制，而集中在都市了。

　　紡織機械的發明，在另一方面又促進其他產業部門的發達。首先興起製造機械工業，接著提供其原料的製鐵工業亦隨之興盛。而製鐵工業和蒸汽的使用，刺激煤炭的需要，於是又促進煤礦業的發達。英國在先天上鐵礦和煤礦的埋藏量豐富，也使產業革命得以順利進行。

　　英國的工業和礦業的發達，自然地又促進運輸產業的發達，開鑿運河或修築道路是不可避免的。從十八世紀後半到十九世紀初期，托利黨的地主貴族大力的開鑿運河，使運輸交通非常便利。但是原料或商品要大量而迅速的運輸，用從前的馬車或帆船已經不能應付時代的需要，於是在交通上也被迫非利用蒸汽機不可了。 1807 年美國的工程師福爾敦 (Robert Fulton, 1765～1815) 設計完成了外輪蒸汽船，到 1819 年已經有應用蒸汽機的輪船成功地橫渡大西洋，到十九世紀中葉，從前的帆船幾乎匿跡。蒸汽船的發達，是一個劃時代的事件，不但縮短了世界的通商路線，也使海外殖民地和本國的原料和商品流通迅速。在這時期，陸上交通也有英國工程師史蒂芬生 (George Stephenson, 1781～1848) ， 在 1814 年發明蒸汽機關車，1825 年已改良成搭運客貨車輛的火車，在英格蘭北部的斯托克頓 (Stockton) 和達令敦 (Darlington) 之間鋪設鐵路。1830 年再於棉紡織工業的中心都市曼徹斯特 (Manchester) 和西部海港利物浦

十九世紀中期倫敦的火車站，在鐵路交通網建立後，一般民眾也可享受鐵路所帶來的便捷。

(Liverpool) 之間興建鐵路連結，到 1833 年已經將鐵路延長到倫敦。火車的出現，侵害了運河的壟斷利益，因此地主貴族以議會阻撓鐵路的建設。新興的商工階級嫉視地主貴族的壟斷運行，而喜歡投資於鐵路建設，但是需龐大費用的鐵路網建設，要等到產業革命後，輝格黨掌權的自由化時代，才大規模的展開。

　　如此，運輸業的發達，又促進造船業、海運業、通信業的發達。英國經產業革命，從原料的輸入和商品的輸出，確立了「世界工廠」的地位，向世界各地進攻。於是殖民地對英國的意義，從重商主義掠奪（資本累積）的對象，轉變為原料的供給地和工業製品的推銷市場。當產業資本家確立了社會上、經濟上的地位而進入政治決策的領域時，即產生新的自由主義殖民政策。

　　在產業革命初期，英國的自由主義經濟學始祖亞當斯密（Adam Smith，1723～1790，蘇格蘭出身），即在 1776 年著《國富論》(*Inquiry into the Nature and the Causes of the Wealth of Nations*)，批判重商主義的殖民政策。他說英政府在重商主義的名義下，保護特定的貿易公司或特

被譽為「經濟學之父」的亞當斯密

定的輸出產業,為了維持海外殖民地花了龐大的經費,實施嚴格的統制,這將妨礙全體生產資本的發展及對各種用途的有利分配。因此他主張只要自由競爭而貫徹自由貿易的原則即可, 殖民地是不必要的,也是損失的。亞當斯密的意思代表在世界上先行產業革命的英國產業資本,然而亞當斯密的意見在當時並不能馬上付之實施。因為從十八世紀末起,經法國大革命和拿破崙戰爭,至 1815 年的政治反動期,反而是重商主義的殖民政策佔優勢的時代。但是《國富論》發表的 1776 年,美洲殖民地正反抗本國重商主義的殖民政策而發表《獨立宣言》,迫使英國的重商主義政策漸趨瓦解。

自從 1763 年七年戰爭結束之後,英國雖然獲得廣大的殖民地,但也帶來了巨額的國債。英政府增加消費稅等新稅,以及進口貨品照價增收 5% 的關稅, 還是不敷負擔國債的清償。 輝格黨的財政大臣格蘭維爾(George Grenville,在職 1763~1765),即謀以殖民地課稅來彌補國債。這是要將英國過去從事殖民地戰爭的戰費,轉嫁給殖民地負擔的狡猾辦法。再則英軍由於佔領前法國殖民地,將美洲西北部領地歸為國王直轄地,因此在殖民地還維持陸海軍以便統治,這也要殖民地負擔軍費。

英國議會於是通過一連串對殖民地不利的法律。 1764 年的 《砂糖法》規定美洲殖民地課徵關稅,《通貨法》則禁止殖民地發行通貨。1765 年的《印花稅法》(*Stamp Act*) 規定殖民地的公私法律文件必須貼印花。1767 年的 《唐先歲收法》 (*Townshend's Revenue Acts* , 由財政大臣

Charles Townshend 提案，在職 1766～1767） 規定從美洲進口紙、茶、鉛、玻璃、塗料等皆課稅。

　　然而殖民地的人可有不同的想法，群起反抗。北美洲殖民地的總督雖然由國王任命享有監督權和行政權，可是殖民地也有民選的議會主張自治權。 他們學本國議會代表制的說法， 喊出 「沒有代表不能課稅」 (No taxation without representation) 抗議，迫使格蘭維爾的 《印花稅法》不得不在次年廢止。可是對於一般的課稅還是繼續保持，並有變本加厲的現象，英國議會還特別強調對其殖民地有課稅權。英國為了增加其歲收以彌補戰債，以及為了保護其本國的工業，除了向殖民地增稅之外，還要加強 《航海法》 的取締，禁止美洲殖民地與歐洲直接貿易，這對原籍法國或西班牙的美洲移民是最不堪忍受的壓迫。

　　英國自從克倫威爾時代實施 《航海法》 以來，限制殖民地的貿易和海運，經過數次的修改，將禁止直接輸出第三國的商品逐漸增加項目，壟斷殖民地的物質以謀暴利。維吉尼亞的煙草、卡羅來納的米、西印度群島的糖、新英格蘭的瀝青和木材，都只能出口到英格蘭和蘇格蘭去，這些都是國內市場所需要的資源。同樣的，殖民地禁止從外國進口工業製品，並且也限制殖民地發展工業，因為這會危害到本國所建立的工業。例如新英格蘭在十八世紀初期已經發達煉鐵的技術，但是被禁止製造鋼鐵的製品，生鐵都必須運輸到英格蘭去，美洲殖民地自己要用鋼鐵製品再從英國進口。所以當 《航海法》 不認真執行的時候，殖民地的人可以忍受，他們可以大規模的以 「走私」 (smuggling) 的方法跟歐洲貿易，事實上美洲人都是走私，基於經濟上的需要，是無法禁止這種 「走私」 貿易的。

　　現在英國要在殖民地增稅，又要以戰艦嚴格的取締走私，逼得殖民地的人不得不起來造反。他們覺得英國在殖民地的軍隊不是在保護他們，

而是在阻止他們認為正當的走私貿易,他們已經成長到可以自己站起來,
不需要英國的任何保護,這就是美國獨立的根本原因。

　　1770 年,激昂的殖民地人和英國士兵之間發生波士頓殺戮事件,議
會決定除茶稅以外取消一切美洲的進口稅。1773 年公佈《茶葉法》(*Tea
Act*),將北美洲殖民地的茶葉專賣權賦予東印度公司,於是發生了「波
士頓茶葉事件」(Boston Tea Party)。有波士頓居民扮成印第安人,登上
停泊於波士頓港的英船,將茶葉傾入海中,以反抗英政府對進口茶葉課
重稅。 1774 年,富蘭克林 (Benjamin Franklin, 1706～1790) 等波士頓代
表,向英政府請願革除麻薩諸塞的總督,不但被拒絕還被樞密院的官員
侮辱。議會並且通過《波士頓港法》,封鎖波士頓港口,將麻薩諸塞改為
國王的直轄地,由本國監督殖民地裁判,將本國軍隊強制住宿於殖民地
的民房。1775 年 4 月,英軍在波士頓郊外的勒星頓 (Lexington) 逮捕急進
派首領 , 而爆發美國獨立戰爭 。 6 月維吉尼亞大農場主出身的華盛頓
(George Washington, 1732～1799),被推選為獨立軍總司令官。英國議會
亦有庇特 (William Pitt, 1708～1778)、柏克 (Edmund Burke, 1729～1797)

波士頓茶葉事件

等政治家同情殖民地，輝格黨因不贊成政府對美洲殖民地的政策，還一陣子拒絕出席議會。但是以托利黨為主的多數派，決議增派三萬名傭兵到北美洲，鎮壓「叛亂」。1776 年，北美十三州聯合發表《獨立宣言》。1777 年 10 月美洲的獨立軍第一次贏得勝利，英將柏格內 (John Burgoyne, 1722～1792) 所率領的五千名部隊在沙拉托加 (Saratoga) 投降。1778 年，富蘭克林獲得法國的借款和軍事援助，法國並承認美國的獨立。另一方面，愛爾蘭人聽到美國獨立戰爭的消息，無不鼓舞，很多自願參加獨立軍作戰，1778 年，愛爾蘭人組織了八萬名志願軍，名目上說是要防止法軍侵略愛爾蘭，其實是想利用英軍空檔的期間謀求獨立，但是志願軍的上層領袖後來僅以自由貿易權和立法權的獲得為滿足，背叛了一般愛爾蘭人的願望。1779 年，蘇格蘭亦發生反天主教的暴動，法國和西班牙乘機對英宣戰。1780 年，法軍登陸羅德島，荷蘭也對英宣戰，巴爾幹半島各國則維持武裝中立，拒絕提供英軍的軍需品。而在國內，自獨立戰爭前後又有以維克斯 (John Wilkes, 1727～1797) 為首的激進派，在議會內外煽動一般市民，爭取大不列顛、愛爾蘭和北美洲的普選，主張《選舉法》的修改和出版的自由，而成為英國急進主義的濫觴。英國在內外情勢都不妙的情況下，1783 年在巴黎凡爾賽宮與美簽約承認美國獨立，並與法國和西班牙媾和，將印度的旁地治利、喀立加 (Carical) 和孟加拉的一些領地以及非洲的塞內加爾和西印度群島的一部領地割讓給法國，錫蘭的亭可馬里 (Trincomalee) 歸返荷蘭，佛羅里達和米諾卡島則割讓給西班牙。在 1763 年的《巴黎條約》膨脹到最高峰的殖民帝國，經過美國獨立戰爭，僅二十年的時間就似乎有瓦解的現象。

　　即使是從一國歷史的論點，依傳統的議會政治史的研究架構，也可以看出美洲獨立革命的外因，對英國國內政治的影響。在獨立革命爆發之前的英國議會政治，與其說是平民院議席數或黨派結構的變動，不如

說是由於英王喬治三世濫用「宰相」任命權而來。自從喬治三世即位以
來，政府的首班即頻頻替換，歷經紐加塞耳公爵（Duke of Newcastle，
在職 1757～1762）、標得伯爵（Earl of Bute，在職 1762～1763）、格蘭維
爾、羅京安侯爵（Marquess of Rockingham，在職 1765～1766）、占丹伯
爵（Earl of Chatham，在職 1766～1768）、格拉夫頓公爵（Duke Grafton，
在職 1768～1770），一直到諾斯（Frederick North，在職 1770～1782）當
政時代，國外發生波士頓茶葉事件，興起北美洲獨立戰爭時，為了應付對
外的危機，國內的政治才趨於安定，產生「首相」(Prime Minister) 制度。

　　依照正統輝格史觀的寫法，是在 1720 年代華爾波爾當政時代確立責
任內閣制度。雖然華爾波爾在喬治一世和喬治二世的統治時代當政，但
是他本人從未稱自己是「首相」，加上喬治三世的專制政治也使責任內閣
制不能自圓其說。因為，華爾波爾政權 (1721～1742) 和皮蘭 (Henry
Pelham, 1743～1754) 就算是第一任和第二任 「首相」，其後還有上述的
一大段君主專制的非責任內閣時代。首相的定義，如果是指一身兼任「在
王室中代表平民院的大臣」 (Minister for the House of Commons in the
Closet) 和「在平民院代表國王的大臣」(Minister for the King in the House
of Commons) 雙重角色，應該是諾斯政權時代才算是誕生「首相」，確立
了真正的責任內閣制。英王喬治三世在產業革命的初期二十多年，利用
議會的地主貴族寡頭化，任命托利黨翼贊王權，實行專制政治。就是
1770 年任命的諾斯，最初也只不過等於是「國王的祕書」而已，國王掌
握政治的實權而無視議會政治。可是國王對北美洲殖民地加強專制主義
的統治政策，反而促使美洲殖民地的獨立革命運動激化，完成獨立脫離
英國。如此對外殖民地利潤的重大喪失，使國內議會地主階層大為不滿，
群起抨擊喬治三世的政策失敗，至此英王的專制政治也不得不寢息了。

　　1783 年，小庇特（William Pitt, the Younger，1783～1801，1804～

1806 組閣）為首相，他從輝格黨轉為托利黨，致力於議會政治的恢復，責任內閣制的確立，但是無法肅清腐敗的選舉。英國在產業革命的七十年間，是由托利黨掌握議會的領導權，事實上寡頭政治的色彩濃厚，其根本的改革，要到十九世紀初的《選舉法》改革（1832 年）。因為其間還要經過法國大革命和拿破崙戰爭的英國政治反動期。

　　法國大革命，在政治上是受英國政治革命和美國獨立革命民主主義思想的影響，在經濟上是法國第三身分的中產階級已經成長到可以與第一身分的教士和第二身分的貴族對抗，打破舊制度 (ancien régime)，一掃封建遺制的革命運動。然而英國的保守主義政治思想家柏克，在 1790 年著的《法國大革命的省察》(*Reflections on the French Revolution*)，抨擊暴力的革命行為以及革命的根本思想，主張必須組織全歐洲的反革命十字軍鎮壓革命。柏克曾經是輝格黨在下院的有力領導者之一，提出種種政治改革案，努力於限制王權和確立議會主義的政黨政治。因此他無條件的擁護以光榮革命為象徵的英國政治傳統，否定暴力革命方式的激烈變革。他的這本書，一出版賣了三萬部，不但在英國，在海外也有很大的迴響。法國大革命的爆發，使英國革新派的批評勢力，大都轉變成英國憲政的擁護者，認為英國的憲法才是神所賜與的 (God-given) 最完美的傑作，任何企圖要改變這神所賜與的傑作，都被標記為法國大革命的激進主義者「雅各賓主義者」(Jacobinism)。這就是英國近代保守主義的先驅。英國的憲政讚美論，是對抗法國大革命論而興起來的。但是輝格黨內對於法國革命的評價，還是有不同的見解。以柏克為代表的保守派，和佛克斯派 (Fox) 產生對立。柏克派的二十六名議員，終於在 1783 年成立「第三黨」，而 1784 年波特蘭特派 (Duke of Portland) 五十一名議員，加入小庇特為首的聯立內閣，佛克斯派六十六名成為在野黨，而輝格黨完全的分裂為三派。

佩恩對於美國獨立革命影響極大

當然，法國革命對英國的影響是兩面的，對著保守主義的潮流，英國也興起激進主義的思想。1791 年佩恩 (Thomas Paine, 1737～1809) 所著的《人權》(*Rights of Man*)，比柏克的《法國大革命的省察》引起更大的激動。因為柏克的著論只引起統治層的共鳴，而佩恩的著論則給英國的激進主義一種哲學理論。佩恩曾經為美國的獨立革命戰鬥，可以說是《美國獨立宣言》和《法國人權宣言》的援助者。他主張政治是一般人民全體的事，不是少數的統治寡頭所能壟斷，政府只有保障全體人民的生命、自由和追求幸福的權利時，人民才能忍受其統治，如果不能達成此功能時，則應該被推翻，甚至用革命的手段。對法國革命的自由、平等、博愛諸原則的同情和解釋，迅速的在有知識的勞工層中滋長。1792 年，英國最初的勞工階級的政治團體「倫敦通信協會」(London Corresponding Society) 成立，大力鼓吹議會改革和普通選舉制。由小庇特所代表的英國政府，即採取恐怖政治加以鎮壓。

1792 年，佩恩計劃出版《人權》第二部，以針對英國的政治改革時，英國政府即將《人權》一書查禁，並逮捕佩恩，其他倫敦通信協會、立憲思想普及協會等急進思想團體的領導者，也陸續被捕。佩恩隨後即逃亡到法國，當吉倫泰黨（Girondins，法國革命時的穩健派）的憲法制定委員，但是 1793 年他因反對法王路易十六的處刑，被雅各賓黨（Jacobins，法國革命時的激進派）逮捕宣判死刑。翌年經美國駐法大使門羅（James Monroe，後為美國第五任總統 1817～1825）的營救才被釋放。可見在英國是激進分子的，到法國則變成太溫和了。佩恩在 1802 年

遠渡美國，終其餘生，因為其祖國仍在高壓恐怖政治的漩渦中。

　　當 1792 年 9 月 21 日法國的國民會議 (Convention nationale) 滿場一致決議廢止王政，其後又在雅各賓黨掌握領導權之下，於 1793 年 1 月 21 日將法王路易十六送上斷頭臺時，英國的統治階層自然亦感到無比的驚愕。英國首相小庇特，憂慮英國的市場尼德蘭遭受法軍的侵入，即以維護歐洲的均衡為名目，放棄其先前的和平政策，對法宣戰，並勸誘西班牙和荷蘭，加入奧地利和普魯士的陣營，組成第一次反法聯軍 (First Coalition, 1793～1797)，築起歐洲各國包圍法國的情勢。1799 年當法國的革命挫折而出現強力的領導者拿破崙 (Napoléon Bonaparte, 1769～1821) 時，英國也與奧地利和俄國等國結成第二次反法聯軍 (Second Coalition, 1799～1802)，包圍拿破崙的軍隊。英國在戰局不利下最後能戰勝拿破崙戰爭，固然是英國最先實行產業革命，經由貿易和工業化累積巨大的資金以支持戰爭，更重要的是在外交上聯合歐洲大陸各國共同作戰。

　　英國為了要歐洲大陸聯合對拿破崙作戰，不得不對聯合國的軍隊提供龐大的補助金，其總額共達五千萬鎊之鉅，加上十八世紀以來累積的戰費，使國債達到很高的數目。在 1792 年的歲收是一千八百九十萬鎊，到 1815 年則增為七千一百九十萬鎊。而在 1792 年國債的利息是九百四十七萬鎊，到 1815 年則增達三億四百五十萬八千鎊。公債通常是大打折扣募集的，在小庇特當政時代就增加了三億三千四百萬鎊的國債，其中只有二億鎊是現金領收的。據估計，當時一個工人的週薪只有十先令，而其一半的收入要付直接稅。可見戰爭財政實質的減少工人階級的薪資所得，而強制物價的上升。但是財經界人士或靠利息收入度日的人 (rentiers)，其銀行存款都顯著地增加龐大的數目。當然托利黨的地主們和支持者，就成為新的財經企業家。貴族的數目也增多，在小庇特當權

的十七年內，新創了九十五名英格蘭的貴族、七十七名愛爾蘭的貴族。
1801 年大不列顛和愛爾蘭的議會合併，不能不歸於小庇特的功勞。然而
小庇特的三次組織反法聯軍，封鎖法國革命的擴大，因加重一般國民的
課稅，以致招來民眾的不滿和反抗，所以要採取高壓的政策鎮壓。

　　1794 年，小庇特政府停止《人身保護法》，從此連續停止達八年之
久。1795 年實行《叛逆訴訟程序法》(*Treasonable and Seditious Practices
Act*) 和《妨害治安集會法》(*Seditious Assemblies Act*)，限制集會出版的
自由。1797 年輝格黨的鬥士福克斯 (Charles James Fox, 1749～1806) 提案
廢除《叛逆法》和《治安法》，但僅得四十一票支持未能通過。1798 年，
福克斯被驅逐出樞密院。 1800 年制定 《通信協會法》 (*Corresponding
Societies Bill*)，規定政治改革團體和勞工組織為非法團體，禁止一切議
會改革運動和勞工運動。

　　小庇特在 1806 年去世，主張自由主義的福克斯與新任首相格蘭維爾
合作，決定廢止奴隸貿易，福克斯亦在同年 9 月 13 日去世，但翌年
1807 年，議會通過廢止《奴隸貿易法》。奴隸貿易的廢止，主要是輝格
黨的政治家韋爾伯佛思 (William Wilberforce, 1759～1833) 等人努力的
結果，他們是福音主義的社會改革者，從人道主義立場想建設和經營白
人殖民地。1807 年，相當於中國的清仁宗嘉慶十二年，這時英國才廢止
奴隸貿易。

　　在拿破崙戰爭的末期，資本家方面雖然因軍需景氣而致富，但是勞
工方面則因物價的高昂生活不安，而展開破壞機械運動以示反抗。他們
以拉特 (Ned Ludd) 或羅賓漢 (Robin Hood) 的虛構領袖之名，從 1811 年
到 1816 年之間，在東密蘭 (East Midlands)、蘭開夏 (Lancashire)、約克夏
(Yorkshire) 展開的暴力破壞機械運動，稱為「拉特運動」(Luddites)。

　　另外在對外關係方面，美國乘歐洲忙於拿破崙戰爭之際，於 1812 年

對英宣戰，侵略加拿大，企圖一舉征服合併。戰爭持續了二年，因加拿大西北部和南部的農民拿起武器與英軍並肩作戰，防衛其鄉土，使美國合併加拿大的野心受挫。從此中南美洲各國，亦逐漸開展獨立的道路。中美洲東岸的宏都拉斯 (Honduras)，在 1798 年由英國移民所佔領，無視西班牙的抗議納入英帝國領土。南美洲北岸的蓋亞那 (Guyana)，則在拿破崙戰爭期中由英軍佔領，依 1814 年的《巴黎條約》正式歸英國領土。從十八世紀末到 1822 年之間，中南美洲的二十個國家獲得獨立，這是在英國公開的或暗中的支持下獨立的，因此在事實上，中南美全體成為英國的勢力範圍。因此，中南美洲各國獨立之後，一旦有損害英國的利益，英國即發動武力加以干涉。

　　拿破崙沒落後的歐洲秩序，是由奧地利宰相梅特涅 (Metternich, 1773～1858) 所主持，請各國代表參加的維也納會議 (Congress of Vienna) 為重心。他們都憂慮法國大革命和拿破崙戰爭的影響，會使自由主義和民族主義滲透歐洲，因此共同講究對策，否定法國革命，扼殺自由主義和民族主義運動，以犧牲小國來維持歐洲新的勢力均衡 (balance of powers)，築起保守而反動的體制，這稱為維也納體制。

　　英國在 1815 年滑鐵盧之役，完全的擊敗拿破崙之後，國內雖然恢復了和平，但仍舊屬行保守反動政治。由於拿破崙戰爭的終結，物價開始降落，但是外國市場購買力減少，企業和銀行破產，農業不景氣，工資降低，勞工失業，使英國陷入經濟的大恐慌時代。1815 年制定《穀物法》(Corn Bill)，規定當小麥的價格在四分之一噸裝 (a quarter) 一袋八十先令以下時，禁止進口，以提高穀物的價格。《穀物法》除了地主和農業資本家之外，每個人都恨之入骨。1816 年議會廢止所得稅，但這成為間接稅的增徵，對高所得者有利，對低所得的貧民則變成增加負擔。於是罕特 (Leigh Hunt, 1784～1859)、柯貝特 (William Cobbett, 1763～1835) 等

激進派的政治評論家，提倡停止國債的止付和議會改革，而展開政治運
動，使工業地區興起大規模的勞工運動。英國政府於 1817 年停止《人身
保護法》，並制定《禁止妨害治安集會法》，將一切集會交由治安法官監
督，嚴厲的處罰叛逆性或煽動性的言論，逮捕多數的急進主義者。但是
1818 年，在蘭開夏和約克夏等纖維工業地區，還是興起大罷工運動，政
府即以武力鎮壓。1819 年 8 月，在曼徹斯特的聖比得 (St. Peter) 廣場，
有八萬人為議會改革集會，當罕特上臺演講時，政府即以武力鎮壓，逮
捕罕特等，而造成十二人死亡、數百人受傷的「曼徹斯特大屠殺事件」
(Manchester Massacre)。隨後又發佈《維持治安六法》(*Six Acts*)，加強鎮
壓的手段。內容包括：一、讓治安法官對不軌行為者有速決處分的權限；
二、禁止民眾練習使用武器及軍事訓練；三、加強取締和處罰褻瀆性和
煽動性的誹謗文書；四、授權給治安法官搜查私宅沒收武器的權限；五、
對某些刊物的發行課徵新聞稅，以規制刊物濫用褻瀆性和煽動性的文字；
六、更有效的限制在戶外的煽動性集會和會議。產業革命的結果，英國
的勞工階級似乎沒有得到什麼利益。

　　英國著名的史學家阿諾・湯恩比 (Arnold Toynbee, 1852～1883)，在
其 《十八世紀英國產業革命講義》 (*Lectures on the Industrial Revolution
of the Eighteenth Century in England*, 1884) 說，以 1760 年為界，英國經
濟史有激烈的變化，由於英國人發明新生產技術，從事自由競爭，大大
的增加了國富，然而勞工階級反而有貧窮化的現象。阿諾・湯恩比是現
代英國史學大家湯恩比 (Arnold Joseph Toynbee, 1889～1975) 的伯父，他
從英國經濟史的非連續性，而創立 「產業革命」 (Industrial Revolution,
1760～1830) 一詞，後來的史家雖然大抵接受「產業革命」的史觀，但
是也有人批評他將英國的勞工階級描寫得太暗淡，而陷於一種悲觀論。
例如英國的經濟史學者克拉班 (John Harold Clapham, 1873～1946)，以數

量的研究方法著《近代英國經濟史》(*An Economic History of Modern Britain*, 1926)，說明英國社會經濟變化過程的緩慢性，主張英國勞工階級的生活是不斷提高的。在理論上，一方面以歷史變化的連續性來反駁革命的斷絕性，而另一方面對勞工大眾的生活也抱比較樂觀的態度。

　　阿諾・湯恩比和克拉班雖然見解不同，但是都將產業革命的起因，求諸於國內農業和商業為主的傳統社會，因導入新的生產技術和生產方法，而轉移到近代的產業社會。換言之，都有注重內因而忽略外因的傾向。然而，外地殖民地的剝削，確實是內地經濟發展的重大推動力。試以在產業革命期間 1801 年的合併愛爾蘭，來證明這種看法的可徵性。

　　1707 年蘇格蘭議會和英格蘭議會合併，成立大不列顛王國，這時愛爾蘭人也熱心合併，然而盎格魯薩克遜人堅決的拒絕接受愛爾蘭的合併，不准其取得跟蘇格蘭同等的地位。

　　愛爾蘭人是以被盎格魯薩克遜人征服的凱爾特人為主要的構成分子，信仰羅馬天主教。人種不同，宗教亦不同，這雖然是阻礙其合併的原因之一，但更重要的是經濟上的理由。試看蘇格蘭，北部也有很多凱爾特人，宗教則信仰長老教會派的多，但是在歷史上，如斯圖亞特王朝也有蘇格蘭人當英王的，這種政治上的淵源，也許是准許蘇格蘭合併的原因之一。

　　盎格魯薩克遜人，從手工業時代，就排斥愛爾蘭人經營工商業。因為愛爾蘭人一直是英格蘭工商業的主要顧客，如果愛爾蘭人一旦放棄農業轉為工商業，以凱爾特人的勤勉和節儉，不久一定會威脅到盎格魯薩克遜人的產業。從十四世紀以來，盎格魯薩克遜人努力在歐洲大陸築起工商業的基礎，為了確保在國內的工商業基礎，自然希望愛爾蘭人跟歐洲大陸各民族一樣，停滯為商品的消費者，因此深恐愛爾蘭人放棄農業轉為工商業。

　　盎格魯薩克遜人不准愛爾蘭合併，但是英國議會享有施行於愛爾蘭的法律的制定權，這些法律的內容，用意都在妨害愛爾蘭工商業的發達，迫使愛爾蘭停滯於經濟蕭條的農村。愛爾蘭雖然也設置議會，但是這議會沒有一個代表愛爾蘭利益的議員，大多數議員都是英格蘭派遣來的駐軍的代表。

　　英國對愛爾蘭人所施行的法律當中，最自私而殘酷的，莫過於為保護英格蘭工商業而設定的關稅限制。愛爾蘭人依此法律，對從英國本國輸入的商品，不可以課跟英國本國同率的關稅，對有些商品則規定完全不准課稅。英國的工商業者即能傾銷其商品，大賺利潤。

　　儘管愛爾蘭受英國本土無情的剝削，其工商業還是緩慢地、漸漸地發展。因為凱爾特人的本性是非常勤勉節儉，雖然被英國的不平等關稅壓迫，還是粗衣粗食累積資本，發展其經濟，並以心傳心排斥英國的商品而愛用本地貨。

　　1775 年，北美洲爆發獨立戰爭時，有很多愛爾蘭的子弟，因不堪英國駐軍的壓迫，放棄鄉土移居美洲，他們奮起加入獨立革命軍的行列，在英軍的鎗林彈雨之下最勇敢的戰鬥。美國獨立的成功，愛爾蘭人奮勇戰鬥的功勞是不可埋沒的。

　　英國對愛爾蘭人的離叛，至此才大為驚慌。1783 年訂立《巴黎條約》，英國和法國、西班牙講和，承認美利堅合眾國的獨立之外，又基於愛爾蘭人的要求，改革議會制度，使愛爾蘭的議會能夠代表愛爾蘭人的意見。愛爾蘭議會從 1785 年以來，誠心誠意的作成決議案，送到本國議會，謀求大不列顛王國和愛爾蘭的共同繁榮。然而本國議會的工商鉅子代表們，冷酷的不加以理會，使愛爾蘭人心底充滿了憤怒和悲哀。

　　1801 年在小庇特當政的末年，英國突然准許愛爾蘭合併。這時候英國本土和愛爾蘭之間，經濟發展有很大的落差，合併是對愛爾蘭經濟的

無情痛擊。如果在 1707 年大不列顛王國成立之際，准許愛爾蘭合併，則愛爾蘭也成為大英帝國的重要構成分子之一，同樣的成為工業化的國家，享受工業化的餘惠。然而當時不准合併，以法律差別兩地之間的經濟生活約達一個世紀之後，現在忽然准許合併，撤廢關稅制度，使愛爾蘭人辛勤培養起來的弱小工業，被英國冠於全世界的大工業不堪一擊的摧毀。當時兩國之間的經濟差距，猶如百年之間儲蓄的經濟洪水，兩國的合併等於是水壩的洩洪，滔滔的沖入愛爾蘭，破壞愛爾蘭的經濟無遺。這時在愛爾蘭北部如阿爾斯特 (Ulster) 地方，喘息成長的愛爾蘭工廠，由於合併而紛紛倒閉，剩下來的都是完全寂涼的農村，遺留在大英帝國的繁榮之外。

從 1830 年起，英國進入自由主義經濟的時代。然而一個大機械工業國，和純粹的農業國，隔著一衣帶水的愛爾蘭海峽，以工業產品和農業產品不等價交換 (unequal value exchange) 時，不用說農業國方面必定會遭遇到饑荒和疫病。從 1830 年代開始，愛爾蘭即頻頻遭受饑饉和疫病的侵襲，這能說是英國的產業革命所帶來的「厄運」吧！英國的勞工階級比起愛爾蘭，不知要幸福多少倍。

在政治史方面，與產業革命的進行並行，從 1770 年左右，政黨政治亦從個人黨派的時代轉移為政治黨派的時代，換言之，到產業革命期，英國的現代政黨 (modern political parties) 才開始創立。因為東印度公司的問題，美洲殖民地的反抗和獨立運動，維克斯為首的激進主義的抬頭，法國大革命的影響，倫敦金融界的反政府活動的激化等，一連串的產生政治上的論爭問題。1770 年柏克刊行《對現在不滿的原因的考察》(*Thoughts on the Cause of the Present Discontents*, 1770) 的冊子，正當化政黨的價值，在理論上幫助羅京安派輝格黨 (Rockingham Whigs) 形成一個有結合力的議會反對黨，他強調黨派不應該只是為獲得官職的派閥，應

該是以公共問題為共同信條的一個光榮的結合團體。於是 1780 年以後，站在反對黨地位的輝格黨，逐漸加強了政黨的組織。亦即開始經常的徵收政黨專用資金，設立有專任薪俸幹部的政黨中央事務局，創立「黨鞭」(party whip) 制度。如此，政治問題的爭論，政黨理論的建立，政黨組織的齊備，是使政黨從個人為中心結合的「派閥」(faction)，轉變為有黨教條，有黨組織的「現代政黨」。但是現代政黨的完全實現，還要等到 1867 年，第二次《選舉權修改法》以後，在此之前的只是一種過渡的形態。

Chapter 12

自由主義

── 弱肉強食的殖民政策

(1830～1870)

　　率先完成產業革命而成為工業國的英國，在海外成為世界市場的霸
者，在國內則有迅速成長的中產階級，其最基本的理念是自由主義。從
歷史概念來論，自由主義是與專制主義對立的理念，是市民革命後，中
產階級在政治上爭取民主的參政權，在經濟上爭取平等的自由競爭，在
社會上追求個人的解放，確立個人的地位。

　　在十九世紀前半葉，自由主義是要推翻意圖恢復舊秩序的保守主義。
由於產業革命的結果，使中產階級的勢力壯大，經過《選舉法》的修改，
漸漸的取得政治的領導權，但是這時候英國又開始展開大規模的勞工運
動，自由主義出現新的對敵。自由主義在對外方面，表現為自由貿易主
義，在海外追求殖民地市場。當然殖民地方面也為了反抗異民族的支配，
興起民族獨立運動爭取自由。

　　英國到了 1820 年代，從拿破崙戰爭後的經濟不景氣恢復了生意，工
商業繁榮，貿易興盛，海外移民增加，勞工運動也放棄激進的暴力方式，
改為議會改革請願的方向。於是托利黨之中，也漸漸的興起一股勢力，
認為高壓方式的反動政治已經不合時宜，托利黨政府必須改採比較溫和
的統治政策。

　　從 1760 年到 1830 年的產業革命時期，是托利黨掌政的時代，於是

議會政治不可避免的變成托利黨內的派閥鬥爭。雖然托利黨統合上層階級的各派閥，但並不是平等對待。托利黨中當政的是地主貴族、城市大富商、金融寡頭，然而產業資本家仍舊被排斥於政治權力之外。當 1815 年結束了拿破崙戰爭而不再有外來的威脅時，《穀物法》的制定第一次引起托利黨內部的大分裂。因為從產業資本家的利益來看，這明明是犧牲他們的利益給地主貴族們。這時候，在野的輝格黨以新的面目出現。在十八世紀，輝格黨是貴族和商人的代表，而到十九世紀，輝格黨自稱為「自由主義者」，代表產業資本家和大都市的中產階級。

1822 年外相卡斯列利 (Viscount Castlereagh, 1769～1822) 去世，他是領導英國的對拿破崙外交，而維護維也納體制的反動政治家。這時候正是自由貿易論沸騰，議會改革論喧嘩的時代。於是由甘寧 (George Canning, 1770～1827) 所領導的一群自由主義者，包括哈斯奇遜 (William Huskisson, 1770～1830)、亨利・天普 (Henry John Temple, 1784～1865)、皮爾 (Robert Peel, 1788～1850)……以及其他溫和的托利黨員漸漸出頭。他們時常覺得與托利黨的上層人物亞瑟・魏斯利 (Arthur Wellesley, 1769～1852)、約翰・史考特 (John Scott, 1751～1838) 等意見衝突。他們認為以《維持治安六法》等高壓的手段，將來一定不很有效，應該以比較自由的措施來加強國家機構。在 1822 年就任內相的皮爾（在職 1822～1827）完成了警察制度，先行修改刑法，接著先在倫敦設立新的警察力，然後漸漸的推行到各地。

從政治目的來看，警察可以增加國家的權力，而沒有像使用義勇兵或常備軍那樣容易引起內部的騷亂。同時 1820 年以後，激進派的政治活動也衰微，使對出版物的檢查可以放鬆，並且也可以從激進派和勞工組織撤出許多偵察員和挑撥離間的工作人員。現在顯然是避免挑撥騷動讓其平靜方屬上策。1824 年《廢止結社禁止法》(*Repeal of the Combination*

Acts)，也同樣的得到好的效果，因為如果一直把工會當做非法組織，每一工會都可能是陰謀造反的地方，將其合法化之後，工會的偵察監視也不需要了。

　　同樣的對外貿易方面，1823 年就任貿易局總裁的哈斯奇遜，也修改關稅的纏結，這是法令因保護政策或增加歲收而設的障礙。在早期的階段，保護政策是需要的，可是現在企業家覺得很厭煩，因為看不到競爭的強敵需要國家保護，他們只是希望生產越便宜銷售越廣大越好。哈斯奇遜廢止一些關稅的品目，稅率也減低為一般數目，漸漸的從保護政策過渡到將來的全面開放自由貿易。自從美國獨立以後，哈斯奇遜對殖民地的商業價值，比一般的人有高見，他可以說是自由帝國主義派 (School of Liberal Imperialism) 之父。另外，《航海法》也相當的修改，使原料的進口儘量便宜，而朝自由貿易的方向前進。

　　1822 年甘寧當外相以後，外交政策也修改為自由主義路線。自從 1815 年維也納會議之後，英國不太情願的跟隨俄帝亞歷山大一世（Alexander I，在位 1801～1825）所提倡的神聖同盟，充當歐洲反動勢力的警衛，但並不積極的參加其活動。到了 1822 年，革命運動的即刻危險性已經消失，從英國政府的觀點看，危險反而轉變為俄國、奧地利、普魯士的永久支配歐洲。甘寧因此想恢復舊的權力均衡的原則，尋求跟現在已經由波旁 (Bourbon) 王室復辟的法國和解，並想在民主革命運動爆發的西班牙參與鎮壓工作。不過甘寧並沒有干預西班牙，只是派兵去干涉不要延伸到葡萄牙而已，並且讓人了解英國絕不容忍他國在南美洲有任何干擾。因為在南美洲，英國的利益是直接的，而且是相當重大的。

　　在美洲的西班牙殖民地，當拿破崙戰爭時期，由於美國海軍的封鎖，幾乎與歐洲列強隔離。自從 1815 年以後，在美洲殖民地有一連串的戰爭發生，可是西班牙一直不能重新建立起有效的控制力。對英國的商人們

來說，現在南美洲變成一個很重要的市場，所以用貸款資助南美洲的叛亂分子。在委內瑞拉獨立運動的首領包利瓦 (Simón Bolívar, 1783～1830)之下，英國派六千名志願軍助戰。英國的海軍軍官古柯蘭 (Thomas Cochrane, 1775～1860) 從 1819 年到 1825 年之間，也充當祕魯、智利、巴西的海軍司令官，幫助獨立戰爭。這是為開拓和確保市場，而英國在 1826 年連續承認中南美各國的獨立。因此甘寧的自由主義，說穿了，是代表英國的商人，不願意他們在中南美洲市場獲得的貿易獨佔利益，又從他們的手中溜走。

再說，英國在 1825 年到 1827 年援助希臘，向土耳其造反爭取獨立。甘寧認清奧地利和俄國在此地的利益是對立的，英國介入希臘的目的，是要促使神聖同盟分裂。所以甘寧小心翼翼的介入，不讓俄國加強其在巴爾幹半島的地位，也不讓俄國進入黑海沿岸到達君士坦丁堡。所以當英、法、俄艦隊在 1827 年於那瓦里諾 (Navarino) 擊敗土耳其軍隊時，英國和法國即小心的合作，讓新成立的希臘國家不在俄國的控制之下。這可以說是對維也納反動體制的一個抵抗。

1827 年托利黨首相利物浦 （Lord Liverpool，在職 1812～1827） 去世，他雖然是沒多大作為，但在世時還可以緩和甘寧派和威靈頓派的公開鬥爭。由於他的死，托利黨就赤裸裸的分裂了。1827 年甘寧繼任首相，當然是以自己的黨派和輝格黨的同路人組閣，令托利黨的上層分子成為反對黨。但是甘寧只當了六個月的首相，也於同年去世。經過一小段混亂後，1828 年威靈頓出來組閣，甘寧派的繼承領導者哈斯奇遜就立刻辭職了。威靈頓上臺之後，就面臨了要進行內戰或同意愛爾蘭天主教徒解放的抉擇。他不能抗拒自由主義思潮，廢止《審查法》停止對非國教徒的歧視，1829 年發佈《天主教徒解放法》 (*Roman Catholic Emancipation Act*)。他明知道從托利黨高階層所支持的國教會的立場來

看，天主教徒的解放是不可原諒的劣績。由天主教徒的解放，托利黨完全分裂為保守派和進步派。1830 年大選，輝格黨勝利，托利黨約達七十年的掌政崩潰。這是甘寧派的托利黨加入輝格黨的陣營，不是輝格黨徒加入甘寧派的托利黨。因為輝格黨現在與新興工商階級提攜而代表其利益，成為主張議會改革和《選舉法》修改的進步政黨，而自由主義成為時代的潮流。

乘自由主義的風潮當政的輝格黨，第一件從事的大改革，就是 1832 年的《選舉法》修改。英國的選舉區，自十七世紀的人口調查以來沒有變更，然而從 1760 年產業革命以後，由於人口的成長和人口分佈的大變動，在工業地區出現擁有龐大人口的大都市，而在這新興的大都市如曼徹斯特、伯明罕 (Birmingham)、里芝 (Leeds)、雪非耳 (Sheffield) 等，沒有一名的議員代表。相反的在農村方面，由於第二次圈地運動的盛行，小土地所有者沒落，擁有選舉權的四十先令自由土地保有農民，幾乎被驅逐殆盡，於是壟斷土地的地主就變成選民，而在這人口稀少的地區有公然賄選的行為，而構成「腐敗選區」(rotten boroughs)，或貴族土豪任意指定議員而成為尸位素餐的 「任命選區」 (nomination boroughs)。 因此，議會被譏稱為「地主議會」，連輝格黨也有濃厚的地主政黨色彩，而與托利黨相差不多，俱有地主貴族寡頭制的性格。

《選舉法》修改和議會改革的要求，最先是勞工階級所提出的，在 1819 年勞工和軍隊的大規模衝突而演出的 「曼徹斯特大屠殺事件」，才促使政黨政治家推行改革運動 。 輝格黨的羅素 (John Russell, 1792～1878)，從此在 1819 年、1821 年、1822 年、1826 年，提出四次的議會改革動議，但都被議會否決。當 1832 年 3 月，輝格黨內閣率領第一次《選舉法》修改，使羅素所起草的法案在下院通過之後，上院還是一直拒絕接受。4 月 21 日，在伯明罕約有十五萬人的政治團體大集會抗議上

院，倫敦亦有大規模的示威，各地的請願書如雪片飛來，威靈頓和主教們的住宅窗戶被投石破壞，世情騷然。首相格雷（Charles Grey，在職1830～1834）要求國王任命新貴族以削減上院的保守勢力，國王拒絕，5月內閣總辭。但是托利黨的威靈頓，亦不能得到同黨的支持而組閣失敗。大臣們再建議國王考慮任命新貴族，國王示意反對派的貴族，如果繼續拒絕《選舉法》修改法案，將同意任命足夠的新貴族以便使法案通過。上院佔多數的托利黨，到此不得不讓步，6月7日通過了《選舉權修改法》(Reform Act)。

《選舉法》修改的結果，規定選舉權的資格為在市區每年擁有十鎊以上價值的房主和租屋者，在鄉區則一年有十鎊價值的謄本土地保有者和長期租地者 (leaseholders)，以及每年付五十鎊地租的短期租地者 (freeholders) 和佃農 (tenants-at-will)。於是有五十六個「腐敗選區」或「任命選區」被削除，三十六個選區限制只能選出一名議席，將其議席分配到人口密集的倫敦等大都市和新興都市去。

第一次《選舉法》修改的意圖，一方面在削除都市選區的選舉權，另一方面指定工業地帶的大都市為選區，以便與各州的選區分離。換言之，修改《選舉法》的目的，在於把不斷擴大的都市對政治的影響力，以人為的制度修改而封鎖於都市區域內，讓傳統的農業地區更鞏固的保留為地主階級的政治地盤。

然而勞工階級仍被排斥在選舉權之外。在一千四百萬成人人口之中，有選舉權者僅從約二十二萬增加到約六十七萬而已。但是其重要性，在於向產業資本家和中產階級開放政權的道路，成為自由黨的群眾基礎，在十九世紀中葉掌握政權。從1830年到1885年的五十五年間，有九次輝格黨和自由黨組閣，掌權約四十一年，而六次掌權的托利黨僅掌權十四年。托利黨之所以能當政，還必須執行自由主義的政策，例如1846年

的《穀物法》廢止，1867 年的第二次《選舉法》修改。

　　1832 年的《選舉法》，也改變了下院、上院和國王的政治勢力。下院從上院奪得更多的權力，下院現在可以趾高氣昂的說他們比貴族寡頭更代表民意，而且腐敗選區的廢止又剝奪了貴族控制下院議員的能力。同樣的，國王也喪失了直接干預議會政治的最後手段。由於任免貴族權和鬻售貴族權的受限制，國王在下院也喪失了聽話的人。從此，國王的影響力必須祕密而間接的行使，只能私自與國內的統治階層和國外的元首接觸。從此國王的權力，好像變成在國外比國內更有作為了。在勞工階級方面，因為被排除在選舉權之外，甚感失望。從此，大眾運動就從議會政治，轉移到革命性的勞工組織運動了。

　　由於勞工運動的成長，1833 年制定《工廠法》(Factory Act) 以適應大英帝國內的奴隸廢止。奴隸貿易和奴隸制是重商主義時代的特徵之一，隨著產業革命的進行，工廠的設立需要大量的勞工，而奴隸制與出賣勞力的自由契約，以及其根本的自由貿易和自由競爭的原理衝突。所以十八世紀末以來，英國的所謂「人道主義」貴族韋爾伯佛思等所推行的禁止奴隸貿易運動，在 1807 年得以實現，議會廢止《奴隸貿易法》。但是要真正的實行此法，必須徹底的廢止奴隸。1823 年成立的「反對奴隸制協會」努力運動的結果，在 1832 年《選舉法》修改之後，1833 年才制定《奴隸解放法》(Slavery Abolition Act)，以償付奴隸主賠償費的方式，到 1838 年實施。因為奴隸貿易和奴隸制的廢止，從前在帝國領域內居重要地位的西印度群島、非洲西海岸等殖民地，其經濟利益的比重也就變小了。

　　輝格政府為了解決財政困難，諷刺地在 1834 年公佈《救貧新法》(Poor Law Amendment Act)。在 1815 年的六千七百五十萬鎊歲收之中，約二千五百五十萬鎊是直接稅，包括約一千四百萬餘鎊的所得稅。在拿

破崙戰爭後的不景氣中，中產階級獲得了所得稅的廢除，於是在 1831 年的四千七百萬鎊歲收之中，只有一千一百五十萬鎊是來自直接稅。這數目只夠償付國債利息的五分之二。所以當時國庫收支不均衡，而人民大眾的稅負擔也是非常不公平。在地方上，舊的《救貧法》漸漸的不適合工業社會所需，使許多教區幾乎破產。在 1820 年代，救貧稅率曾降低到四百五十萬鎊之譜，但是在 1831～1832 會計年度又升到七百萬鎊之多。舊的救貧制度不但浪費，而且對工業化和廉價勞工的提供構成障礙。因為產業革命以來，手工織布者和各種小手工匠一直絕望性的抵抗，不肯到工廠來作工，一年又一年，他們的所得降低到全週工作尚不能賺取五、六先令，甚至要靠《救貧法》的補助。因為這是在飢餓線上的工資，使手工織布者、失業者或偶而被農場雇用的臨時工等，都在戶外挨餓。

　　1834 年的《救貧新法》規定，任何人要接受救貧必須居住在貧民習藝所 (workhouse) 內。如此，《救貧法》用廢止戶外救濟的方式，讓貧民在工廠和貧民習藝所之間選擇其一，使利潤很高的工廠帶來了勞工。在舊救貧制度之下，貧民習藝所如同監獄，收容年老的、無工作能力的、年幼的小孩，他們只是無人扶助不能抵抗的監禁在那裡。1834 年陰險的救貧委員會，將許多分立於各教區的貧民習藝所聯合起來，重建為數個教區聯合的大貧民習藝所，更令人感到這是一個卑賤而慘酷的地方。家庭被破壞，伙食壞又少，強制的工作是下賤而無聊的，例如撿麻絮或碎石等工作。由於「救貧法習藝所」(Poor Law bastilles) 的威脅作用，在 1830 年代末，救貧稅率降到四百萬至四百五十萬鎊之間。

　　其實《救貧法》的產生，與地方自治的改革有密切的關係。英國自中世紀以來，地方政府是由國王的地方行政官職「治安法官」獨裁掌管，而擔任治安法官的人選，大都是當地的鄉紳。1835 年在英格蘭和威爾斯發佈《地方自治體法》(*Municipal Corporations Act*)，將倫敦以外的一切

都市改革，組織為劃一的地方自治都市，此地方自治團體由市長
(mayor)、市參事會員 (aldermen)、市民 (burgesses) 所組成。於是地方自
治團體的都市 (municipal borough) 和下院議員選舉區的都市
(parliamentary borough) 分開，後者只是選舉區而已。從此除了倫敦以
外，一切英格蘭的大都市，皆由繳納地方稅者及其代表所選出的人構成
自治團體，賦予有關地方上的各種執行權限。這使輝格黨的中產階級，
支配了大多數的大都市。至於鄉區，則仍留在托利黨的地方鄉紳手中支
配，直到 1888 年制定《地方行政法》(*Local Government Act*)，才創設郡
議會 (county councils)，模仿都市的組織，增設地方自治機關。地方行政
機關的這種雙重結果，使鄉區地主們在產業資本的高潮期，尚能有能力
為《穀物法》的延續繼續鬥爭。所以當時在議會的二黨政治，正反映了
產業資本家與地方地主的不同和對抗。

　　除了配合著《救貧法》將多數的窮人釋放為廉價的勞工，還必須撤
廢妨礙自由貿易的障礙《穀物法》。1815 年制定的《穀物法》帶來了穀
物價格的昂貴，其目的在保護地主和農業資本家的利益。這不但使貧窮
的勞工生活痛苦不堪，就是資本家也抱怨引起商品成本的提高，跟外國
商品競爭不利，而極力反對。1838 年以曼徹斯特為中心的自由貿易論者
柯布敦 (Richard Cobden, 1804～1865)、勃萊特 (John Bright, 1811～1889)
等，組織反《穀物法》同盟，展開有力的宣傳活動，主張《穀物法》的
撤廢可以使糧食價格便宜，伸張外國貿易，增加勞動需要，促使工資上
升。1839～1842 年鴉片戰爭 (Opium War)，皮爾內閣於 1842 年順從輿
論，將《穀物法》修改為小麥的價格在四分之一噸裝一袋五十一先令以
下時，進口關稅為二十先令。但是反《穀物法》同盟不肯罷休，繼續要
求完全廢除。1845～1849 年間，愛爾蘭歉收而大饑饉，勞工多數急切的
往海外移民。1846 年皮爾首相終於向議會提出《穀物法》廢止案，壓迫

同黨的反對意見，使議案通過。從 1846 年到 1849 年，又漸次廢止關稅、廢止《航海法》、排除重商主義的種種限制。從此，英國全面的開放自由貿易之路。如此，從外國進口的小麥增加以後，蘭開夏棉紡織品的出口，也從 1843 年的十四萬一千鎊增加到 1854 年的一百萬鎊。

在另一方面，從 1830 年開始鐵路時代，或稱為第二次產業革命的時代。鐵路可迅速而廉價的運送糧食，同樣的可以迅速而廉價的運送勞工。從 1834 年到 1836 年之間，鐵路興建募集了七千萬鎊資金，人們開始熱中於鐵路股票和土地的投機事業。到了 1843 年，鐵路延長達一千九百哩。從 1845 年到 1847 年的三年間，更是鐵路狂熱時代，議會通過的鐵路建設公司有五百七十八家，預定興建鐵路八千五百九十二哩，資金達二億二百七十四萬鎊。鐵路網的建設，使英國成立統一的國民經濟體，促進其他產業的發達。1830 年的鐵塊生產量是六十七萬八千噸，1852 年則增為二百七十萬一千噸。煤的生產也是從 1800 年的一千萬噸增加到 1865 年的一億噸。

英國不但為本國建築鐵路，由於龐大的利潤所驅，也為全世界各國，特別是其殖民地或半殖民地建築鐵路。這時，鐵路不再是由英國的承包商建築，而是由倫敦金融界的貸款建築。從此英國的商業亦進入一個新的局面。到 1850 年為止，出口的主要是消費物品，特別是棉紡織品，但從 1850 年以後，英國大量的出口鐵製品、鐵軌、機關車、貨車以及各種機器到海外。自從生產手段的機器開始輸出以後，英國產業資本的重心地，也從曼徹斯特逐漸移到伯明罕。由於產業資本主義的發達，英國宛若成為「世界工廠」，而殖民地在經濟上，則成為原料的產地和工業製品的市場。

在這自由主義時代的外交政策，可以由亨利・天普（帕麥爾斯頓子爵，3rd Viscount Palmerston，1859～1865 任首相）的外交為代表。他本

來是托利黨，在 1822 年加入甘寧派，從 1830 年轉為輝格黨內閣任外相起，到 1865 年首相任期中死亡為止，在英國資本主義的黃金時代，擔任約三十五年的外交及國家的最高決策。他在內政方面是屬於輝格黨最反動的部分（1852～1855 內相），在外交方面則享有無條件「自由主義」派的名聲。但是我們可以了解「帕麥爾斯頓外交」的根本目的，在為英國資本主義擴張世界市場，確保原料資源，和開拓海外的商品和投資的市場。因此其外交政策，是以英國在拿破崙戰爭所確立的所向無敵的海軍霸權為後盾，在歐洲大陸儘量避免與列強有任何嚴重的糾纏，英國的影響力僅用於阻止任何強國取得優越的地位，而維持歐洲列強的勢力均衡。對越強大的國家，則縝密周詳的慎重考慮，對弱小的國家，只要認為恐嚇就能帶來利潤，就用威脅欺凌的方法。在東洋則開拓未開市場，以經濟力滲透到遠東來。

　　1830 年英國援助比利時從荷蘭獨立，以削弱荷蘭的勢力。1833 年俄國和土耳其締約，禁止各國軍艦通過達達尼爾海峽時，英國即與法國合作迫使俄國放棄，並乘機佔領阿拉伯西南部的亞丁 (Aden)，掌握紅海的支配權。在 1831～1841 年的埃及事件，英國巧妙的反擊俄國的南下政策和法國的東方政策，而使英國在東地中海保持優越的地位。另一方面，英國也鼓動俄國統治下的波蘭人起來造反，波蘭人也期待著英國的援助，但是英國最後出賣他們，正如 1864 年鼓動丹麥人起來造反而又出賣他們同出一轍。英國在 1848 年也允諾俄國派遣軍隊鎮壓匈牙利的革命。英國之所以援助義大利的統一，是在削弱奧地利的勢力，間接的加強俄國的勢力。1851 年當拿破崙三世（Napoleon III of France，在位 1852/1854～1870）政變取得政權，急急忙忙給予承認的也是帕麥爾斯頓。

　　帕麥爾斯頓外交的基本原理是「弱肉強食」，這可以從 1839 年的鴉片戰爭和 1856 年的第二次鴉片戰爭得到例證。

乾隆接見馬戞爾尼

在十八世紀中葉，中國禁止基督教，同時對外貿易也限制僅廣州許可貿易。這時候，代替幾乎壟斷中國貿易的葡萄牙人而來的，是英國的東印度公司，從中國購買茶葉和絲綢到歐洲，又將其毛織品和印度的棉花輸出到中國，其貿易差額部分即以現金支付。然而十八世紀以來，歐洲對茶的需要不斷增加，使英國對中國的貿易逐漸陷入入超。為了輸入茶葉，必須將多量的銀幣流到中國，結果甚至使英國本土引起物價上漲。特別是中國所指定的貿易機關「公行」的存在，使英國人痛感這是對中國輸出商品的最大障礙。英國為了打開此障礙，在 1793 年和 1816 年二次派遣馬戞爾尼 (George Macartney, 1737～1806) 等使節團到中國，向乾隆皇帝要求擴大貿易，但都被拒絕而沒有成功。

在英國本土上，因為產業革命的進展，對開拓海外市場的要求也漸漸高漲起來。棉製品生產中心地曼徹斯特，興起自由貿易運動之後，最先要求廢止貿易的壟斷權。1813 年廢止東印度公司除了茶以外的對印度貿易的壟斷權，但是東印度公司仍享有對中國的貿易壟斷權，而英國的產業資本，自然的將對中國的輸出不振，歸因於東印度公司，而加以激烈的抨擊。這時候，英國對中國貿易出現有力的競爭者——美國。美國本來是反抗英國的茶葉貿易壟斷而遂行獨立革命，所以美國商人自然堅持自由貿易主義，利用法國大革命及其後拿破崙戰爭的歐洲混亂期，漸漸進入東洋市場，對中國貿易則成為繼英國之後的第二位地位。

　　東印度公司在這內外夾攻的情勢下，想以鴉片貿易打開局面，將印度產的鴉片輸出中國，而收到意料之外的成功。於是英國即以本國的商品輸出到印度，將印度的鴉片輸出到中國，從中國運走茶葉和絲綢到本國，完成了三角貿易的體系，漸漸脫卻過去貿易入超的不利局面。

　　英國接著為了對抗美國的自由貿易，使貿易更有利的擴大，於 1833 年廢止東印度公司對東洋貿易的壟斷權，將對中國貿易開放給各廠商自由競爭。從此，英國將過去的片面貿易倒轉，只要輸出鴉片到中國，即能獲得茶絹以外的大量銀幣。換言之，這是以印度產的鴉片掠奪中國的銀幣。

　　但在中國方面，由於鴉片貿易銀幣流出國外，物價高漲，民不聊生，其弊害漸漸的成為嚴重的社會問題。清廷在 1800 年即禁止鴉片的輸入，但是不發生效果，英商的鴉片走私入口，年年增加數目。清廷終於在 1839 年，派遣林則徐到廣東查辦，沒收並燒毀英商的鴉片，並嚴禁其通商。英國即以其優越的海軍訴之於武力，而釀成鴉片戰爭。結果清軍戰敗，1842 年訂立《南京條約》，割讓香港，開放五口通商，廢止公行等，讓英國實現其所謂「自由貿易」。第二年，在《南京條約》追加治外法權和最惠國待遇，迫使中國跨入殖民地化的第一步。美國和法國見英國獲得大利，怎肯罷休，於 1844 年分別與清廷締結《中美望廈條約》和《中法黃埔條約》，攫得與英國同樣的地位。法國並迫使清朝承認 1724 年以來所禁止的羅馬天主教的傳教自由。

　　《南京條約》成立後，英國的對中國貿易增加，但是對中國貿易還是感到受種種限制，英國以及其他列強屢次壓迫清廷修改條約，但是清廷不肯答應，連五口通商的實施都因中國民眾的聯合抵制，不久英國對中國的貿易又開始停滯起來。結果，中英的外交關係再生齟齬，中國民眾的排外運動頻發。1856 年，在廣東港停泊中的英國船亞羅號 (Arrow)，

清廷官吏上艦檢查，而引起了侮辱國旗事件。英國即以此為藉口，策動進攻中國，攻擊廣州，而發生第二次鴉片戰爭。法國也以傳教士被殺害為理由，組織英法聯軍，侵入華北，迫使清廷在 1858 年和英法美俄締結《天津條約》，增加長江沿岸的開放商口。1860 年英法聯軍佔領北京，清廷不得已在同年締結《北京條約》，除再確認《南京條約》、《天津條約》之外，開口天津，割讓九龍給英國。俄國乘機以調停仲裁之功，強佔烏蘇里江以東的地方。英國因《南京條約》、《北京條約》而佔優勢，將其商品逐漸的滲透到中國內部，迫使中國日漸殖民地化。

帕麥爾斯頓外交的「弱肉強食」性格，也可以從 1858 年鎮壓印度的僱傭兵叛亂，以此為藉口制定《印度法案》，將印度變為名副其實的殖民地看出來。

當英國開始全力集中對印度貿易的十七世紀中葉，葡萄牙、荷蘭、法國的勢力也各自在印度沿岸地方擁有據點相抗拮，其中英國最大的敵人是法國。英、法兩國，乘著當時衰弱的蒙兀兒帝國混亂之際，各自懷柔土侯，推進殖民政策。英、法之爭，在十八世紀中葉的奧地利王位繼承戰爭以及七年戰爭時達到最高潮。英國當初在印度的形勢不利，後來由於東印度公司書記克萊武的活躍，在 1757 年普拉西之役取得勝利，終於築起印度殖民地領土支配的基礎。

隨著英國產業資本的進展，印度的殖民政策亦發生變化。普拉西之役以後，東印度公司從以前的貿易機關逐漸改變性格成為統治機關。1765 年東印度公司干涉蒙兀兒帝國的內政，奪取孟加拉以外二州的地租徵收權，而由克萊武當第一任孟加拉行政長官 (Governor of Bengal)。但是產業革命後成長的產業資本家，對東印度公司的貿易壟斷展開激烈的抨擊。當初東印度公司最大的收入，是壟斷印度產的棉紡織品，輸出本國賺取利潤，但是遭遇到本國棉紡織業者的反對，在議會即有產業資本

家起來攻擊東印度公司的壟斷貿易和政府的重商主義政策。結果，在1773 年制定《印度規制法》(*Act for the Regulation of India*)，將印度的統治權置於英國政府的監督下，並使孟加拉行政長官成為印度總督 (Governor-General of India)。1813 年廢止茶以外的貿易壟斷權，使英國商人自由進行印度貿易。如此東印度公司的功能逐漸減退，1833 年特許條令更新時，將公司的領土歸屬英王，停止東印度公司的商業活動，於是東印度公司便成為印度統治的代理者。

　　英國以其優越的軍事力，到十九世紀中葉，將北印度中央平原的各土侯國置於其支配下。於是英國廉價的棉紡織品，如奔流般輸入印度，將印度土著的手工業加以痛擊使之沒落。印度變成英國工業的重要原料及糧食的供給地，以及推銷英國製品的市場。印度的廣大土地，即化為棉花、黃麻、鴉片的栽培地。印度化為英國產業資本的近代殖民地之後，英國即著手改善印度的灌溉設施，整理鐵路以下的交通通信網等一連串的經濟政策。但是這是以英國在殖民地更有效的榨取利潤為目的，印度人的生活反而更窮困，特別是地租的壓迫益加嚴厲。結果，印度人對英國統治的反感加強，釀成了 1857～1858 年的僱傭兵叛亂 (Mutiny of Sepoys)。

　　Sepoy 本來是印度世襲階級 (caste) 之一的名稱，後來專指英國在印度雇用的傭兵。1857 年孟加拉的僱傭兵群起造反，迫使英軍自德里 (Delhi) 撤退，各地的僱傭兵亦呼應發展為大規模的叛亂。僱傭兵持有大砲或新式的小鎗，又得農民、手工業者以及一部分土侯支持，其勢力極為強大。但是敵不過有現代裝備的英軍，加上叛軍之間未能統一而發展為統一的國民軍，終歸失敗。

　　以帕麥爾斯頓為首相的英國政府，在 1858 年乘著僱傭兵叛亂之際，以蒙兀兒皇帝牽涉叛亂為理由驅逐皇帝，滅亡無實權的蒙兀兒帝國。同年，又乘機廢止東印度公司，將印度置於英國政府的直轄下。英國對印

維多利亞女王曾是英國史上在位
最久的君主，在她的統治下，英
國成為當時最強盛的日不落國。

度的政治經濟等機構，改組成為讓英國更
容易統治的殖民地，另一方面對印度社會
民族上、宗教上的分裂，則巧妙的保存而
加以利用，這就是所謂「分而治之」
(divide and rule) 的原則。1877 年成立印
度帝國而由維多利亞女王兼印度女皇
(Empress of India) 以後，就是分治的殖民
地統治法術。

　　帕麥爾斯頓外交，對於有色人種的殖
民地，主張自由貿易，開放為資本主義商
品推銷的市場，以武力將中國半殖民地
化，將印度及東南亞地區完全殖民地化，
嚴重破壞較落後的殖民地的經濟制度和
社會制度。但是在加拿大、澳大利亞等白人殖民地，為了保護其弱小產
業，不但不主張自由貿易，相反的要求保護關稅，課徵大英帝國的關稅。

　　英國的移民殖民地，由於汽船的發明變成大規模化。英國的海外移
民，在美國獨立戰爭後一時中斷，但隨著產業革命的進展，農民層的分
解，喪失土地者續增，又加上有多數的都市小市民沒落，而從 1830 年代
急速增加。從 1837 年起開始紐西蘭的殖民，1840 年澳大利亞的移民增
加到不能再稱這地方是罪犯的淵藪。另外，亦有很多移民到加拿大，也
有到美國建築鐵路的。在 1840 年左右，每年約有七萬人移民，到 1850
年代中期，由於澳大利亞和美洲加利福尼亞發現金礦，移民人數倍增。
特別是 1840 年代後半期，被英人地主奪取土地的愛爾蘭農民，也開始大
量流出海外。移民多數往加拿大、澳大利亞、紐西蘭、南非洲等，壓迫
當地土著，強奪土著的土地，逐漸擴大其領土。隨著移民的增加和其發

展，這些白人殖民地，開始對本國的政治或經濟政策感到不滿，於是
1837年發生加拿大的造反，1854年澳大利亞也起來造反。英國鑑於美國
獨立脫離的經驗，以及節省統治費用起見，漸漸的對這些白人殖民地採
取比較溫和的政策。英國的產業資本，雖然喜歡追求產業上或貿易上的
利潤，但是厭惡負擔此利潤以外的殖民地統治費和軍事費，主張改採將
此費用轉嫁給移民或當地人的政策。於是英國政府也就對這些白人殖民
地，採取允許自治或責任政治，而維繫跟本國結合關係的方針。1840年
公佈《加拿大統一法》，賦與加拿大自治權，成為自治殖民地，1867年依
《英領北美洲條例》，成立新的加拿大聯邦，成為大英帝國最初的自治領。

　　可見帕麥爾斯頓所表現的自由主義殖民地政策，是對強硬的白人寬
大，對柔弱的東洋人掠奪的一種「弱肉強食」的策略。1853～1856年的
克里米亞戰爭 (Crimean War)，也是殖民地掠奪戰爭的延長。

　　克里米亞戰爭的根本原因，是俄國想分割當時雄跨整個巴爾幹半島
的土耳其領土，企圖從黑海地帶進出多瑙河流域地方，再將其勢力延伸
到巴爾幹半島。1853年11月尼古拉一世（Nicholas I of Russia，在位
1825～1855）主政下的俄國，以保護土耳其境內的希臘正教徒的名義，
派艦隊擊滅土耳其往亞洲的艦隊，1854年英、法兩國合作派遣艦隊到黑
海，3月與土耳其同盟，向俄國宣戰。帕麥爾斯頓當政的英國之所以援
助土耳其，是怕俄國的勢力從黑海伸張到地中海來，拿破崙三世的法國
之所以站在土耳其這邊，是要保護土耳其的天主教徒，以要求巴勒斯坦
的聖地管理權，來維持自己在土耳其商業上的利益。1855年1月薩丁尼
亞亦參戰，這是為義大利的統一，想得法國支持。克里米亞戰爭表面上
的原因是為了保護聖地，以及土耳其境內的少數基督徒待遇問題，但是
戰爭爆發以前，英國已經跟俄國講好了，然後引誘土耳其拒絕之。這是
由英國駐君士坦丁堡大使列德克利夫子爵 (Stratford de Redcliffe, 1786～

1880)，祕密保證土耳其一旦遭俄國攻擊發生戰爭時，將給予軍事援助。俄國的戰敗，使其南下政策一時頓挫。英國是先進資本主義國，早完成國內市場而向世界市場進軍，俄國則殘留著濃厚的封建因素不能打開國內市場，反而向國外求其代償，所以成為跟英國對抗而最具威脅性的國家。十九世紀在世界上的列強對立，因此以英國和俄國為軸心。

　　英國在這自由主義時代，也是以壓倒性優越的海軍為背景，大大的擴張其領土。在這時代的初期，就為其海軍根據地和煤炭補給地，而奪海外的小領土或小殖民地。拿破崙戰爭後的 1814 年，獲得北海的海姑蘭島 (Heligoland)、地中海的馬爾他 (Malta) 島、西印度群島的托貝哥 (Tobago) 島、聖露西亞 (St. Lucia)、千里達 (Trinidad) 島、模里西斯 (Mauritius) 島、圭亞那 (Guiana) 和非洲南端的好望角 (Cape of Good Hope) 等。接著為了軍事上和商業上的目的，在 1819 年佔領新加坡 (Singapore)、1824 年取得麻六甲 (Malacca)、1833 年佔領南大西洋的福克蘭群島 (Falkland)、1839 年佔領阿拉伯西南部的亞丁、1842 年奪取香港、1860 年九龍等。征服領土最大的殖民地要算印度，從 1848 年由東印度公司征服旁遮普 (Punjab) 起，到 1856 年合併奧得 (Oudh) 王國而完成。東印度公司又二次遠征緬甸 (Burma) 的主要部分，及向印度周圍、東南亞、遠東進軍。1858 年，將印度和緬甸列入英國政府的直轄下。婆羅洲 (Borneo) 從 1840 年代起，西非則從 1860 年代起，以個人或殖民地公司的名義，擴大英國的領土。英國對這些非白人殖民地，強制栽培單一作物，阻礙其工業發展，在政治上則除白人之外不得享有自由權。

　　如此，橫跨全世界的大英帝國領土，在這自由主義時代建立其基礎，成為跟本國的產業有密切關係的大殖民地體制。大英帝國領域內，從前居重要地位的西印度群島、非洲西海岸，隨著奴隸貿易和奴隸制的禁止，比重減少，而將重點移到印度等東方來。

　　帕麥爾斯頓死於 1865 年 ， 他之死使輝格黨完全的蛻變成為自由黨
(Liberal Party)，從貴族地主的代表變成產業資本家的代表。1865 年繼任
首相的羅素，曾經支持皮爾的《穀物法廢止案》，也大力支持帕麥爾斯頓
的印度傭傭兵叛亂鎮壓政策，但已經年老體衰，1866 年因《選舉法》修
改案失敗辭職退休， 自由黨的領導權即轉入格萊斯頓 （William Ewart
Gladstone， 在職 1868～1874、 1880～1885、 1886.2～1886.8、 1892～
1894） 手中。 另一方面皮爾在 1830 年代創設的保守黨 (Conservative
Party)，也由狄斯累利（Benjamin Disraeli，1868、1874～1880 任首相）
接棒，他因為在 1852 年、1858 年、1866 年三次任財政大臣而掌保守黨
的實權。

　　當 1861 年到 1865 年美國南北戰爭時，格萊斯頓和狄斯累利都偏祖
南方，然而中產階級的激進派 (Radicals)，曾經主張自由貿易而反《穀物
法》的勃萊特、柯布敦，則不但支持北方，且興起《選舉法》修改運動
來。 另一方面自 1864 年在倫敦創立 「國際工人聯盟」 （International
Working Men's Association，第一國際）之後，工會也與激進派結合起來
爭取選舉權。他們看透了保守黨而與自由黨的格萊斯頓合作聯盟。1866
年格萊斯頓提出的《選舉法》修改案，僅將財產的限制從十鎊減為七鎊，
從而激進派大失所望，即使這樣還讓帕麥爾斯頓時代殘留下來的輝格殘
黨極力反對而轉到托利保守黨去，而使修改案胎死腹中，政府垮臺。於
是在各工業都市興起要求參政權的市民大示威，工會以旗幟組織參加，
倫敦也有大集會，並轉向破壞鐵路等廣泛暴動。保守黨的狄斯累利看到
這情況，為避免革命而讓步，於 1867 年提出修改，經過議會的通過而
成立。

　　1867 年的《人民代表法》(Representation of the People Act)，規定選
舉權的資格為，在市區凡一切納稅的屋主及每年付十鎊以上租金的租屋

者，在鄉區則地主每年要有五鎊價值的土地，佃農每年付十二鎊以上地
租者。結果，有選舉權的人從一百萬增加為二百萬，使一百萬都市工人
獲得選舉權，數百萬的鄉村農工和礦山勞工仍無權過問政治，而上院仍
保留其貴族特權。但是因為都市工人的參與政治，政黨為了獲得新選票，
開始需要組織地方選區。於是從來的「名望家俱樂部」色彩的政黨，隨
著選舉權的大眾化，才開始轉變成有地方分部組織的「大眾政黨」(mass
party)。政黨的組織化，就從伯明罕等大工業都市開始，1877 年自由黨
的張伯倫 (Joseph Chamberlain, 1836～1914)，組織「全國自由黨聯盟」
(National Liberal Federation)，隨後保守黨也開始努力於地方選區的組織，
但是保守黨「名望家政黨」(party of notable) 的性格長期遺留下來。1884
年格萊斯頓的自由黨內閣，實行了第三次《選舉法》的修改，使農村勞
工和礦山勞工獲得選舉權，但是貧窮者除外，尚不是普通選舉制。1885
年的大選，有選舉權者達四百三十八萬人，其五分之三是勞工階層。英
國要到 1918 年才採用普通選舉制，撤廢財產資格的限制，到 1928 年才
完全承認婦女的選舉權。

　　依照通常的說法，隨著產業革命的進展，中產階級的勢力增大，而
以為他們同時就掌握了政治權力。可是事實上，在第一次《選舉法》修
改和《穀物法》廢止的劃時代事件以後，儘管賦予中產階級參政權，而
實質的確立了自由貿易政策，全英國的政治機構包括上、下兩院，都還
是完全掌握在地主階級的手裡。從政治的支配體制來看，到 1870 年代為
止，英國仍舊是地主階級為主的貴族政治國家。

　　地主階級（貴族和鄉紳）的支配體制，是在十八世紀末葉形成，是
以貴族和鄉紳的大土地所有制為社會經濟的基礎，以長子繼承制和繼承
不動產處分的法律慣例所支撐，直到十九世紀末葉，「土地問題」變成嚴
重的政治問題時才開始解體。在十九世紀，地主階級不但是政治的統治

者，同時也是社會價值的支配者。地主階級的價值體系，就是「紳士」(gentleman) 的理念，政治家就是社會中最受尊敬的「紳士」，成為一般英國人的理想型。地主階級是有經濟力和有閒暇的階級，所以被認為是英國社會中唯一適合於從事政治的階級。他們本身也是每一代出生為「紳士」，以「政治家」(statesman) 為目標受教育，具備教養和能力，為其本身的利益之外，還能相當的為社會或國家全體的利益著想。他們經過名流的教育制度，亦即有名的私立寄宿學校 (public school) 和牛津、劍橋二大學的陶冶。從政治階級的身分來看，這是「開放的貴族政治」(open aristocracy)，商人、銀行家、資產家等有錢階級都開放，只是「紳士」的價值體系，使他們的意識形態與地主階級同化罷了。

　　英國的議會政治，也可以說是為存續傳統體制的一種安定裝置。認為在體制內所發生的各種變動，與其用國家權力強力作用，不如由議會吸收輿論解決，才是維護體制最好的方法。議會因為是吸收輿論的裝置，所以在這地主議會，也接連的通過中產階級的法案，確立自由貿易政策，因為隨著工業化的進展，中產階級的輿論變成大眾的心聲。地主階級的貴族政治，因為有將傳統體制自行保存的能力，所以在政治結構上，能安定的吸收勞工和資產階級於體制內，使英國的殖民帝國更形發展。

帝國主義

——工黨的誕生

(1870～1914)

　　英國的產業資本主義，經過 1840 年代到 1860 年代自由競爭的全盛期，由於資本的集中和累積，到了 1870 年代漸漸的形成壟斷資本和與之結合的金融資本。英國不但是「世界的工廠」、「世界的運輸業者」，同時也變成「世界的銀行」、「世界的票據交換所」了。

　　然而 1870 年代開始，英國的資本主義又要面對新的資本主義強國美國和德國等的競爭。各國競相採取保護貿易主義，特別是美國、澳洲、阿根廷，實行大規模的農業生產，加上陸海運輸的發達，農業作物價格下降，使缺乏關稅保護的英國農業大受打擊，釀成 1873 年開始的農業大恐慌。但是農業的不景氣並不意味著英國資本主義的衰微。資本家累積財富，投資於銀行業，倫敦成為世界銀行的中心，外國借款的利息達龐大的數目。

　　英國的海外投資，在 1873 年的大恐慌以前即開始，特別是對美國和德國的鐵路建設，英國輸出龐大的鐵路資材。就連遠東的日本，也在 1869 年和 1870 年間，從倫敦的「東洋銀行」貸款一百萬鎊的鐵路鋪設資金，在橫濱和東京之間建築鐵路。如此，英國投資於海外的資本，在 1872 年即達八千三百萬鎊。

　　英國從 1870 年代起，積極的轉換為帝國主義政策。這是英國累積起

來的資本，在國內壟斷稱霸之後，向世界進軍尋求資本的投資地。殖民地除了對本國有銷售商品市場和原料資源供應地的功用之外，現在還有投資地的功用，因為殖民地的土地便宜，勞力低廉而豐富，可以獲取最高利潤。同樣的，列強各國也興起獲得殖民地的熱潮，其進軍的對象，是非洲和亞洲等後進地區。在十九世紀末葉，站在列強世界殖民地分割競爭的前頭者，不用說就是英國。

　　英國改換為帝國主義政策，可以從曾經倡導「殖民地無用論」的狄斯累利，在 1875 年購買蘇伊士運河的股票以控制其支配權看出來。狄斯累利所代表的保守黨內閣，推行積極的殖民地佔領政策，特別注重於確保印度及開闢往印度的通路。然而，批評保守黨政策而成立的格萊斯頓自由黨內閣，也在 1882 年征服埃及，基本上沿襲同樣的侵略政策。可見英國的統治階層，不論是保守黨或自由黨，在十九世紀末年都是狂奔於殖民地的獲得。當時列強對於殖民地分割的首要對象，是非洲。

　　我們先看非洲的分割，英國所扮演的角色。

　　非洲大陸，本來只有地中海沿岸以及西海岸到南端的好望角的殖民地，是歐洲白人所熟悉的。至於赤道以下的非洲，到十九世紀中葉還是所謂「黑暗大陸」，是一個西洋人所未知的世界。非洲分割的端緒，是西洋文明之功。1869 年蘇伊士運河開鑿成功，從此非洲接近歐洲，成為地中海進入紅海而到亞洲太平洋地區的最短距離。於是扼地中海和紅海出口的摩洛哥和非洲東北部埃及等，成為列強最激烈爭奪的對象。英國在十九世紀中葉，已經由皇家地理學會調查尼羅河的水源，由蘇格蘭出身的傳教士李文斯頓 (David Livingstone, 1813～1873) 探險，到達喀拉哈里 (Kalahari) 沙漠、三比西河 (River Zambezi) 流域、剛果低地 (Congo Basin)、維多利亞瀑布 (Victoria Falls)。這位傳教士，從 1858 年到 1864 年即兼英國駐非洲的領事。接著有英國出身的美籍記者斯坦萊 (Henry

Morton Stanley, 1841～1904)，也從 1874 年起到 1888 年之間，幾次從非洲東海岸沿剛果河下游，橫貫大陸探險，報導非洲內地的情況，使列強加深對非洲的關心。

英國和法國的對立，即從蘇伊士運河的支配權產生。蘇伊士運河本來是法國外交官李西甫 (Ferdinand Marie, Vicomte de Lesseps, 1805～1894) 得埃及官吏的許可，於 1859～1869 年間設立蘇伊士運河萬國公司開鑿的。因此，該公司的股份半數屬於法國人，其他部分則為土耳其人和埃及官吏所有。英國的保守黨首相狄斯累利，乘著埃及財政困難，巧妙的收買其蘇伊士運河的股票，跟法國同樣獲得干涉埃及財政的權限，逐漸扶植其在埃及的勢力。 1881 年，埃及的國粹主義者巴夏 (Orabi Pasha, 1841～1911) 反抗外國的干涉，發起排外的民族運動。英國的自由黨首相格萊斯頓乘機出兵，在法國猶豫不決之間，於 1882 年佔領埃及全土，使其成為英國的保護國，由英國領事克羅馬男爵 （1st Earl of Cromer，本名 Evelyn Baring，1841～1917） 兼埃及政府顧問，實際上掌握權力，成為埃及的統治者。克羅馬在 1883～1907 年的任職期間，廢除埃及的舊制度、整理財政、改良灌溉設備等，稱為埃及的「現代化」，其目的自然在於殖民地利潤的榨取。埃及的南部蘇丹 (Sudan)，1884 年有回教徒的領袖馬地 (al-Mahdi) 起來造反。曾經鎮壓太平天國的「常勝軍」指揮官戈登 (Charles George Gordon, 1833～1885)，在 1877～1880 年當過蘇丹總督，故再被起用為總督派遣去討伐，但被馬地軍包圍，全軍覆沒而戰死。格萊斯頓內閣因之垮臺。其後，英軍逐漸向非洲內地進軍，1896 年以後侵入埃及領的蘇丹地方。英國的計劃，是要連結非洲南端的好望角殖民地到埃及的非洲大陸縱貫計劃，再加上亞洲的印度，則變成連結好望角、開羅、加爾各答的雄大的三 C 政策 (Cape, Cairo, Calcutta)。但是法國不願意英國的大陸縱貫計劃實現。

　　法國在 1830 年佔領地中海對岸的阿爾及利亞 (Algeria)，以此為據點，1881 年奪取突尼斯 (Tunis)，再進入南方的撒哈拉 (Sahara) 沙漠，於 1896 年佔領馬拉加西 (Madagascar) 島。如此，法國採取橫貫非洲大陸的形勢，從撒哈拉沙漠再進一步襲擊蘇丹地方，於 1898 年在法紹達 (Fashoda) 地方，與南下的英軍衝突，發生法紹達事件。由於法紹達的歸屬問題，兩國的關係一時惡化，但法國顧忌又與德國對立而讓步，承認英國在法紹達的優越地位。英國一方面在北部的蘇丹確立鞏固的地位，另一方面從南部也進行對內地的侵佔。

　　英國從非洲南部向北部推進的政策，是以好望角殖民地為據點，此地是 1815 年維也納會議的結果，由荷蘭轉入英國之手。然而荷蘭人的後裔波爾人 (Boers)，厭惡英國人的統治而北移，建立納塔耳共和國 (Natalia Republic)，不久此地又被英人奪取，波爾人不得已再北移，建立特蘭斯瓦爾共和國 (Transvaal Republic) 和奧倫治 (Orange) 自由國。1869 年在奧倫治發現鑽礦，1886 年又在特蘭斯瓦爾發現金礦，於是英人如洪水般的流入此地挖寶，而與波爾人時常鬧糾紛。1890 年任好望角殖民地長官的羅德茲 (Cecil John Rhodes, 1853～1902) 跟英國的羅斯柴爾德 (Rothschild) 金融財閥勾結，壟斷了南非此地的鑽石業和產金業，以其財富為背景任南非殖民地的行政長官。他為了要遂行英國的三 C 政策，於 1890～1893 年征服中非，將貝專納蘭 (Bechuanaland) 和羅德西亞 (Rhodesia) 收為英國殖民地。「羅德西亞」就如此以英國殖民地支配者「羅德茲」命名。羅德茲在 1895～1896 年，欲染指特蘭斯瓦爾和奧倫治兩國，而展開極端的侵略政策，英國的殖民地大臣張伯倫也加以支持。當時德國也進入西南非洲，與波爾人接近，英國即迫不及待迅速支配兩國，頻頻挑釁波爾人。當時特蘭斯瓦爾總統古魯格 (Stephanus Johannes Paulus Kruger, 1825～1904) 耐心的忍受英國的壓力，世界輿論亦同情波爾人，

特別是德國皇帝威廉二世親電激勵。英國繼狄斯累利之後的保守黨索爾斯伯利 (Salisbury, 1830～1903) 政府，在殖民地大臣張伯倫的協議下，於 1899 年向特蘭斯瓦爾和奧倫治兩國開戰，開始波爾戰爭 （Boer War，1899～1902，又稱南非戰爭）。英國原以為六星期便能結束戰爭，未料波爾人拼命抵抗，將具有壓倒性優勢的英軍困了二年半，最後才力竭投降。波爾人所建的這兩國，雖然於 1900 年被英國合併，但 1906 年允許二者自治，承認使用荷蘭語文為公用語文。1910 年，兩者與好望角殖民地納塔耳合組南非聯邦，跟加拿大、澳大利亞一樣，形成自治殖民地。

　　英國支配了非洲大陸的南北兩端，但是中間有德國屬地東非存在，阻礙其實現三 C 政策。因此在德法的摩洛哥 (Morocco) 之爭，英國即支持法國，使法國在 1912 年收摩洛哥為其保護國。這是依 1904 年英、法協商，英國取得埃及，代價是承認法國在摩洛哥的支配權。當時的義大利因突尼斯也被法國奪取，因此英、德兩國支持義大利獲得東部的索馬利蘭 (Somaliland) 和厄立特立亞 (Eritrea) 以對抗法國。義大利接著想征服內地的衣索匹亞 （Ethiopia，或稱阿比西尼亞 Abyssinia），但失敗。然而在 1911 年乘列強忙於摩洛哥事件之際，義大利發動義土戰爭 (Italo-Turkish War, 1911～1912)，獲得的黎波里 (Tripoli) 和利比亞 (Libya)。比利時亦自斯坦萊探險以來，向剛果河流域伸張支配權，1908 年收非洲中央部的剛果自由國為殖民地。其他葡萄牙、西班牙亦各自領有殖民地。如此，非洲大陸除了衣索匹亞和解放黑人的賴比瑞亞 (Liberia) 之外，全被列強分割殆盡。

　　列強推行殖民地化政策的第二個對象，是亞洲的中國周圍。英國站在列強的最先鋒，經過第一次和第二次鴉片戰爭，打開中國的門戶，割取香港和九龍之後，法國也發動中法戰爭 (1884～1885)，取得安南地方的支配權。英國又乘機於 1886 年佔領緬甸，俄國也在 1881 年的《伊犁

(Ili) 條約》，割取霍爾果斯河以西的地方，並得九百萬盧布交還伊犁。

　　俄國自 1858 年的《瑷琿條約》佔領黑龍江以北之後，1860 年以來以海參崴為根據地侵入遠東，特別是 1891 年以後建設西伯利亞鐵路，企圖向中國東北南下。這時日本也從 1868 年明治維新以後的富國強兵政策奏功，於 1894～1895 年中日戰爭一躍登上列強的國際舞臺。日本依 1895 年的《馬關條約》割取臺灣、澎湖、遼東半島，俄國對東三省抱有野心，與德、法聯合起來，向日本進行三國干涉，迫其歸還遼東半島。俄國以此代價於 1896 年獲得經由東北到海參崴的東清鐵路鋪設權，1898 年租借包含旅順、大連的遼東半島南部。同年，德國也仿效俄國租借膠州灣，英國亦不甘寂寞強租威海衛，法國也在 1899 年租借廣州灣，列強各自定其勢力範圍 (sphere of influence)，德國在山東，俄國在長城以北，英國在長江流域，法國在西南各省，日本在福建，中國宛如俎上之肉快要被列強分割。這時美國在 1898 年據有菲律賓之後，想要插足中國而改採新的經濟進攻的方式，於 1899 年發佈「門戶開放政策」，緩和列強的直接衝突。

　　當時，列強之中利害對立最尖銳的是英國和俄國。1900 年中國爆發義和團的排外運動以後，列強共同出兵佔領北京，這時日本和俄國因地理接近出兵最多。俄國在事件後也不撤兵，反而以保護東清鐵路為理由增兵，與日本之間展開險惡的關係。英國這時感到俄國在遠東南進政策的威脅，同時在印度北邊亦受俄國勢力的壓力，於 1902 年締結日英同盟，對抗俄國。美國亦對俄國的侵入感到不快，暗中援助日本，促使日本對俄國開戰。

　　日俄戰爭 (1904～1905)，日本的背後有英美支持，俄國背後有德法勢力，是一個世界規模的殖民地戰爭。結果，俄國的南進政策挫折，再轉鋒向巴爾幹半島去，英國的目的好似一時得逞。然而，日本獲得南庫

頁島，以及俄國在中國的租借地和南滿鐵路，從此再強力進軍東三省，使以前的英、俄對立轉變為日本和英、美的對立。

列強對立的第三個舞臺，是廣大的土耳其帝國的領土。在像垂死的病人那樣衰頹的土耳其，也是以英、俄的對立最尖銳。俄國為了進出地中海而採傳統的南進政策，對君士坦丁堡和達達尼爾、博斯普魯士兩海峽透露野心。英國則為確保到印度的交通路線和市場的安全，抗制俄國。1833～1840 年的東方問題，1853～1856 年的克里米亞戰爭，1877～1878 年的俄土戰爭，1878 年的柏林會議等，都是以英、俄對立為主軸展開的。

然而十九世紀末，在西亞的英、俄鬥爭場上，又增加德國的新敵。德國以防衛土耳其被列強侵略為名目，接近土耳其，提供軍事上和經濟上的援助。1898 年德國皇帝威廉二世訪問耶路撒冷，1899 年獲得巴格達鐵路鋪設權，著手其連結柏林 (Berlin)、拜占庭 (Byzantine)、巴格達 (Baghdad) 的鐵路計劃，稱為三 B 政策。英、俄受到異常的衝擊，迎接新的競爭者。

但是英、俄在中亞還有激烈的競爭。俄國在十九世紀以後進出中亞周圍，到 1880 年代為止幾乎征服完了中亞一帶，接著侵犯中國領土，於 1881 年締結《伊犁條約》，確立其在新疆省的優越地位。俄國的侵入中亞，當然強烈的刺激了以印度為生命線的英國，特別是位於印度和中亞之間的阿富汗和帕米爾高原，即成為英俄激烈的競爭地。英國經阿富汗戰爭 (Afghan War, 1878～1880) 的結果，於 1880 年收阿富汗為其保護國。接著帕米爾高原也成立妥協案，1895 年決定國境，解決紛爭。英、俄在伊朗（波斯）也設定勢力範圍，對西藏也進行妥協。但英、俄的關係並未根本解決，英國因此締結英日同盟，借日本之力封鎖俄國在亞洲的進出。

英國在太平洋因為最早活動，大有斬獲。十八世紀後半葉，由英國

囚犯開拓的澳大利亞，因牧羊成功和發現金礦，逐漸增加移民進行開拓，1840 年廢止囚犯殖民之後，漸漸准許各地自治，1901 年成立澳大利亞聯邦 (Commonwealth of Australia)，成為英國的自治領。1907 年又成立紐西蘭聯邦 (Dominion of New Zealand)。英國政府對這些自治領的自治，限定於殖民地固有的地方事項，外交國防等帝國事項除外。以巧妙的政策，使本國和自治領之間，維持自由而密切的關係。英國在太平洋的地位鞏固時，也確保了南太平洋的斐濟 (Fiji) 群島、新幾內亞 (New Guinea) 東南部、婆羅洲 (Borneo)、所羅門 (Solomon) 群島南部等，這些地方稱為王領殖民地 (crown colony)，置於本國嚴格的殖民政策之下。

　　如此，大英帝國的殖民地，在 1860 年為二百五十萬平方英里，人口約一億五百萬人，到 1880 年增為七百七十萬平方英里，人口約二億七千萬人，到 1899 年膨脹為一千一百六十萬平方英里，人口約三億五千萬人，佔地球面積的四分之一，成為史上未曾有的最大帝國。

　　當英國要獲得殖民地時，有新型的特許殖民公司，跟政府的直接行動一樣，扮演重要的角色。這跟舊型的東印度公司那樣的特許公司不同，自始以殖民地統治權的獲得和壟斷，以及領土的取得為目的。這是代替英國政府去露骨的奪取和擴大殖民地，而又不讓政府負其責任和負擔的辦法。1881 年創立的北婆羅洲公司 (North Borneo Company)、1886 年的奈及利亞公司 (Nigeria Company)、1886 年的東非公司 (East Africa Company)、1889 年的南非公司 (South Africa Company) 等，即是典型的例子。由這些特許殖民公司所獲得的帝國領土，往往比政府直接獲得的領土為大。

　　在這時代，列強為了遂行世界上的殖民政策，出現「勢力範圍」、「共同支配」或「保護國」、「緩衝國」等概念，使國際法大為發達。因為列強所支配的勢力圈，除了直接控制的領土以外，還採取半殖民地或

屬國等其他形式，而遍及全世界。日本人最初譯國際法為「萬國公法」，過分美其詞，其實這是強國之間爭奪殖民地的法則，弱國並不覺得公道。英國是最講究國際法的，同時其對殖民地的支配權遠超乎其他列強。英國的勢力圈，包括了中南美各國的幾乎全體，中近東各國的大部分，東南亞各國的多數，以中國為中心的遠東的大半，並或多或少的得到列強的承認。英國所以能獲得並維持其龐大的帝國領土，以及支配其他廣大的勢力圈，除了擁有當時世界最大的海軍力之外，還具有世界最強有力的金融資本。

從十九世紀末到二十世紀初，是英國的銀行業集中，形成金融資本的時代。在 1890 年左右有十家以上的銀行合併，在 1900 年代又進行股份銀行之間的合併，於是銀行都變成在倫敦有總行，在全國各地有分行網。到 1918 年，銀行的合併運動完成，五大銀行的中部 (Midland) 銀行、羅伊茲 (Lloyds) 銀行、西敏寺 (Westminster) 銀行、巴克禮 (Burkley) 銀行、國家地方 (National Provincial) 銀行，確立壟斷體制。

如此，從十九世紀末以來，英格蘭銀行在倫敦市場掌握最終的統制力。其理事會包括典型的重工業壟斷企業的代表，保險公司等投資金融機關的有關者，大鐵路公司的代表，以及商人銀行家 (merchant banker) 的代表等。「商人銀行家」是十九世紀初，當世界金融的中心從阿姆斯特丹移到倫敦時，從德國或荷蘭移居而來的猶太籍商人。他們主要的任務是外國匯票的領收和發行，並經由英格蘭銀行理事會，支配倫敦的證券和金融市場。

因為金融資本決定性的支配產業，英國的資本尋求海外的投資市場。特別是十九世紀末進入帝國主義時代，金融資本以其經濟力與國家權力結合，對政治或外交擁有強大的發言力，要求獲得新的投資地。英國的海外投資，在 1850 年左右約達二億英鎊，然而到十九世紀末則約達二十

億英鎊，其中殖民地的鐵路建設，吸收了很多英國資本。英國從海外投資所得的純利，比貿易所得的直接和間接的純利多三倍到五倍。這也是英國從「世界的工廠」，轉變為「金融帝國」的主要原因。這表示以商人銀行家為中心的倫敦金融權力，才是英帝國主義的原動力。以南非為例，這是羅斯柴爾德等的「商人銀行家」與羅德茲的「南非公司」勾結起來，並利用羅德茲任南非殖民地長官的職位，以金融支配南非的一切產業和貿易。如此，南非的財富灌溉了英帝國主義，而美其名曰「經濟開發」或「現代化」。

又如倫敦的金融財閥摩根·格蘭費公司 (Morgan, Grenfell & Company)，本來是美國摩根公司的本家，曾經籌措了英國的資本建構、美國的鐵路等基本建設，但是隨著美國的資本確立其自己的壟斷力，英國的資本變成僅收取少額利息，而不發生操縱作用。對印度的鐵路投資，是經由殖民地銀行，所以倫敦的金融資本家有支配力，輸出英國的鐵路建設資材。但是南非的情況則稍有不同，建設資材很多都是德國製品，英國資本的輸出，跟英國的產業並不結合。英國金融資本的海外投資，僅追求其投資利潤，而逐漸加強其寄生的性格，這也是為什麼隨著美、德資本主義的興起，英國的產業開始走下坡。

由於列強也湧起獲得殖民地，在 1899～1902 年的南非戰爭之後，列強已將地球分割殆盡，此後要獲得殖民地或勢力圈，英國必須與列強競爭奪取各國的既得權，或重新分割殖民地。英國因為資本的輸出，並不一定和產業結合，國內呈現長期的不景氣，加上其他社會問題的增加，勞工運動的發展，於是出現了必須擴大殖民地，以解決這些問題的議論，這就是所謂「社會帝國主義」(Social Imperialism) 論。

劍橋大學的歷史學教授雪利 (John Robert Seeley, 1834～1895) 的《英國擴張史論》(*The Expansion of England*, 1883)，就是歌頌大英帝國殖民

地發展的軌跡，必然的轉向帝國主義。出生在統治印度的英國官吏家庭的作家吉普林 (Joseph Rudyard Kipling, 1865～1936)，是 1907 年英國第一個諾貝爾文學獎的得主，他的作品如 《消失的光芒》(*The Light That Failed*, 1890)，充滿了煽動帝國主義的風潮。在軍國主義思想的鼓吹之下，英國的軍事費和警察費急增，到二十世紀初，英國完全的變成帝國主義。從 1895 年到 1903 年任殖民地大臣的張伯倫，就是狄斯累利之後，積極遂行英國帝國主義政策的代表人物。

　　張伯倫本來是自由黨內的急進派，在 1877 年還創立了「全國自由黨聯盟」(National Liberal Federation)，1886 年因反對格萊斯頓的《愛爾蘭自治法案》，脫離自由黨，與索爾斯伯利等組成統一黨 (Unionist Party)，加入保守黨的陣營，並且漸漸的傾向於帝國主義。張伯倫所以反對愛爾蘭自治，是認為如此則新設的愛爾蘭議會將對英國製品課徵高的關稅，英國本土將喪失重要的工業製品市場，從國防上來看，亦危害帝國的統一和安全。當時德國和美國的商品進出世界市場，英國商品已經喪失了壟斷世界市場的地位，英國的工業面臨深刻的不景氣，失業激增，在不景氣之年失業率達 10% 左右。連世界經濟的中心倫敦，約三分之一的人口常活在貧窮線之下。勞工階級不但要求提高工資，甚至要利用選舉權取得政治權力。政黨面臨下層的要求，必須向勞工階級表示有意要實施社會福利政策。

　　張伯倫在 1895 年就任索爾斯伯利統一黨內閣的殖民地大臣之後，即積極的鼓吹如果要解決各種社會問題，唯一的辦法是開發殖民地，並勸導英國人民不要從「階級」著想，而應從「帝國」著想。他主張為避免內亂，必須成為帝國主義。從海外殖民地的開發，來解決國內社會問題，就是典型的「社會帝國主義」。從此，要如何維持和擴大帝國領土和勢力圈，成為英國外交政策的中心。為達此目的，利用一切手段，不論是本

國的或殖民地的官僚制度、警察和軍隊，都要為帝國主義效勞。在殖民地或半殖民地，則放棄形式上的自由主義政策，加緊對其他民族的壓迫和榨取。

張伯倫的帝國主義政策之中，最有名的是提倡帝國會議和聯邦制。其目的在經濟上，是以保護關稅和特惠關稅，將殖民地與本國結合；在政治上或軍事上，則以自治領為中心，從共同防衛的觀點，將殖民地與本國結合，建立一系列的帝國聯邦制。

1903 年，張伯倫辭去殖民地大臣之職，以在野的身分開始推行關稅改革運動。他認為德、美的工業有關稅壁壘保護，因此英國也應該改採工業保護政策，以確保勞工階級的雇用。同時英國應以帝國特惠關稅制度，促進帝國內的自由貿易，對外國則以保護關稅對抗，來強化本國與殖民地之間的經濟結合。而關稅收入，還可充當社會政策的費用。

張伯倫的保護主義得到工業資本家和地主階級的支持，但是從事海外投資而賺取龐大利息的金融資本家，以及在國際經濟上還維持繁榮的海運業、造船業、紡織業等，依然相信自由主義可以給英國帶來繁榮。金融財閥羅斯柴爾德家族的女婿普里姆羅斯 (Archibald Philip Primrose, 1847～1929) 所代表的自由帝國主義派 (Liberal Imperialists)，則代理倫敦的金融資本反對保護主義。張伯倫的關稅改革同盟，訴之於勞工階級，可是勞工依然反對「對麵包課稅」。於是保守黨內即分裂為關稅改革派和自由貿易派。相反的，自由黨因反對關稅改革而統一，在 1906 年的選舉大勝，連續掌權。

由於英國在體制方面採取帝國主義政策，利用海外殖民地的利潤來繁榮英國資本主義，英國勞工階級為中心的廣大群眾，也動員於帝國主義或國家主義之下，從此使勞工運動傾向於基本的經濟主義，這就是新工會運動。

　　英國由於產業革命的成功，1824 年《結社禁止法》的廢止，工會的普及組織，興起勞工的政治運動，而在 1830～1840 年代爆發為獲得普通選舉權的「憲章運動」(Chartist Movement)。這是採取《人民憲章》(*The People's Charter*) 的請願方式，在 1839 年、1842 年、1848 年大規模的民眾請願，但都被議會否決，然而這是世界史上最初的勞工運動。1848 年挫折以後，到 1870 年代是英國資本主義的黃金時代，勞工受惠生活水準提高，勞工運動的領導者放棄暴力方式的勞工運動，承認資本主義的秩序，而與害怕革命的資產階級當權派妥協，使勞工運動的方向轉為以專門注重勞工地位和經濟條件的改善為目標的新工會主義運動。其基本要求，亦透過自由黨表現出來。然而到十九世紀末葉，英國在世界上的工業霸權地位降低，勞工階級的生活狀況有惡化的傾向，於是深深體會到自由黨不能充分的代表勞工階級的利益，要求勞工解放的思想和社會主義思想結合，興起全國性的社會主義運動，從而醞釀勞工獨自樹立政黨的氣氛。

　　1864 年，在倫敦創立「國際工人聯盟」時，英國的工會領袖也與之有密切的關係。英國的工會領袖因為關心於溫和的新工會主義，恐被誤解為國際性的革命團體，因此隨著第一國際在歐洲大陸的活動漸趨革命性，自然的與之脫離關係。其後第一國際的總部在 1872 年移到紐約，1876 年解散。

　　1879 年美國的社會思想家亨利・喬治 (Henry George, 1839～1897) 出版《進步和貧窮》(*Progress and Poverty*)，流傳到英國，使英國的社會主義思想死灰復燃。亨利・喬治是從鐵路鋪設而引起地價暴漲的問題，認為貧窮的原因在於地主階級的土地私有和不勞所得，因此主張社會改良的手段，在於對土地課重稅，提倡地租單稅論，廢止其他的租稅。他的主張最先在 1871 年寫成《我們的土地和土地政策》，後來才又加以理

論修飾成為此書。他曾三次渡英,影響了費邊社 (Fabian Society) 的創立。

1881 年英國的馬克思主義者以海茵德曼 (Henry Mayers Hyndman, 1842～1921) 為中心,組織「民主聯盟」,1884 年改稱為「社會民主聯盟」 (Social Democratic Federation),向未熟練勞工煽動階級鬥爭,鼓吹社會主義思想。但是社會民主聯盟的階級鬥爭和暴力革命的思想,不能得到一般英國人的共鳴,不久內訌,詩人摩利斯 (William Morris, 1834～1896) 分裂出來,而於 1884 年另組「社會主義者同盟」(Socialist League)。

1884 年初 , 少數的知識青年設立社會問題研究團體 , 5 月蕭伯納 (George Bernard Shaw, 1856～1950) 加入 , 1885 年韋布 (Sidney James Webb, 1859～1947) 等有才能者加入,展開調查、研究、討論等活動,而成立「費邊社」,出版《費邊論集》。費邊是從古羅馬的「慎重將軍」費畢阿斯 (Fabius, ?～203 B.C.) 的名稱而來。他的戰術是不急戰,不挑釁,讓敵人消耗,而慎重地等待時機成熟,然後採取行動,而以其沉著和智謀享名。費邊社就是以漸進主義和迂迴的議會主義,來對抗馬克思派的革命主義。費邊社在知識分子間推行社會主義的啟蒙運動,對英國勞工運動的方向有重大的影響。

在勞工運動方面,隨著新工會主義者的興起,開始批評舊工會領導者與自由黨提攜所構成的 「自由－勞工派」 (Liberal-Labour , 簡稱為 Lib-Lab),而有另行籌組獨立的代表勞工階級的政黨的傾向。有蘇格蘭的礦夫哈地 (James Keir Hardie, 1856～1915) ,最先因工會運動被解雇,後來從事礦夫的組織,1886 年任蘇格蘭礦夫工會書記,1888 年與同志創設「蘇格蘭勞工黨」(Scottish Labour Party),為議長兼書記,發行《勞工領導者報》(*Labour Leader*)。1892 年的選舉,以哈地為中心的三名勞工派議員初次當選。1893 年 1 月創設「獨立勞工黨」(Independent Labour Party),哈地為議長。

　　由於獨立勞工黨的領導者當中有很多社會主義者，以宗教的熱情宣傳社會主義，1899 年的工會總會決議，召開社會主義團體和工會等代表的會議，以確保下一次議會選舉時勞工議員能增加當選。1900 年 2 月，在倫敦召開「勞工代表委員會」(Labour Representation Committee)，由六十五個工會代表（會員數約五十萬人），以及三個社會主義團體代表（獨立勞工黨、社會民主聯盟、費邊社）共一百二十九名參加集會，這就是工黨實質的誕生。勞工代表委員會的第一任書記麥克唐納 (James Ramsay MacDonald, 1866～1937)，後來就成為工黨的首相 (1924, 1929～1935)。

　　1900 年的選舉，是在南非戰爭當中舉行，在軍國主義風潮下稱為「卡其軍服選舉」(Khaki Election)。勞工代表委員會推出十五名候選人，因大部分是「波爾人同情派」，而統一黨政府又大肆宣傳「投反政府的一票，就是投波爾人一票」，結果僅哈地和另外一名總共二名當選而已。1903 年的大會通過設定政治資金，於是參加勞工代表委員會的工會和其他團體，每年從其會員徵收每人一便士，從此資金付給勞工黨派議員每年二百鎊，但是所屬議員有服從議員團多數決的義務。1906 年的大會，決定正式採用「勞工黨」(Labour Party，以後簡稱工黨) 的名稱，在這一年的總選舉當選二十九名，名副其實的有政黨的氣魄了。

　　1906 年的選舉，自由黨大勝，恢復黨勢掌握政權，在工黨和愛爾蘭自治派的支持下制定《勞工爭議法》、《勞動者賠償法》。1911 年成立《議院法》(Parliament Act)，規定上議院沒有否決或修改財政法案的權限，財政法案以外的法案，在下議院通過三讀以後，即使未得上議院承認亦得成立為法律，且僅需二年的期間。換言之，上議院僅有二年的遷延權而已。另外又規定上議院議員的任期由七年縮短為五年。如此縮小了上議院的權限，確立下議院優越的地位。

　　由於一向反對《愛爾蘭自治法案》的上議院權限被削減，1914 年 3

月自由黨政府領銜使自治法案在下議院三讀通過。但是愛爾蘭北部的阿爾斯特 (Ulster) 地方，佔全體人口一百五十七萬之中的 57% 是清教徒，與愛爾蘭的天主教反目，認為自治 (home rule) 是「天主教統治」(Rome rule)，自 1886 年以來與保守黨和統一黨提攜，極力反對《愛爾蘭自治法案》，而有暴力化的情勢。好在不久後爆發第一次世界大戰，自治法案的實施即拖延到大戰後，迴避了內亂的危機。

最後我們檢討為什麼英國在帝國主義階段產生工黨，這個問題與當時英國統治階層的投資階級化有相當密切的關係。大英帝國自從 1870 年代以後，可以說是進入衰退期。從 1873 年到 1896 年的「大不景氣」時代，給與英國農業決定性的打擊，隨著農業的衰微，地主階級的貴族政治也喪失了其經濟上的地盤。因為「土地問題」成為政治上的最大問題，於是十八世紀以來的大土地所有制終於不得不開始解體。因「大不景氣」而受打擊的傳統地主階級，於是將其資產漸漸的從土地轉移為有價證券，開始與金融資本提攜，可是還是保持地主階級的身分，成為保守黨的核心陣營。另一方面自由黨不用說也是投資階級化，由於輝格黨的主要部分脫離黨，而變成更純粹的資產階級政黨。總之，不論是保守黨或自由黨，英國的投資階級成為統治階級的公分母。特別是倫敦的金融資本成為政治的幕後操縱者。於是在十九世紀末葉，傳統的「地主階級的貴族政治」開始轉變，變成包含地主貴族的「投資階級的貴族政治」。

在這個統治階級重新編組的過程中，急進主義者張伯倫在政治舞臺上轉變角色的軌跡，就是一個明顯的例證。他在 1870 年代，於自由黨內即著手於新的大眾政黨的組織，以期打倒傳統的地主階級；可是在 1880 年代即脫離攻擊地主的「土地問題」和「愛爾蘭問題」，而與土地階級的保守黨接近；1890 年代終於變成殖民地大臣，領導南非戰爭。他的政治行為表示一個資產階級的急進主義者，被「貴族政治」的體制吸收的過

程，而當時的貴族政治所最關心的是「大英帝國」的存續。

　　因為自從 1870 年代以後，英國的海外投資收入大大的膨脹，隨著資本的輸出，英國從海外取得的利息和紅利分配收入，漸漸的變成英國經濟的主要部分，成為英國國際收支的特殊結構。英國金融資本的寄生性和腐朽化，雖然給投資階級化的統治層帶來了財富和奢侈，可是另一方面，因為資本輸出並不跟國內產業結合，而產生國內工業的停滯不振，勞工失業生活窮困的現象。換言之，張伯倫的「社會帝國主義」露出破綻，大英帝國的維持和擴大，並不能解決國內的社會問題。

　　這時候，政治的民主化成為世界的風潮。例如後進國的美國，在 1828 年於二十四州之中有十四州採用普通選舉制，到了 1888 年所有的州都施行普選制。英國的統治階層，也覺得勞工等各階層的選舉權要求運動已經不能再鎮壓下去，另一方面以為縱使給與選舉權，亦可以用政黨組織來加以掌握操縱，於是在 1867 年和 1884 年二次《選舉法》的修改，將選舉權擴大到勞工階級去，從此議會政治的社會基礎，即從中產階級以上的資產者轉變為廣大的民眾。

　　投資階級化的二大政黨的統治者，所關心的是「大英帝國主義」的存續，可是新獲得選舉權、參政權的勞工階級，所關心的是生活的保障和社會的福利，而深深的感覺保守黨不用說，就是自由黨也不能代表他們的利益。於是在數目上佔壓倒多數的勞工階級，起來組織自己的政黨，這是將自己的意思直接的反映在政治過程上的一個手段。

二次世界大戰

——從債權國轉落債務國

(1914～1945)

　　十九世紀的世界是以英國和俄國為主軸,列強尋求殖民地的對立。其間,德國的俾斯麥 (Otto von Bismarck, 1815～1898) 為謀求法國的孤立,於 1882 年樹立德奧義三國同盟,而促使法國在 1894 年成立法俄二國同盟。從此,歐洲的情勢變成三國同盟、俄法同盟和英國三個勢力均衡的狀態。英國稱此為與大陸的事態超然的「光榮的孤立」(Splendid Isolation)。

　　德國的戰略,是要英、俄在遠東對立,因此從背後支持俄國積極南下侵略中國政策,這樣德國就能乘兩虎相鬥的間隙向近東進軍。「俄國向遠東,德國向近東」的侵略政策,迫使英國不得不放棄其孤立主義。

　　為了對抗俄國,1902 年英日同盟,導致了 1904 年的日俄戰爭。同年,為防止德國獲得漁夫之利,又迅速成立英法協商,其目的一方面在防止日俄戰爭波及他處,以維持殖民地的現狀,另一方面英、法相互承認英國在埃及、法國在摩洛哥的優越權。

　　1905 年日俄戰爭終結後,國際關係的對立大為改變。俄國向中國東三省進軍被日本擊退後,必須將其侵略鋒芒從遠東轉向近東和巴爾幹半島,而與正在進軍此地的德、奧勢力衝突。俄國從東三省的撤退,自然緩和了英、俄的對立。英國正因在巴爾幹和近東方面出現新興的帝國主義者德國而苦惱,為對抗新的強敵德國,英、俄的利害漸趨一致。德國

資本主義的迅速發達，到 1880 年代已經到達壟斷資本的階段。德國以保護關稅開拓國外市場，其貿易的急速發展，雖然開始威脅英國支配世界市場霸權的地位，但在日俄戰爭前，因為英、俄的對立是正面而主要的關係，英、德的對立即變成次要而必須避免表面化。然而日俄戰爭後，隨著英、俄的對立解除，英、德的對立即明顯的表面化了。

英、俄的關係從對立解除之後，開始接近，1907 年成立英俄協商，決定在波斯的兩國勢力範圍，以及解決在阿富汗和西藏的長年懸案，使十九世紀後半葉以來英俄的對立打上終止符。結果，英、法、俄三國，因俄法同盟、英法協商、英俄協商，進入親善關係，而總稱為三國協商 (Triple Entente)。此後的世界史，即進展為以英、德為基軸的三國協商，和三國同盟的對立關係。但是三國同盟之中的義大利，事實上退出三國同盟而與法國接近，於 1902 年締結法義協商，而奧地利則國內有種族問題的糾紛，軍事上亦虛弱不堪，所以三國協商成立後，實際上是形成列強包圍德國的陣勢。英國現在有日、法、俄為友邦，不再感到孤立的危險。

德國因為資本主義的急速發展，其生產力有的部門甚至凌駕英國，其貿易額也繼英國而成為世界第二位，為遂行其三 B 政策而向英國的三 C 政策挑戰。特別是 1898 年以後，幾次的海軍擴張計劃刺激了英國，使英、德兩國進行激烈的建設艦隊競爭。英、德對立的尖銳化，使英國在 1905 年和 1911 年的兩次摩洛哥事件，極力支持法國抑制德國。

列強的國際紛爭，在巴爾幹更為嚴重。巴爾幹半島有各種民族對立，有俄國的南下政策為背景的泛斯拉夫主義 (Pan-Slavism) 和德國的東進政策所形成的泛日耳曼主義 (Pan-Germanism)，在此展開熾烈的抗爭。特別是英俄協商之後，俄國將全力投在巴爾幹半島，使兩大勢力的抗爭越形激烈，而有一觸即發的危機。

1914 年 6 月 23 日，德國北部基爾 (Kiel) 運河的改造工程竣工，最

大的戰艦也可以通行無阻，大大的增加了德國艦隊的戰鬥力。6 月 28 日，奧地利太子斐迪南 (Franz Ferdinand, 1863～1914) 在首都薩拉耶佛 (Sarajevo) 被塞爾維亞青年所刺殺，「歐洲的火藥庫」巴爾幹即成為爆發第一次世界大戰的導火線。

英、德二國對巴爾幹問題，本來採取慎重的態度，因為顧慮戰爭會引起嚴重的後果。但是奧地利和俄國則在國內醞釀革命運動和民族運動，必須以積極的對外政策來壓制國內的不平。7 月 28 日奧地利對塞爾維亞宣戰，俄國決定積極的援助塞爾維亞，自然與三國同盟為敵，7 月 30 日下令動員至德奧國境。德國見俄國挑釁，立刻於 8 月 1 日對俄宣戰，德國又鑑於俄法同盟，8 月 3 日再對法宣戰，踏越比利時國境進擊法軍。英國雖然沒有明定的軍事同盟義務，但眼見德軍侵入比利時，而於 8 月 4 日對德宣戰，接著日本也以英日同盟的名義於 8 月 23 日參戰，戰局擴大，發展為世界大戰。

英國是歐洲列強之中，戰爭體制較遲樹立的國家。因為國內有《愛爾蘭自治法》的糾紛，愛爾蘭甚至有叛亂獨立的傾向，加上婦女參政權運動如火如荼地熾烈，勞工又發動攻勢，情勢相當不穩。直到 1915 年 5 月底成立的自由黨阿斯桂 (Herbert Henry Asquith, 1852～1928) 內閣，由保守黨八名和工黨一名入閣，形成第一次聯合內閣時，才開始實施全國總動員的體制。1915 年夏，成立《國民登錄法》，登記 16 歲以上 65 歲以下的男女。1916 年實行徵兵制，規定 18 歲以上至 41 歲（以後改為 51 歲）的男子都要服兵役。因為貴格會教徒 (Quaker) 等絕對反對戰爭殺人，所以貴格會教徒或牧師等極少數免除服兵役之外，其他拒絕出征的都要坐牢。1916 年末路易喬治（David Lloyd George，1863～1945，首相 1916～1922）為首相，成立第二次聯合內閣，英國政府要求國民合作投入戰爭，並要求自治殖民地亦團結起來協助本國。印度也就派遣志願軍

協戰。然而這時，鎮靜一時的愛爾蘭問題再燃燒起來，1916 年發生要求愛爾蘭完全脫離英國而獨立的新芬黨 (Sinn Féin) 的暴動，英政府不得不派遣軍隊鎮壓。1917 年 1 月底，德國宣佈無限制潛水艇戰爭，不加區別的擊沉一切與英國通商的船舶。從 3 月到 4 月之間，英國商船被擊沉的達一千艘以上，英國瀕臨破滅的危機，好在 4 月 6 日美國參戰，才解除英國的困境。另一方面，英國也沒意料到俄國在 1917 年 3 月發生革命，11 月成立布爾什維克政權。蘇維埃政府為了結束戰爭以鞏固其政權，暴露帝政時代的祕密條約，並向全世界提出不合併領土、不要求賠償、民族自決為原則的和平提案，因被協約國方面拒絕，於 1918 年 3 月單獨與德、奧講和，從戰線脫離。德國即從 3 月開始將其兵力全部投入西部戰線，進行最後的總攻擊，但始終不能取得決定性的勝利，加上國內亦發生革命，皇帝退位，於 11 月 11 日屈服投降。

第一次世界大戰是世界最初的總體戰，世界總人口八成以上的三十餘國參戰，歷經四年三個月，有八百五十萬人戰死，二千九百萬人受傷，戰費達一千八百六十億美元。總體戰是以資源、生產力、勞動力和軍事力決定勝敗，而最有效的運用這種總合力的政治組織，才能獲得最後的勝利。德國因為是後進國，取得供給資源的殖民地較晚，而維護其殖民地的海軍力亦比較差。加上德國的專制政治隨著戰局的逼迫暴露矛盾，因而引發革命運動。

在第一次世界大戰，發戰爭財者 (war profiteers) 是美、日兩國，因為美、日都在他國的領土作戰，販賣武器，獲取最大的戰爭利潤。德國戰敗不用說，俄國起革命，英、法、義等歐洲帝國主義列強都受創傷。英國的工業力，從第一次世界大戰之前，已經被美國和德國所追趕，在大戰中又喪失世界上的很多市場，戰後雖然還是工業製品的輸出國，但是已經不能恢復到戰前的地位。在大戰爆發前，英國尚保持世界金融中

心的地位，經過一次大戰後卻被美國所取代。戰前英國是世界的債權國，然而在大戰期間，因籌措戰費而不得不處分相當多額的債權，並在美國募集多額的戰債，故對美國反而成為債務國的地位。

美國則由於參戰，從英國奪取戰爭的領導地位，並從債務國轉變為債權國，確立美國在國際上和經濟上的優越地位，大大的增加其發言權。1919 年到 1920 年的巴黎和會，雖然受蘇維埃政府所提的和平提案影響，但主要的還是由美國總統威爾遜領導及依其提示的十四條進行討論，當然也與英、法的主張妥協。

戰爭的結果，德國喪失領土約等於大戰前面積的 13%，人口約 10%。所有的殖民地都被沒收，東非給英國，西南非給南非聯邦，多哥蘭 (Togoland) 給英國，喀麥隆 (Cameroun) 給法國，赤道以北的太平洋各島給日本，赤道以南的給澳大利亞委任統治。德國賠償總額達一千三百二十億金馬克，等於六十六億英鎊，其分配比率是法國 52%、英國 22%、義大利 10%、比利時 8% 等。其他除了限制德國的軍備外，並佔領德國在萊茵河西岸的領土，以保障其履行和平條約。

這種苛酷的條件，尤其是巨額的賠償，使馬克暴跌，並使德國商品在國際市場的價格降低，成為威脅英國商品的競爭對手。法國為了償還對英、美兩國的戰債，必須向德國強索賠償。英國對聯合作戰各國本來擁有十七億四千萬鎊的債權，但其中對俄國的五億六千八百萬鎊債權，因革命收不回來，而對美國則負八億四千二百萬鎊的債務。美國則對聯合作戰各國擁有總共二十億鎊的債權。

由於德國不能負荷巨大賠償，馬克貶值到一兆分之一，德國經濟完全破產。美國的財政專家即想出支付計劃，自 1924 年起由美國借巨款給德國，德國從美國所提供的資金支付各國的賠償，然後由各國償還給英國和美國的債務，英國也從此賠償金再償還給美國的戰債，而成立了一

種極複雜的國際金融機構。 1929 年世界經濟大恐慌，英國蘭開夏大罷工，工黨選舉取得勝利，美國紐約股票證券市場暴跌，各國爭向德國收回資金，迫使德國無法支付賠償，結果納粹黨乘機奪取政權，破壞凡爾賽體制，廢棄賠償問題。

　　英國因為在大戰中發行龐大的國債,其利息的支付到 1920 年代後半以後，數目達國家預算的 40% 以上，國民總生產 (GNP) 的 7%。因此國家財政僵化，財政金融政策之中，國債對策佔最重要的地位。再則，大戰後英鎊貶值，投資階級化的統治階層，必須要求提高銀行利息，採取通貨緊縮 (deflation) 政策。在「靠利息生活者經濟」(rentier economy) 的體制下，保守黨的包爾文 (Stanley Baldwin, 1867～1947) 內閣，也就完全的聽信英格蘭銀行總裁諾曼 (Montagu Collet Norman, 1871～1950) 的政策，於 1925 年強行恢復金本位制，以英鎊在戰前的比價 1 比 4.86 美金，提高英鎊的價值。但是當時物價顯示，英鎊的實力僅 1 比 4.40 美金，因此是將英鎊高估 10% 評價。當時著名的經濟學家凱恩斯 (John Maynard Keynes, 1883～1946) 極力反對恢復金本位制，可是工黨的財政大臣斯諾登 (Philip Snowden, 1864～1937) 和保守黨的財政大臣邱吉爾 (Winston Churchill, 1874～1965)，都是依照財政官僚和英格蘭銀行總裁的意見行事。故有人批評恢復金本位制是以犧牲產業界來保護金融界利息生活者 (rentiers) 的利益。因為英國輸出品的價格，因此政策突然上漲 10%，外銷商除非將輸出品的價格降低 10%，否則不能繼續在海外與外國競爭。加上這種通貨緊縮政策，使國內產業未能獲得充分的資金供給，以致產業不振，失業者日增。

　　從恢復金本位制的決策來看，英國社會有一種經驗主義的反理智傾向。他們寧願相信過去英格蘭銀行的榮譽，而不相信在高度發達的政治組織之下，以民主方式選出的政府對通貨問題的抉擇。

　　在第一次世界大戰期間，英國主要是靠國內舉債和美國的援助籌措戰費，因此戰後連鎖引起了相當顯著的通貨膨脹。本來英國以為從德國取得賠償，再確保世界市場，就可以從戰時的經濟窮境恢復，但是這種如意算盤露出破綻，不得不將其在產業和金融方面的稱霸地位讓給美國。特別是貿易的不振，使英國的經濟繁榮基礎發生動搖。由於產業設備的老朽化，歐洲購買力的減退，美國、日本為首的各國工業的發展，使大量依靠海外貿易的英國產業大受打擊。加上對俄國的巨額投資因革命而全部收不回籠，對美國又負戰債，世界金融中心自然的從倫敦的倫巴德街 (Lombard Street)，轉移到紐約的華爾街 (Wall Street)。可是倫敦的金融業者和英國的當政者，都還在夢想自己是國際金融的中心。

　　英國踏襲傳統的外交政策：一方面要抑制法國，使其不致於因戰勝而成為國際聯盟的中心，掌握歐洲大陸的霸權；另一方面要警戒蘇維埃社會主義國家的出現，而形成新的對立關係。然而美國乘其隙縫，逐漸侵蝕世界市場，代替英國稱霸世界經濟。

　　英國不但經濟力下降，軍事力也相對的下降。在第一次大戰前，英國保持其世界第一的海軍軍力，以防衛其廣大的殖民帝國，但是戰後依1921～1922 年華盛頓會議的《海軍條約》，英、美、日主力艦保有量的比率為五、五、三，英國甘願處於跟美國對等的地位。

　　跟英國本土勢力下降的情況相反，帝國之內各自治領的地位，經過大戰迅速的提升起來。隨著戰後民族自決的風潮，在殖民地的民族主義勢力也迅速的高漲起來。加拿大、澳大利亞、紐西蘭及南非聯邦，在戰前已獲得自治領的地位，大戰期間這些自治領各國與英國本國協力合作，對聯合作戰的勝利有很大的貢獻。因此，其國際地位大為上升，在巴黎和會亦各自派遣代表參加，在《凡爾賽條約》也各自以獨立國簽名。除了以上四國之外，還有在大戰中獲得自治領地位的紐芬蘭以及大戰後

1922 年獲得等於自治領地位的愛爾蘭自由國。上述六國之中，除了南非
聯邦之外都是由白人所構成的國家。

　　英國在第一次世界大戰以後，要支配殖民地維持帝國體制，漸漸感
到困難。雖然大英帝國之內，還存在著廣大的殖民地或保護地，並且在
大戰後從德國奪取新的許多委任統治領，然而這些殖民地，特別是印度
等，從第一次大戰前興起民族主義運動，而在戰後的 1921 年「不服從」
(civil disobedience) 運動更形擴大，要求自治或獨立的聲音日高，英國對
此不得不一步一步讓步，例如 1922 年承認埃及的獨立。對於更落後的殖
民地或保護領，英國的殖民地當局也逐漸承認原地居民的政治參與，給
予他們自治的訓練。

　　戰後英國在國內的通貨緊縮政策，使產業不振，而在國外民族自決
主義的興起，促使各自治領殖民地趨向獨立各自發展其產業，使張伯倫
以來的「社會帝國主義」面臨困境。保守黨內閣應產業資本家的要求，
削減勞工的工資和延長勞動時間，但是引起勞工的反抗和罷工。1921 年
秋天成立了「工會總評議會」(The General Council of Trade Union
Congress)，成為勞工陣營的總司令部，使工黨的勢力顯著的增大。在
1922 年的總選舉，保守黨三百四十七席，工黨一百四十二席躍進為第二
大黨，自由黨則分裂為阿斯桂派的六十席和路易喬治派的五十七席。

　　自由黨在大戰期中的 1916 年，因為與保守黨樹立聯合政府問題而分
裂為二派，路易喬治的「全國自由派」(National Liberals) 和阿斯桂的「獨
立自由派」(Independent Liberals)。路易喬治得保守黨的支持，組織少數
派的戰時內閣，而阿斯桂反而轉為在野黨，二派在朝在野，互相反目。
戰後的 1922 年保守黨不再支持聯合內閣而崩潰，其間工黨急速上升，使
自由黨兩派即使合起來也落為第三黨了。自由黨沒落的原因，是失去勞
工階層的信賴，因其社會政策是站在資本家的立場施與勞工大眾恩惠，

所以隨著「社會帝國主義」和「自由帝國主義」的碰壁，不能滿足勞工大眾的要求。加上英國的選舉制採小選舉區制，對第三黨極為不利，選民討厭自己所投的票變成死票，漸離自由黨而去。

　　工黨在大戰時，大部分黨員支持戰爭，而參加聯合政府。1918 年的黨大會，通過「工會和新社會秩序」的政策綱領，表明工黨是一個社會主義政黨，同時開放個人入黨，成為全國國民自由加入的政黨。1918 年修改《選舉法》，英國才承認 21 歲以上的男子以及 30 歲以上婦女的選舉權，這是酬謝婦女在大戰中在後方勞動支援戰爭的功勞。在第一次世界大戰，因為大量的男人出征，婦女決定性的參加社會勞動，特別是新的職業，如廣告、廣播、醫療、社會保障方面，由大量的婦女取代男人的工作。其他如公共運輸事業和公家機關也大量的起用婦女。在 1914 年婦女公務員僅六百名而已，在大戰後的 1919 年增加為十七萬名，甚至有婦女參加警察和軍隊工作。婦女所不能就任的職業，僅限於倫敦的證券交易所、天主教的司祭以及婚後擔任外交官等。由於這次《選舉法》的修改，約有一千三百萬人獲得選舉權，但是大部分的婦女趨向保守，而工黨對勞工以外各階層國民的滲透還不夠，因此在 1918 年底的選舉，工黨雖推出三百六十一名的候選人，卻只當選五十七名。

　　工黨的領導者麥克唐納屬於工會出身的右派，領導工黨朝向漸進主義、立憲主義、議會主義的方向前進。亦即由工黨的主流派發動進行「工黨的體制內化」。其間獨立工黨 (Independent Labour Party) 的一部分不滿分子，自由組織英國社會黨 (British Socialist Party)，並以此為核心在 1920 年 8 月成立英國共產黨 (British Communist Party)。英國共產黨雖屢次要求加入工黨，但採取立憲主義和議會主義的工黨領導層，不歡迎共產黨，拒絕其加入。 1923 年底的選舉， 工黨獲得一百九十一席依然是第二大黨，但得第三黨自由黨的支持，於 1924 年 1 月由麥克唐納組織第一次工

黨內閣。這些選舉，因為保守黨所主張的保護貿易政策，未能得到選民過半數的支持，自由貿易派為多數的工黨來贏得政權是順理成章的事。

　　工黨因黨內左翼的壓力，1924 年 8 月簽訂《對蘇條約》，承認蘇聯政府，保守黨和自由黨甚為不滿，加上報紙大力渲染共產黨第三國際 (Comintern) 的影響力，使該年 10 月的選舉，保守黨獲得四百一十五議席大勝，工黨降為一百五十二席，自由黨僅得四十二席，故工黨只當政八個月就下臺。這次選舉，因為保守黨不談保護貿易，所以上次選舉投自由黨的票，即大大的流入保守黨這邊。

　　保守黨內閣，因強制實行金本位制，削減勞工的工資，勞工組織即以罷工對抗。1926 年 5 月的大罷工，參加人數達二百八十萬，失業人數達一百一十六萬人之多。1927 年制定 《勞工爭議及工會法》 (*Trade Disputes and Trade Unions Act*)，不但規定同盟大罷工為不合法，一切同情罷工亦違法，並禁止公務員組織參加勞工會議。但是保守黨內閣，另一方面以社會立法施予勞工恩惠。1927 年的 《失業保險法》 (*Unemployment Insurance Act*)，雖然將金額減少，但使給付期間延長。1928 年的 《平等選舉權法》 (*Equal Franchise Act*)，將婦女的參政權擴大，跟男人一樣 21 歲即有選舉權。1929 年的 《地方行政法》 (*Local Government Act*)，廢止了救貧區聯合和救貧委員制，將其權限移到各州郡或特別市的公共扶助委員會。於是幾世紀以來的《救貧法》到此終止，不能工作者要接受公家扶助，成為當然的權利。

　　由於勞工階級的參政，工黨終於在 1929 年 5 月底的大選，取得二百八十八席，超過保守黨的二百六十席，組織第二次麥克唐納內閣，自由黨雖然只有五十九席，以決定性投票 (casting vote) 支持和牽制工黨內閣。1929 年 10 月下旬，紐約的證券交易所股價大暴落，此美國的金融恐慌，立刻波及各地成為世界性的大恐慌。世界的貿易急速萎縮，英國的出口

商品，從 1929 年的八億三千九百萬鎊，降為 1930 年的六億六千六百萬鎊，再降為 1931 年的四億六千一百萬鎊。失業人口從 1928～1929 年平均一百二十萬人，到 1930 年初達一百五十萬人，1930 年底增加為二百五十萬人，失業率高達 20%。麥克唐納為了克服國家財政赤字的危機，與財政大臣斯諾登共謀徹底的削減歲費，大幅的降低失業保險金，然而遭受工會的猛烈反對，並被工黨開除黨籍，1931 年預算案不能獲得議會通過，內閣不得不總辭職。

　　麥克唐納和斯諾登脫離工黨之後，設立 「全國勞工黨」 (National Laborites) 而右傾化。有人說，這是麥克唐納的「變節」，和其後加入聯合內閣當首相的 「陰謀」。 從保守黨轉入工黨的摩茲利 (Oswald Ernald Mosley, 1896～1980) 也於 1931 年脫離工黨，組織 「英國法西斯聯盟」 (British Union of Fascists)。 法西斯的風潮也影響了保守黨的右傾化，愛特肯 (William Maxwell Aitken, 1879～1964) 所率領的法西斯派，也組織了「統一帝國黨」(United Empire Party)。自由黨在 1931 年因加入聯合內閣問題也分為三派，其中自由黨全國派 (Liberal Nationalists) 被保守黨吸收，獨立派自由黨則漸衰滅，後來只剩正統派自由黨。

　　1931 年 8 月 ， 麥克唐納的全國勞工黨 ， 得到保守黨和自由黨的支持，組織跟之前憲政常規不同的「全國政府」(National Government)，少數黨的麥克唐納為首相，斯諾登仍留任為財政大臣。當時英國在工業生產方面顯著的減退 ， 特別是重要產業的棉紡織業 ， 自 1929 年以來被美國、日本、印度等所迫，貿易呈現低潮。英國已經到達不能維持傳統的自由貿易主義，而要大大的轉換為統制經濟了。從工黨轉來的金融專家斯諾登對財政的見解，是跟保守黨完全相同的古典理論。工黨的最大缺點，在於缺乏自己的一套金融理論，因此工黨領導者對戰後的失業問題，完全繼承保守黨的救濟政策。

　　1931 年 9 月，麥克唐納聯合內閣停止金本位制，英鎊的價值從 4.86
美金落為 3.40 美金，這樣期待對出口有利而刺激國內產業。10 月底的總
選舉，全國政府獲得五百五十四席的壓倒多數，其中保守黨四百七十三
席，自由黨六十八席，麥克唐納的全國勞工黨僅十三席，而工黨則落敗
為五十二席而已。麥克唐納的全國政府獲得國民的支持之後，在該年通
過《非常關稅法》，1932 年制定《保護關稅法》，設定進口關稅以增加政
府稅收。

　　另一方面，應自治領各國的要求，於 1931 年公佈《西敏寺法》
(*Statute of Westminster*)，使自治領各國在憲法上成為完全的獨立國，享
有內政外交的自主權，僅對英王的共同效忠而統合為自發的「大英聯邦」
(British Commonwealth of Nations)。

　　英國本國和自治領各國以及殖民地，為了共同克服經濟不景氣，以
及促進彼此之間的貿易，在 1932 年 7 月於加拿大首都渥太華 (Ottawa)，
召開大英帝國經濟會議，基於帝國特惠關稅政策，締結了多角的關稅協
定。英國對外國提高關稅，而給予自治領特別是印度低率特惠。同樣的，
自治領各國也對本國商品降低稅率。結果，英國在帝國內的輸入，從
1930 年佔全進口額的 25%，增加到 1938 年的 37.9%，同一時期在帝國
內的輸出，也從 37.5% 增加為 45.6%。如此，以英國本國為中心，以特
惠關稅制度排除他國的競爭，形成「大英帝國經濟集團」，並以英鎊為自
治領各國通貨的基準，以英鎊結合成「英國貨幣集團」(sterling block)。
然而大英帝國經濟集團的形成，在另一方面表示英國在國際上地位的降
低，成為世界上其他強國經濟集團化的前例。德國在經濟大恐慌後，隨
著法西斯主義的抬頭，也以「民族自主經濟」(Autoky) 為名目，強行獲
得原料市場和販賣市場，以此排他性的經濟圈來擴充其軍事產業。再如
日本所提倡的「大東亞共榮圈」，也是排他性經濟圈的一種表現，而使經

濟上的國際競爭日趨激烈，成為導致第二次世界大戰的一個因素。

　　自從 1929 年的經濟大恐慌以來，對凡爾賽體制不滿的體質較弱的資本主義國家德、義、日，逐漸的形成法西斯體制，由於共通的利害和立場形成樞軸，強行對世界市場進行侵略戰爭。德國在 1932 年，納粹成為第一大黨，1933 年 1 月成立希特勒內閣，廢棄《凡爾賽條約》，大肆擴張軍備，並脫離國際聯盟。當時英國的外交政策，基本上在防止任何一強國在歐洲大陸佔有支配地位，努力於和平的維持和促進世界貿易，以其優秀的海軍來防衛本國和其散佈於全世界的商業帝國的安全。因為德國公然廢棄《凡爾賽條約》的軍事條項，擴張軍備，英、法、義三國首腦，曾於 1935 年 4 月在史特萊撒 (Stresa) 會談，協議對德國的違反條約採取共同的行動。英、法、義三國的協調，稱為史特萊撒戰線。

　　但是三國的協調，因為利害關係的不同，未能發生實效。法國想要對德國採取強硬政策，但是英國為了牽制法國以及利用德國成為對付蘇聯的防波堤，並不反對德國的重整軍備。史特萊撒會議不久之後的 6 月，英國不謀於法義兩國，私自與德國締結「海軍協定」，承認德國的海軍保有量為英國的 35%。這表示英國自行破壞《凡爾賽條約》的軍事條款，也表示德國外交的成功。

　　1935 年麥克唐納生病引退，由保守黨的包爾文組織內閣。包爾文曾於 1923～1924 年組閣，因保護關稅政策未得議會支持而辭職，1924～1929 年再組閣，對大罷工的處理則讓邱吉爾採取強硬政策，使工會退縮，累及勞工權益。在 1931～1935 年的麥克唐納全國內閣當樞密院議長，主宰渥太華會議協定帝國保護關稅。自從他第三次組閣之後，為對抗德國納粹的抬頭，開始著手強化軍備。

　　1935 年 10 月，最早成立法西斯政權的義大利，乘著德國向全世界宣言重整軍備而引起衝擊的空隙，侵入衣索匹亞。英國與法國謀商以國

際聯盟的力量對義大利施加經濟制裁,國際聯盟也以 50 比 1 決議經濟封鎖,但實際上未能收到效果。法國因為與德國對抗,不願意過分削弱義大利,而禁輸品的名單刪除了義大利所最需要的石油,美國當時並未加入國際聯盟,而且是世界最大的石油供應國。從英國的立場來看,也並沒有訴諸於戰爭強行制裁的決心,因為義大利的強化可以牽制法國和蘇聯的勢力,符合英國傳統的外交政策。再則,如果衣索匹亞的抵抗運動發生效果,則會刺激英國在非洲和印度等地的民族運動,使殖民地的統治發生動搖。結果,義大利在 1936 年 5 月合併衣索匹亞,1937 年脫離國際聯盟。

　　德國見義大利的侵略衣索匹亞,使史特萊撒戰線露出破綻,利用英、義先前的合作轉變成對立的關係,又以法、蘇在 1935 年 5 月締結相互援助條約為藉口,於 1936 年 3 月派軍進駐萊茵地方 (Rhineland),構築要塞重行武裝,公然破壞 1925 年的《羅加諾條約》(*Pact of Locarno*)。英國仍默許德國的進軍,採取「姑息政策」(policy of appeasement)。1936 年,義大利外相訪問柏林,形成柏林、羅馬樞軸。德國承認義大利合併衣索匹亞,義大利承認德國進軍奧地利,又共同支持西班牙的佛朗哥 (Francisco Franco, 1892～1975) 政權。

　　西班牙的內亂,使德、義樞軸的形成更為顯明。1936 年 7 月佛朗哥在摩洛哥叛亂,立刻誘發西班牙國內左右派的對立,展開猛烈的抗爭。當初佛朗哥的勢力微小,但是由於德、義兩國積極的支持,運送多量的物資和兵員,使佛朗哥的勢力日振。德、義兩國之所以支助,除了對法西斯體制有好感之外,特別重視西班牙的資源和軍事價值。另一方面,蘇聯則支持共和政府而供給物資,其他世界的社會主義者或自由主義者也熱烈聲援。這樣,西班牙的內亂即化為國際上的法西斯主義和民主主義的鬥爭。

在這種情況之下，英國的態度始終曖昧不定。英國之內，雖然有獨立勞工黨和共產黨嘗試組織「人民戰線」，但是勢力微弱，包爾文的保守黨內閣始終採取「不干涉政策」。因為從保守黨的立場來看，不論是在西班牙出現人民戰線政府，或是出現法西斯政權，都對英國在地中海的利益有不利的影響。法國則當時成立人民戰線的布魯姆 (Léon Blum, 1872～1950) 內閣，採取支持共和政府的方針，但是因為財經困難，依賴英國的援助克服危機。英國既然不積極的支持共和政府，法國也只好追隨英國的外交政策袖手旁觀。

德、義兩國見英、法採不干涉政策，即正式的承認佛朗哥政權，越加積極的援助，於是共和政府逐漸失勢。到了 1937 年佛朗哥已席捲西班牙領土的三分之二，到 1939 年陷落首都馬德里 (Madrid)，樹立佛朗哥政權，不久並得到英、法、美列強的承認。然而西班牙的內戰，成為確立「柏林‧羅馬樞軸」的轉機，使世界情勢更趨緊迫。

另一方面在東亞，日本自從 1931 年發動「瀋陽事變」，佔領中國的東三省以來，1932 年成立偽「滿洲國」，1933 年脫離國際聯盟，1934 年毀棄《華盛頓條約》，1935 年壓迫蘇聯讓渡東清鐵路，1936 年脫離第二次裁軍會議，逐漸與英、美的自由主義國家疏離，而接近德、義的法西斯國家。1936 年成立了「日德防共協定」，1937 年義大利加入，成為「日德義防共協定」，而確立了日、德、義三國的樞軸關係。日本在這種情勢之下，於 1937 年 7 月 7 日發動蘆溝橋事變，打開第二次世界大戰的序幕。

然而，英國在 1937 年 5 月包爾文首相引退之後，繼任的聯合內閣首相尼維爾‧張伯倫 (Neville Chamberlain, 1869～1940) 採取姑息政策。他是提倡「社會帝國主義」的約瑟‧張伯倫的次子，因簽訂《慕尼黑協定》，姑息希特勒而享名。

1938 年 2 月，希特勒召請奧地利首相舒西尼格 (Kurt Schuschnigg,

1897〜1977)，要求其任命納粹領袖印夸特 (Inquart, 1892〜1946) 為內相，但是舒西尼格以要訴之於國民投票抗拒，希特勒即發出最後通牒，扶成印夸特內閣，並派遣軍隊合併奧地利。義大利因與德國結成樞軸有所諒解，不再干涉德國合併奧地利。然而，英國仍舊不改變衣索匹亞戰爭和西班牙內戰時的曖昧態度。在包爾文內閣時代，外相艾登 (Anthony Eden, 1897〜1977) 對法西斯的抬頭還採取對抗政策，然而張伯倫當權之後，撤換艾登，推行「姑息政策」。以致法國也不敢貿然從事戰爭，以阻止德國的行動。

德國合併奧地利，取得向巴爾幹半島進軍的出口，不久以捷克斯洛伐克 (Slovakia) 北部蘇臺德區 (Sudeten) 所居住的德國人遭受虐待為由，要求捷克割讓蘇臺德區。捷克斯洛伐克因與法國、蘇聯締結軍事同盟，所以有戰爭一觸即發的危險性。於是張伯倫首相，於 1938 年 9 月與希特勒、墨索里尼以及法國首相達拉狄厄 (Edouard Daladier, 1884〜1970) 在德國慕尼黑 (Munich) 進行會談，結果決定將蘇臺德區當「最後的禮物」，贈送給德國。這時，蘇聯反對英國的「姑息政策」，但是法國追隨英國，使捷克斯洛伐克雖痛恨英、法的態度，也不得不聽從其決定。此後歐洲的弱小國家，對英、法再也不敢信任，為了生存反而覺得轉向跟德國納粹妥協較為不吃虧了。張伯倫說是達成「光榮的和平」，回到倫敦，得到國民狂熱的歡迎。英國人之所以喜歡「和平」，是深知一旦發生戰爭，英國的殖民帝國將更形崩潰，而無法維持昔日的「光榮」了。

希特勒雖然向張伯倫表明，蘇臺德區的取得是德國在歐洲的最後一塊領土要求，但政治卻是權謀的騙術，得寸必然進尺。1939 年 3 月，德軍突破國境侵入捷克斯洛伐克使之解體，波希米亞 (Bohemia) 和摩拉維亞 (Moravia) 二州編入德國的保護領，所剩斯洛伐克也成為德國的保護國。同年 4 月，義大利也合併阿爾巴尼亞 (Albania)，英、法再也不能躕

躇了。

　　張伯倫到這時，才不得不承認其「姑息政策」的錯誤，聲明轉換政策，以武力對付武力，擴充軍備，施行徵兵制。1939 年 4 月締結《英波相互援助條約》，而對波蘭、羅馬尼亞、希臘、土耳其保證軍事援助。德國則以廢棄 1935 年的《英德海軍協定》，冷眼相報。

　　英國對波蘭的軍事援助，因為距離太遠，必須得到蘇聯的合作才能發揮效果，然而英、法、蘇之間的交涉，從 1939 年 4 月開始歷經四個月，因相互猜忌未能妥協成功。8 月 23 日，德、蘇雙方突然發表《德蘇互不侵犯條約》，9 月 1 日德軍侵入波蘭，9 月 3 日英法對德宣戰，第二次世界大戰在歐洲戰場的序幕於是展開。

　　德國以其優越的戰車和空軍的威力，採「閃電戰術」，僅二週即佔領波蘭的西半部，蘇聯亦於 9 月 17 日侵入波蘭，割其東半部，英、法幾乎無暇援助，而波蘭滅亡。在歐洲的西部戰線，德軍與英、法軍開始互相在海上封鎖，只是裝腔作勢的「假打戰」而已。其間，蘇聯向波羅的海的拉脫維亞、愛沙尼亞、立陶宛三小國，要求軍事基地得逞，再向芬蘭要求被拒，於 11 月底開始攻擊芬蘭。英、法對芬蘭的援助，是口惠而不實，芬蘭勇戰力竭，1940 年 3 月向蘇聯求和，割一部分土地給蘇聯，鞏固其邊境的防衛，強化其在東歐的戰略地位。

　　1940 年 4 月，德軍出其不意佔領丹麥，侵入挪威。英國應戰，但被優勢的德國空軍所壓倒，約一個月後挪威也被德軍佔領。德軍之佔領挪威，目的在於確保空軍和潛水艇基地，掌握瑞典的資源。英國的失敗，使國內興起非難張伯倫的聲音，於是由反對「姑息政策」的強硬論者邱吉爾取代聯合內閣首相，他自兼國防大臣，領導參謀首腦會議，統率陸海空三軍，掌握軍政兩權於一身，確立強力的作戰體制。

　　德軍攻略挪威後，接著侵入荷蘭、比利時迫其投降，西部戰線對英

從敦克爾克撤退至英國的
受傷法軍

法軍是致命性的打擊，瑪其諾防線被攻破，6月英法軍三十萬在法國北部的海口敦克爾克 (Dunkirk) 被德軍包圍。英法聯軍所幸由海軍援助撤退到英國，而倖免全部覆滅。然而德軍的進擊告急，6月14日巴黎陷落，16日投降。

德軍迫使法國投降之後，即集中全力攻擊英國，自1940年夏天以來，對倫敦等地進行大空襲。當時英國的空軍比德國差，但是全國國民在邱吉爾的領導下，忍受苦難，使德軍未能登陸英國國土，克服最大的危機。

其間，義大利為了取得地中海的支配權，從利比亞侵入埃及，又同時侵入希臘。英軍從埃及出擊利比亞，並援助希臘軍困擾義軍，結果，地中海的霸權毫不動搖，反而使義大利艦隊損傷。衣索匹亞見機，在英軍的支援下反抗義大利，使在衣索匹亞境內的義軍投降。然而德國派軍到利比亞作戰，又侵入南斯拉夫與義軍共同攻擊希臘。英軍想要從北非救援，但優越的德軍已佔領了希臘本土及克里特島。

另一方面，自1940年法國投降，英國面臨危機時，美國即先與加拿大締結《共同防衛協定》，接著在9月讓與英國老齡驅逐艦五十艘，代價則租借紐芬蘭到喀普里島 (Capri) 的英領各島八個地方，設立海空軍基地。1941年3月，美國成立了《武器貸與法》(Lend-Lease Act)，改變從前軍需品輸出必須以現金和美國船的規定，提供給英國多量的軍需品，不須以美金支付。

1941年6月22日，德軍突然攻擊蘇聯。德、蘇戰爭的開始，自然緩和了德軍對英軍的壓力，使第二次世界大戰大為改變。從此步調不合

的資本主義各國與蘇聯改善關係,全世界標榜民主主義的勢力,在國際上合作,展開所謂反法西斯主義的鬥爭。1941 年 7 月,在莫斯科締結英蘇軍事同盟,8 月邱吉爾與羅斯福在大西洋上會議發表《大西洋憲章》,9 月英、美、蘇三國會議決定對蘇聯貸與武器。此後美國即供給蘇聯所需要的一切物資,到 11 月已經給與十億美元餘的信用借貸,美國的角色越形重要。

1941 年 12 月 8 日,日軍攻擊珍珠港,開始太平洋戰爭。數日後,德義也向美國宣戰。日本軍征服香港、菲律賓、馬來亞、荷領東印度群島等,在馬來半島海上英國的戰艦威爾斯王子號 (Prince of Wales) 和驅逐號 (Repulse) 被擊沉。1942 年 2 月新加坡陷落,在緬甸的英軍也撤退到印度。在北非也是,1942 年夏德軍派遣隆美爾 (Erwin Rommel, 1891～1944) 的戰車師團,攻擊埃及逼近亞力山大。

好在因美國的參戰,而自 1942 年戰局改變。1 月 1 日英、美、蘇、中等二十六國結合成聯合國的協約,6 月邱吉爾再訪問華盛頓,不久在倫敦召開參謀首腦會議,決定英美協同作戰,自北非開始反攻。11 月艾森豪 (Dwight D. Eisenhower, 1890～1969) 所率領的美軍,在法領北非登陸,東部戰線由蘇軍反擊,樞軸軍在東西夾擊之下,到 1943 年 5 月完全被掃蕩。太平洋方面,日本海軍也是從 1942 年 5 月珊瑚海海戰和 6 月的中途島之役戰敗以後,開始節節敗退。

1943 年 9 月義大利投降,11 月展開羅斯福、邱吉爾、蔣介石的開羅會議,接著有羅斯福、邱吉爾、史達林的德黑蘭會議等,決定聯合國的目標在德、日的無條件投降。1944 年 6 月 6 日,聯合軍在諾曼第登陸夾擊德軍,1945 年 2 月羅斯福、邱吉爾、史達林在克里米亞簽署《雅爾達密約》,決定德國的分割佔領。5 月 7 日德國投降,結束歐洲戰場。7 月17 日,英、美、蘇三國首腦在柏林郊外的波茨坦會議,發表《波茨坦宣

言》，決定戰後處理問題。8 月 15 日，日本投降。第二次世界大戰，從中國人的觀點看，是 1937 年 7 月 7 日以來起碼八年的期間，然而西洋人則從 1939 年 9 月算起，只是六年而已。

第二次世界大戰是人類所經驗的最大戰爭，其禍害也比前次大戰更為慘烈。全體交戰國的直接軍費即達一兆一千五百四十億美元，人員的損害，死者二千二百萬人、負傷者三千四百四十萬人，其他大小損害不計其數，恐怕超乎我們的想像之外。

英國蒙受第二次世界大戰的傷害很大，因戰爭喪失了一千八百萬噸的船舶，儘管在戰時趕建船隻，也僅剩一千六百萬噸，遠不及戰前的二千二百萬噸。燒毀了約四百萬的房屋，約達房屋總數的三分之一。外債達近三十億鎊之鉅，其三分之一的十億鎊不得不以出售海外資產彌補。對日戰爭終結後的 1945 年 9 月 2 日，美國停止《武器貸與法》，使英國政府陷入嚴重的財政危機。為了克服財政危機，英國於 1945 年秋派遣凱恩斯到美國交涉，獲得三十七億五千萬美元的貸款。凱恩斯在第一次世界大戰後的 1919 年，曾以英國財政部主席代表出席巴黎和會，後來不滿和平條約過苛而辭職，因投機致富，1923 年提倡採用管理通貨制，反對 1925 年的恢復金本位制，1929 年為麥克米倫委員會的一員，主張依赤字財政興起大規模的公共事業以增加雇用消除失業，並降低利率以促進投資，1936 年出版《雇用、利息及貨幣的一般理論》(*The General Theory of Employment, Interest, and Money*)，打破傳統經濟學的想法，一般稱之為「凱恩斯革命」，影響其後各國的經濟政策，而成為現代經濟學的理論家。

英國以凱恩斯的努力，從美國所得的貸款，購買原料，以謀恢復出口產業，以及對外收支的平衡。但是戰後原料缺乏而價格高昂，很快就將貸款消費光。1946 年凱恩斯去世，1947 年英國再陷入深刻的財政危機。英國主要的進口國家為美國，而美國的物價昂貴，英國深被美金不

足所煩惱。1948 年，英國得美國馬歇爾計劃 (Marshall Plan) 援助，這是美國為防止歐洲共產勢力擴大的援助計劃，才得苟喘一息，使出口逐漸好轉，但是到 1949 年又痛感美金不足。於是英國政府於 1949 年 9 月將英鎊大幅貶值，從一英鎊對 4.03 美元貶為 2.80 美元，使出口大為有利而謀增加輸出。但是 1951 年美國因韓戰而減少對英鎊地區的購買，英國不得不減少以美金進口的物資。如此戰後的英國，大概每隔一年就陷入對外收支的危機，而在經濟上大大的依靠美國了。

　　總而言之，第一次和第二次世界大戰，都不是英國所希望的戰爭，可是都不可避免的捲入戰爭。英國在十八世紀建設了殖民帝國而最早實行產業革命的結果，到十九世紀末期，大英帝國已經到達稱霸世界的巔峰了，因此極力的迴避戰爭的發生，外交上也採取宥和政策。可是迎頭趕上的列強，不願意英國等獨霸世界市場，要求殖民地或勢力範圍的重新分割，這可以說是後來演變成世界大戰的基本原因吧。我們從大戰之後，列強之間領土或勢力範圍的重新劃分，得到實證。從另一方面看，在亞洲、非洲、美洲等後進地區，對於列強的侵略戰爭，也興起民族主義運動，要求民族的獨立和自由。因此每經一次戰爭，英國為了維護其殖民帝國，必定要花費很大的代價，就是勉強戰勝了德國等列強，也是得到殖民地人民的合作才戰勝的，故戰後也就不得不承認殖民地的獨立自主。從殖民地的喪失這一點來看，英國在兩次世界大戰的戰勝，也等於是戰敗，英國參與戰爭，註定只有失敗一途了。

Chapter 15

福利國家

——產業國有化政策和社會保障制度

(1945～1980)

　　由於第二次世界大戰英國蒙受甚大的打擊，加上在殖民地的民族主義運動趨於活潑，陸續要求獨立，而使英國的地位更加降低，已經無法維持舊有的帝國體制。在戰後經濟不景氣深刻化的情況下，預料要復興是極為困難的事。面臨著這窘境，在 1945 年 7 月的總選舉，工黨獲得三百九十三議席，第一次成為絕對多數政黨，保守黨二百一十三席，自由黨僅得十二席，於是由工黨黨魁艾德禮（Clement Richard Attlee，首相1945～1951）組織清一黨內閣。閣員二十名之中，副總理兼樞密院議長馬禮遜 (Herbert Stanley Morrison, 1888～1965) 負責國有化計劃，掌璽大臣格林伍德 (Arthur Greenwood, 1880～1954) 負責全盤的社會保障制度，外相貝文 (Ernest Bevin, 1881～1951) 負責一般對外關係，財政大臣道爾頓 (E. H. J. Neale Dalton, 1887～1962) 和外貿局總裁克里甫斯 (Richard Stafford Cripps, 1889～1952) 則共同負責經濟政策。以上是工黨幹部主流派，得工會右派領袖的支持，開始實施基礎產業的國有化以及充實社會保障制度等一連串的社會主義政策。因為在戰後經濟惡化的情況下，必須採取從糧食配給到國有化等強力的經濟統制政策來應付。

　　英國過去是依靠殖民地所產生的高額利潤，來嘉惠英國的一般民眾，使勞工大眾都享受高水準的生活。當英國的產業壟斷世界市場的時候，

英國的勞工也可以相當程度的分享壟斷的利益。然而殖民地的逐漸喪失，使英國的經濟走下坡，而漸漸感到難以使全體人民享受高水準的生活。俗語說：「從簡入奢易，從奢入簡難」，英國的人民既然過去都享受美好的生活，現在忽然要一般勞工過水準以下的貧窮生活，勞工大眾一定不滿而起來投反對票。為了防止勞工大眾的離心造反，英國政府必須實行產業國有化政策，將英國的產業科學改組，以謀國民全體的福利，另一方面還必須實施社會保障制度，來勉強維持勞工大眾此後的生活。這就是英國「福利國家」(welfare state) 理論的起源。新費邊社 (New Fabians) 的福利國家思想，是依社會民主主義的超階級國家理論，來防止社會革命的興起。然而英國的福利國家政策實行的結果，因政府財政的困難，不得不屢次加以修改。

　　英國的產業國有化，其實在第二次世界大戰爆發之前已經開始著手，在 1930 年代的經濟大恐慌之後，即由國家加強經濟統治。1933 年的《倫敦乘客運輸法》，設立倫敦乘客運輸局 (London Passenger Transport Board) 的一種公營機關，將倫敦的地下鐵路和巴士統合為國營。1938 年實行煤礦礦業權的國有化，1939 年通過「英國海外航空公司」(British Overseas Airways Corporation) 國有化案，將從前的帝國航空和英國航空二家公司合併為國營，而自 1940 年實施。

　　戰後的工黨內閣，首先在 1946 年實行英格蘭銀行國有化，使金融資本成為國家壟斷資本；接著在同年通過《煤礦產業國有化法》(*Coal Industry Nationalisation Act*)，從 1947 年元旦設立全國煤礦局 (National Coal Board)，壟斷全國煤礦的開採和供給。關於國內的電力通信，本來從 1926 年就由中央電力局 (Central Electricity Board) 供電，英國廣播協會 (British Broadcasting Corporation) 管轄，然而從 1947 年起連海外的有線電和無線電通信也國有化。依 1947 年的《電力法》(*Electricity Act*)，

從 1948 年 4 月起英國電力廳 (British Electricity Authority) 壟斷經營全國的電力配送事業。又依 1947 年的《運輸法》(*Transport Act*)，從 1948 年元旦起全國的鐵路、國內水運，以及碼頭、旅館、遠距離汽車運輸業皆國有化，置於英國運輸委員會 (British Transport Commission) 管轄之下。依 1948 年《瓦斯法》(*Gas Act*)，從 1949 年 5 月起全國的瓦斯供應事業也國有化。1949 年國營的英國海外航空公司，合併了 1946 年設立的英國歐洲航空公司 (British European Airways) 和英國南美航空公司 (British South American Airways)。

　　工黨的國有化政策之中，保守黨與財經界最反對的是鋼鐵業的國有化。因為鋼鐵業不比煤礦業，生產效率極高，從 1934 年就形成英國鋼鐵聯盟的卡特爾 (cartel)，可以說是英國壟斷資本的重鎮。工黨政府預料上議院會反對鋼鐵業的國有化，於 1949 年先成立法律，將 1911 年《議院法》規定上議院的法案延擱權二年縮短為一年，於同年 11 月通過《鋼鐵業國有法案》(*Iron and Steel Act*)，但是 1950 年 1 月將實施延期一年，等該年選舉的結果而定。1950 年 2 月的選舉，工黨勉強勝利，於是從 1951 年 2 月實施鋼鐵業國有化。

　　以上的國有化政策，除了鋼鐵業以外，不論是銀行的國有化，或是煤礦、鐵路、電信電話、民間航空、瓦斯電氣的國有化，都沒有成為政黨之間的爭論點。當英格蘭銀行要國有化之際，保守黨黨魁邱吉爾即表示沒有意見，而像煤礦業或鐵路這種古老又不能期待高度利潤的「斜陽產業」，資本家方面反而希望國家來收買其企業。工黨政府的商務部，並且獎勵私有經濟部門的各個企業，形成產業別組織，其組織的代表有時並被任命為商務部顧問或擔任經濟統制的官吏。與工黨政權最合作的資本家，並不是古老產業如纖維業、煤礦業、鋼鐵業、造船業等出身的資本家，他們還是傳統性的支持保守黨；而是學習凱恩斯經濟學的新型企

業家，他們知道當資本和勞動力都完全利用時利潤率最高的道理。新型企業家認為，得到工會支持的工黨，在勞資關係這種政治性緊張問題，可以比保守黨更圓滑的調整危機，而且可以利用適當的補助金政策，促使經濟繁榮。

從此，英國的全體產業約 20% 國有化。其國有化的方法，是以公債或債券補償舊所有主或股東的方式。國有化的各個產業，因經營上的需要，很多是從前的經營者當幹部領高薪。如此，英國有私人經濟和公營經濟混合並存，經濟有 20% 社會化，但不能稱為社會主義國家，大部分還是自由經濟的資本主義。

工黨的另一個政績，是實施社會保障制度。既然工黨在意識形態上標榜勞工的利益，而與保守黨主張私人利潤對抗，則不得不以統一的國家制度來保障國民的生活水準。英國是世界上最早實行產業革命的國家，也是過去在世界上擁有最多殖民地的國家，其社會保障歷史淵源較久。自從 1867 年第二次《選舉法》修改和 1884 年第三次《選舉法》修改，擴大選舉參政權以後，兩大政黨為了贏得選票，開始以保證國民生活水準的能力競爭。早在 1908 年就有《老年年金法》(*Old Age Pensions Act*)，1911 年有《國民保險法》(*National Insurance Act*)，1925 年、1929 年、1937 年、1940 年有《寡婦、孤兒和老年捐助年金法》(*Widows', Orphans', and Old Age Contributory Pensions Act*)，1936 年有 《公共保健法》(*Public Health Act*)，1945 年有《家族津貼法》(*Family Allowances Act*)。

然而戰後在工黨左派的保健大臣貝凡 (Aneurin Bevan, 1897～1960) 的企劃下，社會保障制度有更徹底的進展，帶給英國國民大眾現實的利益。1946 年的《國民保健事業法》(*National Health Service Act*)，幾乎使全國國民免費接受醫療。1946 年的《國民保險法》，將 1911 年以來片斷施行的有關社會保障的各種制度統合起來，使英國的國民自搖籃到墳墓，

皆保障最低限度生活，包括失業給付、疾病給付、生產給付、寡婦給付、監護給付、死亡臨時給付、退休年金等。1946 年的《產業災害國民保險法》(*National Insurance of Industrial Injuries Act*)，代替戰前的《勞動者災害補償法》，由保險者、雇主、政府共同捐款為基金，保險產業災害和疾病。1948 年的《國民扶助法》(*National Assistance Act*)，補助未得《國民保險法》保護的生活窮苦者。

　　工黨的努力實現福利國家，是繼續戰時以來對高所得者課重稅政策，將其歲收的大部分不是用在軍費方面，而用在支付社會保障費用，糧食補助金方面，取之於富裕者，還之於一般國民，而達所得再分配的效果，大大的提高勞工的生活水準，以徹底實行完全雇用和社會保障。

　　然而，戰後社會保障政策的徹底實行，必須以不需要負擔軍費為前提，如果被外部的情勢所迫重整軍備，支出龐大數目的軍費，則社會保障制度也必露出破綻。1947 年初，以希臘的戰後處理為轉機，英國因為缺乏軍事武力為後盾，逐漸開始從世界各地的勢力範圍撤退。希臘依 1944 年的莫斯科會談，邱吉爾和史達林同意列入英國的勢力圈，同年 11 月，英軍趕走希臘的所有德軍，戰後即由英國所擁立的王黨派當政，但是傾共的游擊隊 (E.L.A.S.) 以武力反抗不肯解除武裝。1947 年初在北方山區，共產黨所領導的部隊甚至宣稱成立敵對的政府而展開內戰，可是英國在軍事上和財政上都沒有負擔鎮壓希臘內亂的能力，即向美國政府通告英國已經不能支持希臘政府了。當時美、英支持希臘政府，而蘇聯以下的阿爾巴尼亞、南斯拉夫、保加利亞則援助共產黨叛軍，在聯合國也分成西方自由陣營和蘇聯共產陣營的激烈鬥爭。由於英國不能負擔軍費放棄希臘，將地中海的英國軍事據點撤退到埃及，而由美國接替介入。美國於 1947 年 3 月發表有名的「杜魯門主義」(Truman Doctrine)，開始採取封鎖蘇聯勢力的政策，給與希臘政府三億美元的軍事和經濟援助，

派遣美軍顧問團到希臘，至 1949 年將共產黨叛軍鎮壓下來。同樣的，在太平洋地區的自治領，也開始從英國轉向美國尋求軍事保護。

即使美國代替英國對抗蘇聯，可是東西陣營對立的激化，必定迫使英國也重整軍備。1948 年 3 月，英國和法國、比利時、荷蘭、盧森堡五國簽訂《西歐共同防衛聯盟條約》，1949 年 4 月又加入美國和加拿大締結《北大西洋條約》(*North Atlantic Treaty*)。重整軍備，當然會反映在國內經濟上，工黨政府即面臨「要奶油還是要大砲」的困難選擇。由於這些條約，軍事費的增加，使工黨的重要政策，即社會保障政策的實行感到困難，而不得不削減預算壓低國民生活。1950 年 6 月韓戰爆發，為了充實軍備，新任財政大臣蓋茨喀爾 (Hugh Todd Naylor Gaitskell, 1906〜1963) 決定削減社會保障費用。提倡免費保健制度的保健大臣貝凡，因眼鏡和鑲牙變成須負擔半價費用，憤而辭職。

由於韓戰的爆發，英國被美國要求樹立重整軍備計劃，於 1950 年 8 月設定三十四億鎊的三年國防計劃，自 1951 年 4 月起實施，而使英國的國防費大為增加。國防費在 1949〜1950 年度是七億四千四百萬鎊，1950〜1951 年度是八億三百萬鎊，1951〜1952 年度增為十一億二千九百萬鎊，1952〜1953 年度增為十四億六千二百萬鎊 (其中包含美國的軍事援助八千五百萬鎊，英國自己負擔十三億七千七百二十萬鎊)，1953〜1954 年度增為十六億三千六百萬鎊 (其中包含美援一億四千萬鎊，英國自己負擔十四億九千六百七十六萬鎊)。

韓戰對英國國民生活的影響很大，兵役從一年六個月延長為二年。在韓戰爆發前的 1950 年 3 月 6 日，在議會提出的國防預算案，本來要在 1951 年 4 月為止將兵力從七十一萬八千八百名裁減為六十八萬二千一百名，可是韓戰爆發後的 1950 年 12 月 5 日發表的兵力案，則反而要增加為八十九萬九千九百名 (其中陸軍五十二萬二千名，空軍二十四萬三

千名，海軍十三萬四千名）。而 1950 年的三年國防計劃費也被艾德禮政府修改為四十七億鎊。同樣的，兵力也增加為 1951～1952 年度的九十五萬五千名，到 1952～1953 年度的一百零二萬三千名。至韓戰終結的 1953 年春夏之季才漸減為八十七萬九千八百名。其後年年減少，到 1978 年為三十一萬三千二百五十三名（陸軍十六萬零八百三十七名，海軍六萬七千七百七十名，空軍八萬四千六百四十六名），1979 年略增為三十二萬二千八百九十一名（陸軍十六萬三千六百八十一名，海軍七萬二千九百名，空軍八萬六千三百一十名）。

韓戰使世界掀起重整軍備計劃，一直沉滯的英國經濟有一陣子似乎活潑起來，而美金不足的危機也好像解除。然而從 1951 年下半期起，英國的對外收支又急速惡化，伊朗的石油問題再引起英國的經濟危機，甚至迫使工黨下臺。

英國於 1901 年在伊朗獲得石油權利，1909 年創立「英國伊朗石油公司」(Anglo-Iranian Oil Co.)。然而伊朗的國民議會於 1951 年 3 月 15 日通過《石油國有化法》，將「英國伊朗石油公司」接收國有，英國雖然展開石油談判，但是伊朗民族戰線 (NF) 的領導者穆薩杜（Muhammad Mussadeq 或 Mossadegh，1882～1967）就任首相，不理會英國的要求，將油田和精油廠封鎖，使得英國的石油公司職員不得不撤出，1952 年伊朗跟英國斷絕外交關係。

在 1951 年 10 月的總選舉，工黨因為國防預算的增加削減了社會保障費用，再因伊朗石油談判的失敗，喪失石油特權，大失民心，而在選舉前的 10 月 8 日，埃及又宣佈毀棄對英國的條約。10 月 25 日選舉的結果，保守黨大勝贏得三百二十一席，工黨二百九十五席，自由黨僅六席，其他三席，政權改由保守黨擔任了。

繼任的邱吉爾保守黨內閣，大體上沿襲前工黨政權時的各種施策，

唯有鋼鐵業，依 1953 年的《鋼鐵法》(*Iron and Steel Act*)，恢復私有，由新設的鋼鐵局 (Iron and Steel Board) 來管理和統制。直到 1967 年工黨當政時，再通過《鋼鐵法》將鋼鐵業國有化。關於運輸業方面，邱吉爾內閣亦在 1953 年通過《運輸法》，依實際上的需要，將遠距離的汽車貨物搬運業的一部分恢復為民營。

　　在冷戰的氣氛下，邱吉爾保守黨內閣，於 1954 年使英國與澳大利亞、紐西蘭、巴基斯坦的大英聯邦與美國、法國、泰國、菲律賓共同締結「東南亞公約組織」(Southeast Asia Treaty Organization)，唯印度和錫蘭採取不同盟政策。然而工黨內部，卻因為《東南亞防衛條約》而加深對立。1955 年 2 月，英國發表「國防白皮書」，聲明開始製造氫原子彈。4 月，塞浦路斯 (Cyprus) 展開激烈的反英暴動。自從 1954 年英國和埃及協定，英軍撤出蘇伊士運河地帶後，塞浦路斯的軍事基地，對英國重要性增加。領導塞浦路斯人反對英國統治掀起獨立運動的大主教馬加利奧斯三世 (Makarios III, 1913～1977)，被處流刑放逐於印度洋塞昔耳島 (Seychelles Is.)，但是塞浦路斯的民族運動更形激烈。馬加利奧斯三世後來亡命雅典，於 1959 年成立塞浦路斯共和國時，當選為第一任總統。

　　邱吉爾因滿 80 歲年紀過大，於 1955 年退休，由艾登繼任首相，1956 年遭遇蘇伊士運河的動亂。埃及自 1922 年獨立後，仍由英軍駐留，第二次大戰時為英國的主要軍事基地之一，但是戰後反英的民族意識高揚，1947 年英軍撤退到運河地帶。1952 年 7 月，在納瑟 (Gamal Abdel Nasser, 1918～1970) 中校的領導下，埃及發生軍事革命，推翻腐敗的王政，1953 年 6 月，宣佈共和制。1954 年納瑟就任埃及總理，迫使英軍也撤出運河地帶。1955 年埃及總理納瑟為阿拉伯民族主義的領導者，出席萬隆會議，接受蘇聯的經濟援助，努力加強其不結盟主義的姿態。1956 年 7 月，美英及世界銀行拒絕援助埃及的水壩建設資金，剛就任埃及總

統的納瑟，宣佈將蘇伊士運河公司國有化，以其收入充當水壩建設資金。以色列正痛感阿拉伯民族主義高揚的威脅，於 10 月 29 日突然攻擊埃及。英、法兩國乘機要求軍隊進駐蘇伊士運河地帶，埃及拒絕，英、法軍即於 10 月 31 日空襲埃及，登陸運河地帶。這種暴舉，引起全世界國際輿論的非難，特別是加拿大和印度，激烈批評英國的行為。11 月 4 日的聯合國大會，對蘇伊士問題譴責英、法，決議派遣聯合國軍隊取代。11 月 7 日英、法同意停戰，12 月 22 日英法軍隊撤退完了，從此英、法長年在埃及的特權，從根本推翻。艾登首相 1957 年 1 月引咎辭職，由麥克米倫 (Harold Macmillan, 1894～1986) 繼任。

在邱吉爾、艾登、麥克米倫的保守黨內閣 (1951～1963) 時代，大英帝國聯邦也有很大的變遷，有色人種的殖民地陸續獲得獨立。第二次世界大戰之後，英國在世界的勢力大降，早在工黨內閣時代，已不能抗拒亞非殖民地或保護領的民族主義風潮，依英政府在大戰中要求殖民地協力戰爭的承諾，給與印度完全自治的地位。1947 年 8 月 15 日，印度聯邦和巴基斯坦分離，各自成為英聯邦內的自治領，獲得獨立。1948 年 1 月 4 日，緬甸聯邦成立獨立共和國，而根本從大英聯邦脫離。錫蘭在 1948 年 2 月 4 日，成為大英聯邦內的一自治領而獨立。

鄰近本國的愛爾蘭自由國，早在 1937 年制定新憲法，成為享有主權的民主國家，1949 年 4 月 18 日將國名改為「愛爾蘭共和國」（又簡稱愛爾 Eire），從大英帝國聯邦脫離。在加拿大東岸的大島紐芬蘭，本來是英國的自治領之一，但從 1934 年以來因財政困難而以委員會統治，1948 年依人民投票決定加入加拿大聯邦，1949 年 4 月 1 日與拉布拉多合併，成為加拿大聯邦的第十個州。印度聯邦更進一步，於 1950 年 1 月 26 日成為享有主權的獨立民主共和國，而巴基斯坦也在 1956 年 3 月 23 日成為回教共和國。

　　接著亞洲殖民地的獨立，非洲的許多殖民地和保護領也紛紛起來要求獨立。首先是西非的黃金海岸 (Gold Coast) 與多哥蘭在 1956 年統合，1957 年 3 月 6 日成為大英聯邦內的獨立國，改稱為迦納 (Ghana)，1960年 7 月 1 日成為共和國。同樣的，西非的奈及利亞 (Nigeria) 聯邦在 1960年 10 月 1 日獨立，獅子山國 (Sierra Leone) 在 1961 年 4 月 27 日獨立，皆成為大英聯邦的構成國。東非的坦桑尼亞 (Tanzania)，在 1961 年 12 月9 日成為大英聯邦內的自治領獨立，烏干達 (Uganda) 也在 1962 年 10 月9 日成為大英聯邦內的共和國獨立。坦桑尼亞在 1963 年 12 月 9 日也改為共和國。南非聯邦因大英聯邦的構成各國要求其改善種族歧視政策而堅決拒絕，1961 年 5 月 31 日脫離大英聯邦，成為南非共和國。

　　其他，馬來亞聯邦在 1957 年 8 月 31 日成為大英聯邦內的獨立國，再於 1963 年 9 月 16 日與新加坡、沙勞越 (Sarawak)、沙巴（Sabah，北婆羅洲）共同結成馬來西亞聯邦。塞浦路斯則在 1960 年 8 月 16 日成為獨立共和國，仍加入大英聯邦之內。西印度群島的牙買加 (Jamaica) 在1962 年 8 月 6 日，千里達和托貝哥則在 1962 年 8 月 31 日，各自成為大英聯邦內的獨立國。曾經支配世界七大海洋的大英帝國於是消滅。

　　第二次世界大戰前，除了南非聯邦之外，都是由白人所構成的自治領而成立大英聯邦，此稱為「第一聯邦」。但第二次世界大戰後，亞非的有色人種所構成的殖民地或保護領，漸次獲得獨立，成為自治領或共和國，而使大英聯邦的性格大為改變，此多人種共同體稱為「第二聯邦」。

　　大英聯邦不像美國那樣有強有力的中央政府而形成聯邦國家，而是獨立國自動自發的結合體，採取一種近似國家聯合的形式。這種非中央集權化的傾向，第二次世界大戰以後更甚，英國的地位變成只是此國家聯合的一國而已。在外交方面，各構成國也各自追求自己獨立的政策。

　　由於殖民地或保護領的相繼獨立，維持大英帝國聯邦，對女王和高

層階級或許可以說是保持昔日的光榮，但對大多數的國民來說，反而變成不合算了。因為高額的軍費和海外投資，對今天的英國經濟是一種負擔。英國不但在國內要將資本和勞力投於非生產性的軍事部門，同時在國外還要負擔軍隊的海外駐軍費和海外基地的維持費，這對英國成為對外收支平衡的一大負擔。如果英國能像德國或日本，不需要海外軍費負擔的話，英國國際收支的黑字必定增加。再說，英國因為是大英聯邦和英鎊地區的領導者，所以必須對上述屬於此二者的各國，每年繼續投資二億鎊以上，以致國內的生產投資少，生產設備大部分老舊。

英國國內投資率低的原因，跟英政府的投資抑制政策有關。自從戰後，英國每隔一年即有對外收支的危機，有人稱之為「奇數年的經濟危機」，英國政府即緊縮金融，而有抑制國內投資的措施。而且，英國的投資分配，如果與德國比較，顯得對經濟成長不利。英國的投資以原子力、航空飛機等軍需關係產業或消費財部門為多，而德國的投資則以鋼鐵、機械、化學工業等生產財和輸出品部門為多。

英國的保守黨政府也好、工黨政府也罷，每遇國際收支的危機，總是向美國大量借貸以渡難關。其代價就是照美國的要求，立法限制工資上升等，實行強硬的所得政策。如此依附美國，使英國大大的喪失其外交上的獨立性。例如美國總統詹森 (Lyndon Baines Johnson，在位 1963～1969)，即要求英國要保護英鎊的價值，並採取與其經濟力相稱的外交政策。1965 年 2 月，美國開始轟炸北越之際，威爾遜 (James Harold Wilson, 1916～1995) 首相曾表明要為美國和北越之間調停，詹森總統不理而掛斷電話，這是因為英鎊弱美金強在外交上的反映。

但是替代英國而接管世界秩序的美國，其後的外交也不很如意。例如美國接替英國插手於伊朗的石油問題以後，於 1953 年利用中央情報局 (CIA) 擁立宮廷派軍人札黑立 (Fazlollah Zahedi, 1897～1963) 進行政變，

推翻民族主義者穆薩杜政府，由札黑立就任首相，恢復國王巴勒維（Muhammad Reza Shah Pahlevi，在位 1941～1979）的統帥權，將穆薩杜交付軍事裁判。英國靠美國的力量，才能在 1954 年與伊朗恢復外交關係，並由美、英、法、荷等八個石油公司設立「國際石油財團」，共同經營伊朗的石油工業，伊朗國有石油公司此後以 50% 的利益，補償英國伊朗石油公司，而解決了石油紛爭，阻止伊朗石油國有化的實現。然而事隔二十多年後的 1979 年 2 月，伊朗的什葉派回教領袖何梅尼 (Ayatollah Ruhollah Khomeini, 1902～1989) 領導宗教革命，國王巴勒維亡命海外。伊朗執政的革命委員會，除了將石油國有化之外，10 月又由好戰學生佔領美國大使館，劫持人質，要求美國引渡前王巴勒維，使卡特總統束手無策，難堪不已。

在第一次世界大戰以前，英國的海外投資，變成對英國商品的訂購，刺激英國的產業，利潤還原到英國來，使英國富裕。可是第一次世界大戰以後，英國的海外投資只得到利息或投資利潤，並不促進產業成長，只讓投資家富有，對勞工或企業家都沒有任何利益，所以有人主張，今天的英國，與其輸出資本到大英聯邦或英鎊地區各國，不如投資國內，使生產設備現代化，提高生產力，促進經濟成長較有利。因為從 1948 年到 1958 年，英國每年的平均成長率僅 2.4%，而日本達 8.2%。

於是，英國興起了與其拘泥於維持大英聯邦，不如加入歐洲共同市場，以刺激經濟成長較有利的想法。但是也有人主張應該繼續對後進國的開發投資，不要打破大英聯邦獨特的國際合作體制。如此，英國即產生了要維持大英聯邦或是要加入歐洲共同市場，二種不同政策的鬥爭。

1957 年 3 月，法國、義大利、西德、比利時、荷蘭、盧森堡六國締結《羅馬條約》，設立「歐洲共同市場」(European Economic Community，此 EEC 在 1967 年與歐洲煤炭鋼鐵共同體 (ECSC)、歐洲原

子力共同體 (EURATOM) 合併，成為 European Communities，簡稱 EC，
俗稱 Common Market，共同市場)。當時英國的麥克米倫政權，因為要
維持大英帝國聯邦的特惠關稅制度而拒絕加入。1958 年元旦，歐洲共同
市場正式成立以後，參加的六國之間，因關稅以及其他貿易上的障礙全
廢，對區域外各國商品則課共通的關稅，結果參與共同市場各國的經濟，
顯得很是興旺。為了對抗共同市場，1960 年 5 月，英國與瑞典、挪威、
丹麥 、 瑞士 、 奧地利 、 葡萄牙七國 ， 成立 「歐洲自由貿易聯合」
(European Free Trade Association)，雖然會員國之間，關稅減低 20%，但
是對區域外的關稅由各國自由決定，而沒有政治統合的性質，對英國的
經濟沒有什麼實際的效用。

　　麥克米倫內閣終於在 1961 年 7 月，表明有申請加入 「歐洲共同市
場」 的意圖。當時英國的經濟狀態惡化，從國際貨幣基金 (IMF) 抽出五
億三千六百萬鎊的準備金。但是英國要加入「共同市場」，牽涉到農業保
護問題與聯邦各國的關係，以及和歐洲自由貿易聯合的關係，交涉陷於
困難。1962 年 9 月，召開英國聯邦首相會議，討論英國加入共同市場的
問題，聯邦各國的首相極力反對，結果以英國要維護聯邦各國的利益為
條件， 申請加入 。 1963 年 1 月 ， 法國總統戴高樂 (de Gaulle, 1890～
1970)，以英國要維持大英聯邦特惠關稅制度，而拒絕其加入。

　　保守黨政權在歐洲共同市場加盟的交涉失敗，外交政策已經不夠精
彩， 而經濟成長率又停滯， 再加上發生 「普羅福摩事件」 （John
Profumo， 陸軍大臣因與應召女郎發生緋色醜聞而受非議辭職）， 以及
1963 年 10 月黨魁麥克米倫引退後黨內混亂，因此在 1964 年 10 月的總
選舉中，以三百零四議席敗給工黨的三百一十七議席，而改由工黨的威
爾遜領班組閣，繼承八億英鎊的國際收支赤字。

　　工黨政權樹立後的 1964 年 11 月，為了赤字對策，即從各國借款三

十億美元，而從 1965 年編超緊急預算，講求經濟重建政策。但是在議會的議席差數少，始終不敢放膽實行政策。威爾遜首相乾脆解散下院，在 1966 年 3 月底舉行總選舉，獲得三百六十三議席的壓倒性勝利，其後在 1966 年 7 月推出「工資物價凍結政策」，削減國防預算等，徹底的實施緊縮政策。1967 年 5 月 11 日，正式向歐洲共同市場事務局申請加盟，同時繼續編列緊縮預算，撤退蘇伊士運河以東的軍事基地，削減國防預算，努力於經濟的重建。可是共同市場的加盟，遭受法國的杯葛，經濟狀況也不見好轉。1967 年 11 月 18 日，再將英鎊貶值為 1 英鎊比 2.40 美元，並實施超緊縮政策，將銀行利率提高為 8%，但因受國際通貨波動的影響，英國經濟動搖，國民的不滿增高。加上自治領的羅德西亞，於 1965 年 11 月片面的宣佈獨立。英政府最初想以談判解決問題而失敗，1966 年 12 月將羅德西亞問題提訴於聯合國安全理事會，但是沒有解決結果。威爾遜工黨政權，在斜陽化的英國狀況中，苦惱掙扎了五年多，不但不見好轉，而有每況愈下之慨。在 1970 年 6 月的總選舉，一敗塗地，將政權拱讓給保守黨的奚斯 (Edward Richard George Heath, 1916～2005) 組閣。

奚斯保守黨內閣，即以歐洲共同市場的加盟，尋求英國的進路。1972 年 2 月 17 日，歐洲共同市場加盟等諸法案，在下議院以贊成三百零九票，反對三百零一票，僅八票之差通過，奚斯內閣勉強逃過了總辭職的風險。這是因為在 1971 年秋的歐洲共同市場加盟動議時，工黨之中的贊成派這次轉為反對派，所以變成少數票差。結果，英國於 1973 年 1 月，與愛爾蘭、丹麥一起正式加入共同市場，從「世界國家」轉身變成「歐洲共同體」的一員。對內政策則大幅的縮小國家介入經濟，並以規制罷工為目的的《產業關係法案》的立法，企圖改變前工黨政權的方向。奚斯政權在「新保守主義」的旗幟下，一方面要打破保守黨以既成支配

體制 (Establishment) 或中產階級為堡壘的介殼，另一方面與工會對抗，想從此克服「英國病」(British disease)。依奚斯的想法，英國所面臨的三重苦病：通貨膨脹、國際收支赤字、失業問題嚴重，其病根都在不斷肥大的工會。因此，從 1972 年 11 月，奚斯內閣為了國際收支的惡化和通貨膨脹高昂的經濟危機，而斷然實施「所得政策」時，政府和工會的對立即刻嚴重起來。

　　所謂「所得政策」，一言以蔽之，就是對工資和物價的抑制政策。預定自此一年之間，將一切薪俸或工資的提高限制於週薪二鎊之內，零售價格的提高限制在 5% 以內，製造價格在 4% 以內，而經濟成長率則定為一年 5% 等。保守黨政府為了實施此所得政策，曾與「英國產業聯盟」(CBI) 和「英國工會聯合會」(TUC) 舉行三者會談，求其合作。可是英國最大的勞工團體「英國工會聯合會」，以「工資上升率太低」、「對紅利的分配沒有限制」等為理由反對。奚斯政權不顧工會的反對，斷然的實施新所得政策，宣佈將工資和物價凍結九十天，以抑制通貨膨脹。工會聯合會認為政府的統制政策，工資與物價相比，旨在壓低工資而表示不滿。1973 年 11 月，煤礦工會及電力工會總罷工，政府宣佈非常事態。加上保守黨政府內在 1973 年 5 月又爆發應召女郎桃色事件，國璽大臣傑利哥伯爵 (George Jellicoe, 1918～2007) 和空軍擔任國防次長的蘭頓爵士 (Antony Lambton, 1922～2006) 二名貴族閣員牽涉，被誹議辭職。1974 年 2 月解散議會選舉的結果，工黨得三百零一席、保守黨二百九十七席、自由黨十四席，工黨以四席壓倒保守黨成為第一大黨。由威爾遜再組閣當政。

　　英國自從 1973 年 1 月加入共同市場以來，物價一路升高，隨著石油危機和世界性的不景氣，1974 年的零售物價比前年高漲 17%，該年 9 月的失業人口達六十八萬二千六百人。威爾遜政權為了克服不景氣下的通

貨膨脹，毅然解散議會，於該年10月再行選舉，結果工黨獲得三百一十九席，等於過半數加一席，維持政權。對於英國是否繼續加盟歐洲共同市場的問題，因為工黨內的步調不一致，於1975年6月5日訴之於公民投票。結果，對於是否繼續加入共同市場，投贊成票的67.3%，投反對票的32.7%。以地區別來看，反對派所佔的比率，英格蘭31.3%、蘇格蘭41.6%、北愛爾蘭47.9%。蘇格蘭和北愛爾蘭有高率的反對票，表示當地人民有反對共同市場的集權性質的傾向，又間接顯示其中有要求獨立等分權化的傾向。就是工黨大會，也是壓倒多數通過反對加入共同市場的決議。在議會，則有執政黨的工黨議員批評威爾遜首相；相反的，有在野黨的議員支持威爾遜的政策。因此，威爾遜在英國憲政史上最初的嘗試「公民投票」(referendum)，無疑的，是工黨黨魁無法壓制自己所屬的工黨黨員多數反對共同市場，故以公民投票方式壓制。

可是「公民投票」，又牽引出許多英國憲政上的新問題。英國在傳統上，是採取議會主義的代表民主制；而公民投票，則是直接民主制的型態。公民投票的政治效果，等於是美國國會盛行的「交叉投票」(cross voting)，政策立法不能期待本黨黨員的完全支持，必須期待反對黨的支持票，而改採全體國民判斷的方式。可是其法律效力則成為深刻的憲法論爭。依當局的解釋，公民投票的法律效力只是勸告性，換言之，此勸告只拘束政府，不拘束議會。但是在現實上，如果公民投票的結果，繼續加入共同市場的反對票佔多數的話，必定會深刻的影響到議會的權限。因為國民全體的意志和國民代表議會的意志不同，如何解決此矛盾，即成為憲政上嚴重的問題。好在投票的結果，贊成票多數，沒有造成國民的意志和國民代表的意志違背的現象。

反對公民投票的，以主張繼續加入共同市場者為多。相反的，贊成公民投票的，以主張反對加入共同市場者為多。因此，要公民投票制或

代表民主制的憲法論爭，跟是否繼續加入共同市場的實質論爭，成為表裡一體的關係。在 1975 年，英國的經濟是戰後最壞的狀態，通貨膨脹年率達 20% 多，糧食價格高漲，失業人口達一百一十九萬 （9 月）。在 1973 年經濟成長意外的有 5.4% 的成果，但 1974 年則降為 0.7%，1975 年的經濟成長預料將跟前年相同或更低。因此，反對加入派認為，如此的通貨膨脹和失業嚴重，是因為加入共同市場而引起的。贊成加入派則認為，此現象是世界性的糧食危機以及經濟不景氣的影響結果，並不是因為加入共同市場才產生的；糧食價格的高漲，一部分是英國傳統的帝國支配體制崩潰所致，不景氣是英國市場狹小所致，如果脫離共同市場，則更是不堪設想。

加入共同市場又牽涉到國家主權 (national sovereignty) 的問題。英國由於加入共同市場的結果，有許多重要的政策或立法權限，即脫離英國政府或國會之手，而移轉到在比利時的共同市場統治機構及其官僚的手中，這將侵害了英國的議會主義、法治主義，甚至國家主權。再則，決定共同市場各政策的布魯塞爾國際機構，也不是英國人民可以用民主的方式控制的，如果英國人民對其政策有所不滿，也不能以投票的方式將其替換。工黨左派認為，共同市場是以多國籍企業為首的壟斷大企業，為了加強其在世界市場支配力的經濟共同體。然而，工黨威爾遜主流派，既然了解其將侵犯英國的議會主義、法治主義、民主主義、國家主權，而仍舊希望繼續加入共同市場，則必定有其苦衷。現在英國如果貿然脫離共同市場，則以英國為盟主的大英聯邦的重新統合已經不可能，而在「歐洲自由貿易聯合」(EFTA) 又陷入破綻的情況下，英國在世界中將更形孤立，其經濟地位和政治地位必定更形降低。因此，英國不得不與美國為中心的自由主義勢力圈、蘇聯為中心的東歐共產主義圈、亞非各國為中心的第三世界圈為伍，以加入歐洲共同市場來尋求其在世界生存的

唯一活路。

　　但是威爾遜政權所面臨的困難，卻又發生在工黨內左派和工會勢力的挑戰。為了克服經濟危機，威爾遜政權提出「社會契約」(social contract)，即政府將努力於抑制通貨膨脹，工會也自行抑制提高工資的紳士協定。接著提出新的所得政策，及公共支出削減計劃。但是這威爾遜路線，特別是公共支出削減計劃，意味著社會福利政策的破產，於1976年3月因工黨左派造反而在下院遭受否決。威爾遜即實行其「六十歲勇退計劃」辭去首相，交棒給工黨外相賈拉漢 (James Callaghan, 1912～2005) 了。在威爾遜時代，英國在國際上的勢力又再一次決定性的衰退，本來以為威爾遜是工黨之內唯一可以壓制教條主義的左派，確保工黨的統一，而實行有魄力政策的領導者，可是還是束手無策的勇退。

　　1976年秋以後，工黨在補缺選舉 (by-elections) 一再的失敗，議席也就不到過半數。1977年3月，保守黨提出內閣不信任案，工黨政權因為與自由黨締結協定，才免了不信任案的通過。1978年5月，自由黨看透執政黨工黨的衰退，拋棄了與工黨的協定。同年10月，工黨大會否決賈拉漢內閣的主要政策「所得政策」，工黨政府面臨危機，流行總選舉的傳說。同年11月，保守黨提出即時總選舉的動議，反對者三百一十二票，贊成者三百票，得以否決，於是工黨政權勉強得以維持到1979年春季。

　　1979年3月28日，保守黨又在下院提出不信任投票，結果以三百一十票對三百一十一票的一票之差，工黨敗北。4月7日解散國會，5月3日舉行大選的結果，在六百三十五議席之中，保守黨贏得三百三十九席的過半數，工黨慘敗退減為二百六十八席，自由黨十一席，於是由保守黨黨魁柴契爾夫人 (Margaret Thatcher, 1925～2013) 就任首相寶座。

　　柴契爾夫人是牛津大學出身，為一位石油公司經理的妻子，一對雙胞胎的母親。1959年當選保守黨下院議員，因美貌而博得注目，且努力

學習有關英國的運輸、能源、住宅、退休金等問題。1966 年在議會質詢有關稅制法案時，據說閱覽了全部過去二十年的預算演說和預算書，因此質詢精彩，脫穎而出。1970～1974 年當奚斯內閣的教育大臣，1975 年 2 月，打破保守黨三百年傳統，當選為第一位女性黨魁。英國自 1928 年婦女取得與男人平等的投票權以來，僅半個世紀，就出現女首相了。

　　柴契爾政權，一般都被認為走政治的中間路線 (political middle road)，重視中產階級的利益，擁護自由主義經濟。因此其當權，表示英國復歸於正統保守主義。其內閣閣員二十二名之中有十七名是牛津大學或劍橋大學的畢業生，大學之前是伊頓學院，或哈羅、勒格畢等上層社會子弟的預備學校出身。但是這個由柴契爾領導的保守主義政黨，也將繼續工黨政權時代的國有化產業的大部分，並繼續致力於社會福利政策，因為這關係到將來選舉的支持票數。雖然保守主義者之中，也有人主張目前英國的經濟社會相當穩定，不再需要以社會福利方式向民眾讓步，以獲得其普遍支持，必須以英國經濟停滯不前為課題，考慮國家的效力應放在經濟成長方面。英國似乎面臨要「社會福利」，還是要「經濟成長」二者擇一的棘手問題。

　　英國經濟的復活，最大的期待放在北海油田 (North Sea Oil) 上。英國的國際收支，因為北海油田的生產增加，而得到大大的改善。經常收支的赤字從 1976 年的十一億三千七百萬鎊，減為 1977 年的四億六百萬鎊，到 1978 年（1～11 月）已降低為一億六千八百萬鎊。但是從石油的進出口來比較（1978 年 1～9 月），依然是赤字十五億五千五百萬鎊，對國際收支的改善尚未有十分的貢獻。

　　北海油田距蘇格蘭海岸約二百公里，推定其埋藏量有四十五億噸。在 1975 年的生產額是一百零一萬噸，到 1978 年達四千萬至四億五千萬噸，可應付國內需要的半數。其目標放在年產九千五百萬噸到一億一千

五百萬噸，到 1980 年代可能變成石油的純輸出國。

可是北海油田的利益，又牽出了蘇格蘭和威爾斯民族主義運動的日漸增強。英國的掌權者，經過十多年來的討論和考慮，提出「權力讓渡」(devolution) 案，認為在蘇格蘭的愛丁堡 (Edinburgh) 和威爾斯的卡迪夫 (Cardiff) 設立地方議會，給予「有限的地方自治」(limited home rule)。如此小心地限制其權力，即是阻止蘇格蘭和威爾斯民族主義發展的最好方法。賈拉漢所領導的工黨政府，為了政治地盤的打算，極力推行以凱爾特人為主的蘇格蘭和威爾斯兩地區的「權力讓渡」。可是 1979 年 2 月底的公民投票，連蘇格蘭民族黨 (Scottish Nationalist Party) 議員都不支持，導致保守黨柴契爾夫人提出不信任案而告倒閣。蘇格蘭和威爾斯拒絕「權力讓渡」的地方自治案，部分原因是這份地方自治案有瑕疵。因為設立地方議會，沒有徵稅權，則只有權去執行倫敦政府所制定的法律。地方議會雖然有權規劃地方性的事務，如教育、住宅、交通、保健，但是地方的重要資源，例如蘇格蘭水域的北海油田，仍屬於倫敦的中央政府所控制之下。如果蘇格蘭成為一個獨立的國家的話，則北海油田的肥水也就不外流了。蘇格蘭民族主義，除了歷史上種族上的因素之外，經濟上的利益也是一個關鍵。

威爾斯也抱怨其水資源被英格蘭所奪取，從 1960 年代恐怖主義復燃，政府機構、主要水道等，都被極端主義者所破壞。其地下組織領袖柯烈特 (Dennis Coslett, 1939～2004) 聲稱，不論選舉結果如何，真正的威爾斯愛國者，不願意看到威爾斯語言的淪亡，不願永遠生活在異族的統治下。「聯合王國」有一天是否分裂解體，不可預料。

再則，北愛爾蘭的流血衝突、紛爭一直未能得到解決。

北愛爾蘭人口一百五十萬人之中，約有 60% 的清教徒居民，在地方選舉的參政權或就業機會、住宅政策等問題上，歧視少數派的天主教居

民。於是天主教居民中的激進主義者，以軍事組織「愛爾蘭共和軍」
(IRA) 等，訴之於恐怖暴力行動，主張改革。從 1968 年左右，流血衝突
漸趨激烈。1972 年 3 月，奚斯首相停止北愛爾蘭議會，開始英國的直轄
統治，可是紛爭並不停止。1975 年 5 月，北愛爾蘭議會舉行選舉，清教
徒的過激派獲得壓倒勝利。「愛爾蘭共和國軍」雖然在 1975 年 2 月 10 日
片面的宣佈「今後停止一切的軍事行動」，可是不到半年，在該年的 7 月
又開始恐怖暴力行為，至今與英軍一再的衝突。不但在北愛爾蘭，就是
在首都倫敦，也時有定時炸彈爆炸的破壞事件發生，人們都相信這是「愛
爾蘭共和國軍」的恐怖活動。

　　英國的興盛和繁榮，本來是建立在異族的統治之上，可是現在受因
果報應而不得不自食其果了。

Chapter 16

「地球帝國」的餘暉

——從柴契爾主義到布雷爾主義

(1980～2008)

　　英國曾經誇稱是日不落國，但自從美國取代為世界唯一的超強國，而歐洲又結盟為「歐盟」(EU) 之後，繁榮還能持續多久？

　　英國自 1970 年代以來一直被視為「歐洲病夫」，有些人甚至預言，英國將從最早的已開發國家，退回開發中國家。為了扭轉英國經濟衰退的情勢，以及減少政府對經濟的干預，柴契爾於 1979 年 5 月組成政府後，提出所得稅減稅，削減公共支出等施政方針，取代工黨政權所標榜的社會福利政策。

　　在柴契爾政權的緊縮政策下，經濟不景氣持續，罷工、破產不斷，1980 年的經濟成長率呈現負成長。1981 年 9 月失業者達到二百九十九萬八千八百人，比起 1933 年 1 月世界經濟恐慌期的失業者二百九十八萬人還多。但是柴契爾首相以壓制通貨膨脹為最大目標，斷然貫徹緊縮政策，對於黨內的反對派，以大幅度的內閣改組抑制，來鞏固其偏右的體制。

　　由於對通貨膨脹徹底抑壓，因此消費者物價的上升率，進入 1981 年降為僅些微超過 10%，1982 年再下降為個位數，工資上升率也退縮到個位數，但是礦工業的生產下降，失業人口從 1982 年初超越三百萬人，到 9 月高達三百三十四萬人，失業率達 14%。然而柴契爾信賴市場機制，重視通貨供給的「貨幣主義」(monetarism)，引起激烈的批判。工會因反

對新的勞資關係法案，實行全國統一抗議行動，數百萬勞工參加罷工。

在另一方面，工黨內的左右派也激烈對立，右派議員脫黨，在 1981 年 3 月 26 日成立社會民主黨 (Social Democratic Party)，宣稱要打破 1900 年工黨成立以來，一百六十年間保守黨與工黨兩大政黨的支配體制，讓英國有機會復興。社民黨的組成，工黨有十三人，保守黨一人，下院議員共十四人參加，在 1982 年 7 月舉行的黨大會，選出任金茲 (Roy Jenkins, 1920～2003) 為第一任黨魁，社民黨即與自由黨，組成選舉聯合陣線。

1983 年 5 月柴契爾政府解散議會，6 月的大選，標榜抑制通貨膨脹的保守黨，趁著「福克蘭戰爭」（1982 年 4 月～6 月）戰勝的餘威，以三百九十七席次壓勝。工黨面對蘇聯核武的威脅，仍然主張英國應裁減核子武器，退出歐洲共同體，並且要完全廢止柴契爾對經濟和工會的改革。工黨激進的競選宣言，惹來選戰一敗塗地。

社民黨和自由黨的中道聯合陣線，雖然結成選舉聯盟，但是缺乏團結而慘敗，議席幾乎都減半，1988 年正式合併，組成社會自由民主黨。但是社民黨的一部分對此合併不滿，重新組成社會民主黨。繼承十七世紀輝格黨系統的自由黨，1988 年與社會民主黨的一部分合併，成為社會自由民主黨，黨魁是艾喜唐 (Paddy Ashdown, 1941～2018)，1989 年 10 月又從社會自由民主黨改名，今日通稱自由民主黨 (Liberal Democrats)，黨魁康貝拉 (Menzies Campbell, 1941～)。自 2007 年 12 月黨魁則是克萊格 (Nick Clegg, 1967～)。英國的第三黨，然而不論名稱如何更改，仍顯示第三勢力的崛起，在今日很困難。

柴契爾政府在 1983 年的大選大勝後，更是有恃無恐，把很多 1940 年代末以來的大型公營事業低價出售，以進行民營化。其中不少人在獲配的股份中得利。

　　然而，英國經濟並沒有轉好，執政的保守黨選舉大勝，是靠福克蘭戰爭的餘威。英國史貫穿著戰爭與國家興衰的因果關係。福克蘭群島戰爭，是阿根廷的軍政府在 1982 年 4 月 2 日，入侵阿根廷稱之為馬島 (Islas Malvinas) 的福克蘭群島所引起。因為阿根廷自 1830 年代以來，聲稱擁有福克蘭群島的主權，一直與擁有事實主權的英國發生糾紛。對於英國來說，這是自第二次世界大戰結束以來，領地首次遭到入侵。

　　入侵以後，柴契爾首相指派英國皇家海軍去重奪福克蘭群島，遂而爆發了 1982 年 4 月至 6 月近一百天的福克蘭群島戰爭。聯合國和美國最先扮演調解的角色，然而美國的態度甚為可議，因為美國轉向其南美盟國阿根廷施壓，並提供軍事衛星偵測情報給英國而將其制服。英國花了戰費七億英鎊，戰死者約二百五十人，最後戰勝阿根廷，奪回福克蘭群島，重申主權，使英國國內一時之間，因為柴契爾領導勝戰，重燃了「愛國」情操，她的聲望亦由谷底翻升。

　　在柴契爾任內英國的經濟，因政府的緊縮政策，對商業構成衝擊，其中又以對製造業的打擊尤甚，失業人數急速增加，傳統重工業被迫停業，處於嚴重的蕭條期。柴契爾政府認為，大幅度的失業率是重工業轉型的結果，因此通過新法規，讓工會會員有更大的自主力量，去抑制工會領袖。從前，工黨政府將大企業國有化，現下，柴契爾政權改弦易轍，將石油、電氣、瓦斯、通信等基礎服務業進行民營化，唯對鋼鐵、汽車等基幹產業尚未動手。

　　柴契爾政權一直設法減低工會的權力，引發工會發起罷工，其中最有名的是全國礦工聯合會 (National Union of Mineworkers) 的罷工事件，因國營煤礦公社的關閉問題，從 1984 年 3 月起發動長期罷工。但是柴契爾政府始終採取強硬態度對應，對此罷工早先準備煤的儲存量，供應全國的發電廠。罷工歷時一年，至 1985 年 3 月結束，工會方面完全敗北，

過半數礦工重回崗位。之後，柴契爾政府保證本土的採礦業，承諾罷工礦工的職業受到保障。但保守黨政府，仍舊在 1994 年將十五個國營礦場關閉。

　　1984～1985 年的礦工大罷工，成為工會權力由盛轉衰的分水嶺。自此以後，英國工會的勢力一直衰退，沒有機會恢復到 1970 年代的水準。柴契爾政府以新法規，抑制工會化的影響，這些限制罷工的法規，其後工黨政府持續沿用，至今仍發生效力。因為 1997 年再來執政的工黨，也試圖擺脫與工會的既有關係。

　　柴契爾政府在 1985 年 12 月發表改革白皮書，對現行的社會保障進行全盤的改革，其中最重要的，是修改繳費制的所得比例年金，大幅度的削減支給額。1986 年《改革法》通過，1988 年 4 月開始實施。從前說英國的社會保障制度，是世界數一數二的進步，民眾的生活「從搖籃到墳墓」皆得到保障，然而在柴契爾主義要求「自力救助」之下，已經不如往昔。

　　柴契爾政府一貫以緊縮財政、國有企業的民營化、重視市場原理為主軸，進行經濟的重建。到了 1987 年，英國的經濟成長好轉，國內總生產 (GDP) 成長率 4.8%，是西方先進國之中最高，通貨膨脹率降為 3.7%，連最被詬病的高失業率，也下降為 8.4%。在此經濟好轉的背景下，柴契爾首相解散議會，在 6 月 11 日的大選，保守黨獲得三百七十六議席的安定多數，工黨二百二十九議席，自由黨社民黨聯合僅得二十二議席。柴契爾首相得以獲得三期連任，打破英國自十九世紀前半以來，最長的連任記錄。

　　英國在 1987 年的財政收支，是十八年來第一次轉為黑字盈餘，1988 年的失業率改善為 8.4%。經濟出現改善的跡象，主要來自北海油田。英國除了有埋藏量一千九百億公噸的煤炭之外，北海油田自 1975 年開始生

產，1980年起產油量超過國內消費量，英國轉為純石油輸出國。從蘇格蘭海上的北海到愛爾蘭海所開發的海底油田稱為北海油田，推定埋藏量有四十四億三千八百萬噸。稅收增加了收益，油田賺錢，但是工業生產力下降，可見英國1980年代的經濟復甦，仍然脫離不了「荷蘭病」。其後柴契爾政府，因輸入超過引起經常收支大幅赤字，物價節節上升，而削減福利政策，且在歐洲共同體（European Community，簡稱EC）孤立等，不滿和批判的聲音不斷，柴契爾政府的聲望日益下降。

　　1986年柴契爾政府在爭議聲中，廢除大倫敦地方議會 (Greater London Council) 和六個主要都市的郡議會 (Metropolitan County Councils)，聲稱能節省開支，提升效率。但政治意圖也非常明顯，所有被廢除的地方議會，多由工黨控制，更是工黨的勢力中心。

　　柴契爾政府對內施政的最大詬病在於施行人頭稅。柴契爾政府先於1989年，在蘇格蘭以人頭稅取代地方政府差餉，1990年4月擴展到英格蘭和威爾斯。人頭稅不問個人收入或資產，對居住地方自治體的18歲以上成年人，全體課徵均一的稅額。這稅制與以往依所得與不動產的多寡層級為基準課稅不同，對沒有資產的貧窮階級極為不公平。新措施推出後，成為柴契爾最不受歡迎的政策之一。該政策最先在蘇格蘭推行，原訂在1989年時重新評估稅額，但又以蘇格蘭是「新稅制試驗地」為由，而沒有重新評估。柴契爾政府以為人頭稅會獲得支持，因而遊說蘇格蘭統一黨 (Scottish Unionist Party) 及早落實新稅，未料使保守黨在該地的支持率大大地滑落。人頭稅問題，其後在各地逐步顯現。很多地方議會所制定的新稅率，遠高於初時預估的水準，且地方議會趁引進新稅制調高稅率，引發大眾不滿，且大眾認為，要負責的不是地方的執行者，而是新稅制的構思者和推行者柴契爾夫人。

　　1990年3月31日，在英格蘭和威爾斯落實推行人頭稅的前一天，

倫敦出現大型的示威遊行，並演變為暴動。事後更有數以百萬計的人拒絕繳稅。人頭稅的反對者，除了反抗區鎮的地方長官，又中斷法院聽取人頭稅債務人的申訴。儘管如此，柴契爾政府仍然拒絕作任何讓步。此外，她錯誤地處理經濟問題（例如把利率調高至15%），更使她失去了來自中產、企業和商界的支持。柴契爾的支持度因經濟、財政政策不當急速下滑，成為日後其下臺的一大主因。

基於柴契爾不當的人頭稅政策，繼任的梅傑（John Major，1943～，任期1990～1997）首相，為了挽回低落的保守黨支持率，正式發表從1991年3月21日廢止人頭稅，並從1993年度開始實施新的地方稅(council tax)。新稅制不是以個人的人頭數課稅，是以家庭單位課稅，稅額以不動產評價額為基準，分為七個等級。單身的人稅額減輕25%，對低所得者減輕負擔。稅額比起人頭稅，平均大幅降低，實質上恢復到導入人頭稅以前，以不動產層級來課稅。

柴契爾的政治哲學，包括「小的政府」、「國民自助」、「緩和規制」、「自由競爭」、「國有企業的民營化」、「重視市場原理」等，強硬的保守主義路線，被通稱為「柴契爾主義」(Thatcherism)。柴契爾主義雖然治療了「英國病」，讓英國經濟改造成功，但是不良的後果都推到弱勢者方面去。國內高失業率、貧富懸殊加速惡化。柴契爾執政之後，英國的南北差距加速，英國若由布里斯托(Bristol)海峽至諾福克(Norfork)郡，連成一條直線，把南北分開的話，明顯的形成了南北差距，南部的經濟日益繁盛，以工業為主的北部卻日益衰落。

另外，柴契爾在她擔任首相以前，就高姿態地反對共產主義，蘇聯媒體戲稱她為「鐵娘子」(Iron Lady)。她與1980年新當選的美國總統雷根(Ronald Reagan)建立盟友關係。在冷戰上，柴契爾支持雷根，共同對付蘇聯，與1970年代盛行西方的「緩和政策」(détente)大相逕庭，也使

英國與其他奉行緩和政策的盟友產
生摩擦。不但如此，柴契爾讓美軍
在英國軍事基地裝置巡弋飛彈，引
發一連串的大型反核示威。儘管柴
契爾有堅定的反共立場，但她也是
第一位對蘇聯改革派領袖戈巴契夫
釋出友善的西方領袖。在 1985 年戈

柴契爾（圖右）與美國總統雷根（圖左）

巴契夫掌權前，兩人進行了一次會面，會後她形容戈巴契夫是「一位可
以一起做生意的人」。

　　對伊拉克的態度上，依《史考特報告書》(*Scott Report*, 1996)，柴契
爾政府在軍售問題上，一直給予海珊支援，白廳（Whitehall，國會大廈，
倫敦西敏寺）更花上十億英鎊來維持海珊政權。該報告更指出，在兩伊
戰爭期間，英國曾走私奇伏坦坦克 (Chieftain Tank) 的殼體到伊拉克，事
後便把有關文件悉數銷毀。

　　此外，英國政府內亦有官員暗中協助私人公司不依正常程序，私底
下出售機器製造武器。例如在雷卡公司的製運記錄中發現，有不少捷豹
(Jaguar Co.) 出廠的收音器材，在賒帳的情況下，運送到伊拉克。就連海
珊處死一名英國記者後，保守黨的閣員依然資助海珊，他們辯解這樣做
是為了避免損害英國的工業。總之，在柴契爾政府時代，英國就介入伊
拉克軍事問題很深。

　　關於歐洲經濟共同體的參與，早在 1979 年 11 月，柴契爾執政不久，
在都伯林舉行的歐洲理事會上，她就批評英國在歐洲經濟共同體付出的
金錢，遠高於所應得的利潤。1984 年 6 月歐洲共同體高峰會同意每年向
英國作部分退款，至今退款仍然有效，引起歐盟部分會員國的不滿。

　　柴契爾首相主張主權國家的獨自性，對歐洲共同體打算在 1992 年統

合為歐洲共同市場，從經濟統合進而政治統合，決策上推行中央集權，表示反對意見。雖然柴契爾政府贊成英國保留會籍，但認為歐洲共同體的職責，只在於確保自由貿易和有效的公平競爭，如果歐市改制，有可能使英國推行的改革付諸東流。此外，柴契爾政府不滿意歐洲經濟及貨幣同盟 (European Economic and Monetary Union)，反對歐洲共同體準備將各國貨幣統一成單一貨幣。

柴契爾責難她的財相勞森（Nigel Lawson，在職 1983～1989），不滿他為了加入「貨幣同盟」作準備，她聲稱自己從未批准他這樣做。1989年在馬德里的歐洲共同體高峰會，勞森與外相賀維（Sir Geoffrey Howe，在職 1983～1989）對柴契爾施加壓力，要求她同意英國加入「歐洲匯率機制」(European Exchange Rate Mechanism，簡稱 ERM)，作為加入貨幣同盟的準備。事後柴契爾將賀維降職，經濟事務則轉由其顧問華特 (Sir Alan Walters, 1926～2009) 擔任。勞森感到不平，遂於同年 10 月辭職。

直至繼任的首相梅傑，才採取比較溫和的協調態度對應，於 1991 年12 月 9、10 日荷蘭馬斯垂克 (Maastricht) 召開的歐洲共同體首腦會議，同意簽署《馬斯垂克條約》。由於英國一直反對歐洲統合，認為會消滅英國的國家主權，因此在首腦會議中強力主張，1999 年 1 月 1 日導入歐洲統一貨幣為主軸的經濟貨幣同盟時，在條款上必須加上附屬議定書，規定英國與丹麥免除參加的義務，才同意簽署。

在柴契爾政府時代，因她的強硬作風，北愛爾蘭問題在其任內未能得到妥善解決。 1981 年，一批愛爾蘭共和軍和愛爾蘭國民解放軍 (INLA) 的囚犯，在北愛爾蘭的美斯監獄 (Maze Prison) 進行絕食，要求政治犯待遇。其中最先發起絕食的山德士 (Bobby Sands, 1954～1981)，才剛當選下議院議員，仍因絕食而死。柴契爾堅拒恢復「已決犯」的政治犯待遇，並指 「罪行就是罪行就是罪行，無關政治」 (Crime is crime is crime; it is not political)。然而，當再增加九個人因絕食而死，柴契爾終於軟化，讓該批「已決犯」得回部分政治犯應有的待遇。

1984 年 10 月 12 日的清早，愛爾蘭共和軍在保守黨大會的舉行場所，策動布賴頓旅館爆炸案。柴契爾及時逃生，但爆炸中有五人喪生，包括保守黨下議院議員貝瑞爵士 (Sir Anthony Berry, 1925～1984) 及黨鞭韋瀚 (John Wakeham, 1932～) 的妻子 Roberta。內閣要員泰比 (Norman Tebbit) 亦在爆炸中受傷，他的妻子也受傷癱瘓。爆炸發生後，柴契爾堅持在翌日如期召開保守黨大會，並在會中以高姿態蔑視放置炸彈的人，為其在政界贏得不少掌聲。

為了解決英愛紛爭，英國政府與愛爾蘭共和國政府，經過十五個月的祕密交涉，在 1985 年 11 月 15 日簽署《英愛協議書》(Anglo-Irish Agreement)，在協議書中，英國政府首次承認，愛爾蘭政府在北愛爾蘭問題上擔當重要的角色，並對英愛事務局的設立及兩國共同的警察治安計劃等達成共識。可是，這個協議的簽訂，令愛爾蘭的統一論者不滿，無助於減少愛爾蘭共和軍對英國策動襲擊，以致恐怖事件持續發生。並導致北愛爾蘭統一黨 (Ulster Unionist Party) 與民主統一黨 (Democratic Unionist Party)，在 1986 年 1 月 23 日達成選舉協議，先放棄所有北愛爾蘭議會席次，然後再在補選中參選。結果，兩黨比原先小了一席，而那一席，則落在社會民主及勞工黨 (Social Democratic and Labour Party)。

柴契爾的強勢作風，也常常引起恐怖分子的報復。在 1988 年 12 月 21 日，泛美航空 103 號航班在蘇格蘭小鎮洛克比 (Lockerbie) 上空爆炸墜毀，稱為洛克比空難，共有二百七十人罹難，是英國本土在和平時期最多人喪生的災難。

1990 年 5 月，柴契爾慶祝執政十週年，但是保守黨黨內起了很多的不滿。柴契爾在大會舉行前遊說財相梅傑調低利率 1%，但梅傑卻向她

表示，維持幣值穩定的唯一辦法，是在調低利率的同時，加入「歐洲匯率機制」。結果，當年保守黨大會的團結顯出破綻。

1990 年 8 月 2 日伊拉克進攻科威特，柴契爾政府決定派兵到沙烏地阿拉伯。繼任的梅傑首相，12 月 20 日訪問美國，與美國交換意見。到 1991 年 1 月，英國派兵約三萬人參加波斯灣戰爭。柴契爾下臺以後，參戰的棒子交給繼任的梅傑。

1990 年 11 月 2 日，副首相賀維批評柴契爾首相對歐洲政策太慎重而提出辭呈。這樣 1979 年成立的柴契爾內閣，除了首相之外沒有一個留任了。11 月 20 日，舉行保守黨黨魁的第一次投票，這時候柴契爾正在巴黎出席歐洲安全暨合作會議 (CSCE) 高峰會，以致沒有投票。在第一輪投票，柴契爾雖然獲得過半數，但差一點就未能獲得必要的得票數。此反映出保守黨內的確有不少人，對柴契爾的治理國家失去信心，希望更換領導。柴契爾回到倫敦後，向她的內閣成員徵求意見，大多數人都認為柴契爾未能在第一輪投票順利勝出，很有可能在第二輪投票落敗。柴契爾隨即以「維護保守黨內團結」為由，11 月 22 日早上宣佈退出第二輪投票。這個決定使她歷經三屆共十一年半的首相生涯，畫下休止符。在 11 月 27 日的第二輪投票，柴契爾支持現任的財相梅傑出馬，梅傑當時 47 歲，順利地勝出黨魁選舉，11 月 28 日英國誕生二十世紀最年輕的首相。

柴契爾在擔任首相的十一年間，英國的主要政黨都出現了右傾的現象。其後的「新工黨」和「布雷爾主義」，不論經濟、社會、政治等主張，很多都有「柴契爾主義」的影子。她削弱英國福利國家色彩的種種措施，至今仍然大部分被繼續採用，私有化的國營企業也沒有再行廢止。柴契爾以後，不論是保守黨或工黨政府，仍然減少對商業活動的干預以及繼續推行私有化。保守右派的柴契爾，實施削弱福利國家的政策，反

而讓偏左的工黨漸漸取得了優勢。

　　然而柴契爾的私有化政策，使英國的股市大漲。1990 年 12 月 11 日，英國史上最大規模的國營企業民營化，即地域配電公司十二家的股份，在倫敦股市上場。股份的出售總數，達二十一億六千萬股，應募者約達 10.7 倍。販賣總額一百四十億英鎊。

　　1991 年 5 月 2 日的地方選舉，保守黨大敗，工黨與自由民主黨躍進。在這次選舉，保守黨失去八百九十席次，相對的，工黨增加四百九十席次，自由民主黨增加五百二十席次。保守黨選敗的主要原因，在於長期的經濟不景氣。1991 年 2 月的失業者達二百零四萬五千人之多，突破二百萬人關卡的記錄。但是梅傑首相在 1991 年 7 月的倫敦高峰會（先進國首腦會議），以英國東家主持會議圓滿成功，獲得國民好評，保守黨的支持率一時回升。1992 年 4 月 9 日的大選，在景氣低迷當中，一般預測選舉對保守黨不利，但結果保守黨雖然大幅減少了席次，還是得以維持過半數的議席險勝，梅傑政權決定繼續投入選舉，寫下二十世紀英國大選四連勝的記錄。

　　工黨失去奪回政權的機會，黨魁基諾克 (Neil Kinnock, 1942～) 負敗選責任引咎辭職，工黨在 7 月 18 日召開黨大會，選出「影子內閣的財相」史密斯 (John Smith, 1938～1994) 接任新黨魁，副黨魁選出女性議員貝凱特 (Margaret Beckett, 1943～)。這次大選，女性議員五十九人當選，比前次大選四十三人當選還多，成為英國史上女性議員當選最多的記錄。

　　梅傑連任後，第一次在議會公開承認英國有所謂「海外祕密情報局」(MI6) 的祕密情報部存在，並將情報部的長官名字、組織的概要公開出來。

　　梅傑政權儘量減低柴契爾主義的色彩，但是他缺少領導力，保守黨內部批評聲音不斷，而且對於《歐洲聯盟條約》（《馬斯垂克條約》），執政黨內的腳步不齊，梅傑的對應又優柔寡斷，1992 年 5 月 21 日，英國

下院對於《歐洲聯盟條約》的批准投票表決的結果，贊成三百三十六票，反對九十二票，獲得通過。1993 年 7 月 23 日，關於《歐洲聯盟條約》批准問題，下院投票表決政府提出的梅傑信任案，贊成三百三十九票，反對二百二十九票，獲得通過。這樣，對該條約的議會論爭幾乎結束。然而對該條約的批准，執政黨保守黨內的右派強硬反對，批准的審議一直難航觸礁。《歐洲聯盟條約》的批准問題，高等法院受理控訴是否有違反國內法的疑慮，8 月 2 日終於完成條約的批准。

1992 年 9 月受到德國高利率政策影響，歐洲發生通貨危機，英國政府容忍英鎊的大幅滑落，實施好幾階段的降低利率，並決定脫離歐洲通貨制度 (EMS) 的歐洲匯率機制，以恢復景氣為優先。但是還是通貨膨脹、失業增加，梅傑政權的聲望急落。1993 年 5 月，國會追究經濟政策失敗的責任，迫使財相賴蒙特（Norman Lamont，在職 1990～1993）辭職，由內相克拉喀（Kenneth Clarke，在職 1993～1997）接任。梅傑進行內閣的一部分改組，但聲望的低落難以恢復。6 月閣員牽涉與企業首腦的關係親密，北愛爾蘭相被迫辭職。6 月《每日郵報》的輿論調查，梅傑首相的支持率掉到 21%，乃最近十一名首相之中最低的記錄。7 月《泰晤士報》的調查，支持率銳減為 9%。

1994 年 5 月 5 日的地方選舉，保守黨敗退。6 月 9 日的歐洲議會選舉，保守黨的得票率也大為降低，從前次 (1989) 34.1% 減少為 27.8%，從而議席數從三十二席大減為十八席，相反的，工黨則獲得 44.2%（前次 40.1%）的得票率，議席增加到六十二席（前次四十五席）。在野第二黨的自由民主黨得票 16.7%，首次得有二名代表進入歐洲議會。從 1995 年到 1996 年，保守黨議員持續脫黨，執政黨與在野黨的議席差，從二十一席縮小到二席。

布雷爾 (Tony Blair, 1953～) 繼任工黨領袖，是因 1994 年 5 月 12 日

工黨黨魁史密斯心臟病發作驟然病逝，7 月 21 日工黨大會選出影子內閣的內相布雷爾繼任黨魁。在 10 月 3 日至 5 日的黨大會，新黨魁布雷爾提議現實路線，建議工黨放棄 1918 年以來的國有化政策，脫離「工人政黨」的色彩，但是遭受副黨魁普瑞史考特 (John Prescott, 1938～) 等左派反對，投票表決的結果，反對 50.9%，贊成 49.1%，被否決。1995 年 4 月的黨大會，終於決定放棄工黨傳統的產業國有化政策以及放棄核子廢絕政策，朝向執政黨的方向邁進。

1997 年的大選，工黨奪回政權，5 月 2 日，工黨主席布雷爾 43 歲，成為自 1812 年以來最年輕的英國首相 (1997～2007)，結束工黨在野十八年。布雷爾當初的口號是「新工黨、新英國」，但他所實行的政策，是沿襲保守黨的「柴契爾主義」。布雷爾執政後，就提議透過全民公決，決定是否設立蘇格蘭地方議會，最終從憲法上，確立了在蘇格蘭和威爾斯設立地方議會、實行地方自治、分權管理的大政方針。

布雷爾政權在 2001 年的總選舉又大勝，在 2005 年的大選，工黨獲得三百五十六議席的過半數，連續三屆執掌政權，但因參加伊拉克戰爭受批判，議席數大幅減少。

布雷爾以「第三條路」開創了新工黨時代。換言之，這是將工黨傳統的社會主義路線，轉換為不偏左不偏右的中間路線。執政十年，布雷爾率領工黨，連續在三次大選中獲勝。在政黨政治層面，他力圖淡化並變革意識形態，使工黨從一個「階級政黨」，變成一個「民眾政黨」。布雷爾最大膽的努力，是使工黨從追求「制度社會主義」，轉向追求「價值社會主義」。同時，他領導工黨疏遠工會，削弱工會對工黨的影響力，轉而追求工商業界的支持。布雷爾所推行的「第三條路」，試圖超越傳統的左 (社會民主主義) 和右 (新自由主義)，看待政府和市場的相互關係。1998 年之後，不但布雷爾，美國總統柯林頓、德國總理施羅德、法國總

理若斯潘等西方國家領導人,紛紛標榜「第三條路」的政治主張。

英國在布雷爾領航十年期間,經濟成功地走出陰影,連續十年,保持高速穩定增長;在社會保障改革方面,也取得初步成效,公共服務逐漸改善;憲政改革的推展方面,以權力下放為核心,促使英國政治進一步民主化;北愛問題也和平解決。

經濟領域的成就,是布雷爾最值得驕傲的業績。在他任內,英國經濟持續增長,時間之長,刷新了英國二百年來的記錄。布雷爾承認市場經濟和私有化,在黨章中,增加了市場經濟和私營企業,大幅簡化了對企業,尤其是中小企業的監管內容,並從稅收等方面,加大對工商界的扶持。他推行自由主義的經濟政策,使英國經濟實現振興。

布雷爾執政後,引進了最低工資制度,保障低收入者的基本利益,給予英格蘭銀行設定利率的自由,使社會經濟平穩增長,英鎊十年來保持了強勢地位,GDP 年均增長 2.3%,英國的年均失業率僅為 4% 左右,是 1970 年代以來的最低水準,而英國的人均工資,則年均增長 4%。

在社會福利和教育改革領域,布雷爾也有相當的貢獻。布雷爾倡導「福利國家現代化」,強調公民個人也要承擔責任。為此,透過稅收優惠,擴大工作者與失業者之間的經濟差距,以鼓勵人們工作。儘管英國福利開支低於德國、法國,但就業狀況卻遠優於德、法。為防止削減全民福利引發民眾反感與抵觸,布雷爾學習丹麥、瑞典和法國的經驗,擴大政府在公共服務領域的投入。在他任內十年間,英國在公共服務領域的投資規模,創英國史最高記錄,國家衛生服務系統的預算,增加了一倍多,健康保障基金增加了三倍,教育預算翻了一番,公立學校的學生人均投資,在十年中翻了一番。

但是 2005 年的大選,工黨從十二名企業家獲得一千四百萬英鎊的選舉運動資金,而有推薦四人為上院議員的嫌疑,被倫敦警察局搜查。就

是首相布雷爾本身，從 2006 年 12 月到 2007 年 6 月三次被傳訊，他周邊負責籌措資金的上院議員等四人被逮捕，然而檢方在 7 月 20 日，以「證據不足」為由，宣佈全體嫌犯不起訴結案。

布雷爾第三任內，媒體先後揭露他金錢換爵位、搭女王專機渡假、外國富商資助女兒學法語、第一夫人海外演講斂錢、首相高額化妝支出等醜聞，使工黨形象受到重創。

布雷爾任內，英國皇室發生黛妃 (Princess Diana, 1961～1997) 車禍身亡的重大事件，震驚了全國。1996 年 8 月英國王妃黛安娜與皇太子查爾斯 (Prince Charles, 1948～) 離婚。過了一年，1997 年 8 月 31 日，黛安娜與男友多迪‧法耶德 (Dodi Al-Fayed, 1955～1997) 在巴黎車禍身亡。同日，英國首相布雷爾公開稱呼黛安娜為「人民的公主」(the people's princess)。9 月 2 日全英國人哀悼黛安娜，使得黛安娜的故居肯辛頓宮 (Kensington Palace) 花海源源不絕。最初保守的英國皇室與機智的新任首相布雷爾之間缺乏共識，特別是英國皇室的沉默備受批判。首相布雷爾出面說服皇室對人民發言表態。9 月 5 日英國女王在現場轉播的電視上，向全國人民發表演說，稱呼黛安娜為「卓越而有天賦的人」(exceptional and gifted human being)。9 月 6 日好幾百萬的英國人民湧至街上參加黛安娜的公開葬禮，造成全英國幾乎停擺一天。這次事件反映皇室權力的快速消退和首相地位的提高。布雷爾首相引領國家步入自由的現代，翻轉英國的保守形象。

1998 年 3 月英國政府公佈黛妃的遺書，黛妃的遺產約二千一百五十萬鎊，扣掉繼承稅餘約一千三百萬鎊，大部分由兩名王子威廉和哈利繼承，並以信託財產管理。

事件經過六年多的查證紛擾，2004 年 1 月 6 日倫敦法庭的法官貝克 (Scott Baker, 1937～)，說明失事當天黛妃和多迪與保鏢及司機同乘賓士

轎車，被狗仔隊包圍拍攝照片，後座的黛安娜轉頭查看是否已經擺脫窮
追不捨的狗仔隊，司機用手企圖擋住攝影記者的閃光燈。2005 年 12 月，
倫敦的警視廳傳喚查理斯王子聽取供述。2006 年 12 月 14 日，警視廳發
表黛安娜因交通事故死亡的報告，否定黛安娜與男友多迪的婚約，否定
黛安娜身亡時懷孕，否定陰謀說或王室的參與，說事件完全是司機飲酒
的緣故。負責審理本案的法官貝克表示，黛安娜身亡時並沒有懷多迪的
小孩，同時兩人也沒有訂婚。但是多迪的父親老法耶德，仍然強調女王
伊莉莎白二世的夫婿菲利普親王下令「海外祕密情報局」謀殺二人，阻
止黛妃下嫁信仰伊斯蘭教的多迪。英國高等法院重啟調查，經過六個多
月深入訪查並檢視證據，約談證人二百七十八人，耗費一千萬英鎊，庭
訊書面記錄二百九十萬字，於 2008 年 4 月 7 日終結調查案，認定黛妃的
死因純粹是車禍，並沒有涉及謀殺，英國政府盼望海外祕密情報局在黛
妃之死中洗清嫌疑。

　　另一方面 ， 2005 年 4 月查理斯王子與交往三十多年的情婦卡密拉
(Camilla, 1947～) 結婚 。 卡密拉不用太子妃的稱號 「威爾斯太子妃」
(Princess of Wales)，稱為康威爾公爵夫人 (Duchess of Cornwall)，未來皇
太子就王位後 ， 她也不用皇后的稱號 ， 而稱為國王夫人 (Princess
consort)。

　　英國王室的平民化，也影響了大英聯邦整個結構。大英聯邦由舊殖
民地等五十三國所構成，盟主是伊莉莎白二世女王。舊殖民地國之中像
新加坡老早實行新移民制度。英國內政部在 2006 年 3 月 7 日聲明，從
2008 年施行新「移民制度」，對歐盟加入國以外地區來的移民，如醫生、
資訊技術 (IT) 業等專家給予特別優待，以點數計算其學歷、年齡、從前
的收入等，依據點數就業或取得永久居留權。

　　另外，布雷爾政權也加強反恐對策，從 2006 年 4 月 13 日施行新《反

恐法》，凡讚揚或訓練恐怖活動等都違法，並延長恐怖分子嫌疑犯起訴前
的拘留期間。8 月 10 日倫敦警察局宣佈破獲恐怖分子空中爆破陰謀，這
項計劃鎖定四家航空公司，九架飛越大西洋的航機。英國警方逮捕二十
一名嫌犯，說是屬於製造恐怖攻擊的組織和十二年前美國中央情報局在
馬尼拉破獲的一項蓋達組織陰謀爆破太平洋航線班機的計劃，非常相似。

　　布雷爾政權在民主化方面，進行上院以及司法的改革。1999 年 11
月議會通過英國世襲貴族議席全廢的法案，而暫時措施是先將世襲貴族
削減為九十二人，其他七百五十九議席，全部由選舉產生。下院在 2003
年 2 月否決了上院所有議員都由指定方式任命，以及廢除上院等七種不
同的方案。9 月政府發表廢除全部世襲貴族議員，設置議員提名委員會，
放棄終身議員的議席等案。上院在 2006 年 6 月 28 日，英國史六百年來
第一次投票互選擔任議長的大法官 (Lord Chancellor)，結果有男爵夫人稱
號的女性議員海曼 (Baroness Hayman, 1949～)，選出為上院議長。英國
的世襲貴族議員，至此畫下休止符。2007 年 2 月 7 日公佈上院改革白皮
書，將上院議員名額削減為五百四十席，選出方式一部分引進直接選舉，
終身制的任期改為十五年等提案，並向下院徵求直接選舉人數的比例。
3 月 7 日下院投票的結果，廢止現行的任命制，全面引進直接選舉制的
提案，獲得贊成三百七十七票，反對二百二十四票的高票支持通過。3
月 14 日在上院表決，維持全體上院議員任命制的提案，以贊成三百六十
一票，反對一百二十一票通過。上院與下院投出完全相反的結果，上院
改革案可能拖延下去。

　　英國司法的最高威權在上院。上院的上訴委員會，等於最高法院。
隨著上院改革，司法也進行改革。從前內相兼任上院議長的大法官，近
似法相的職位，2003 年 6 月 12 日以司法獨立為目標，新設了憲法問題
相 (Secretary of State for Constitutional Affairs)，掌管大法官的功能，並兼

掌重大法律問題向政府建言的法務長官 (Attorney General) 以及助理職務的法務次長 (Solicitor General) 職權。

布雷爾政權在內政改革方面有很大成就，但追隨美國所發動的伊拉克戰爭，是執政期間最大的失分。

1990 年 8 月 2 日伊拉克進攻科威特，當時英國還是柴契爾當政，隨即決定派兵到沙烏地阿拉伯。波斯灣戰爭到 1991 年 1 月，英國派兵約三萬人到波斯灣。1993 年 1 月美國主導再轟炸伊拉克，英國的梅傑政府也跟法國軍隊共同參加。法國對再轟炸伊拉克多少表明批評的立場，但是梅傑強調全面支持美國的方針。

伊拉克戰爭，英國參戰的最大根據是伊拉克藏有大量破壞武器，然而始終未能發現，這使工黨的聲譽大跌。布雷爾任內，英國曾爆發過一百萬人反戰大遊行，抗議布雷爾追隨美國的政策；更曾有五十二名英國高級外交官，史無前例地聯名上書，反對他的伊拉克政策。然而 2001 年九一一恐怖襲擊事件之後，他堅定地站在美國一邊，出兵伊拉克。

2004 年 3 月 11 日，西班牙首都馬德里市中心火車站發生恐怖爆炸事件，西班牙因此宣佈從伊拉克撤兵，之後布雷爾首相居然還打算增兵，填補西班牙留下的空缺，引起英國國內輿論大譁，甚至引起 2005 年 7 月 7 日倫敦爆炸案，倫敦地鐵和公共汽車發生多起爆炸，警方確認死亡人數為五十六名，英國惹火燒身。

伊拉克戰爭，在英國國內牽扯出凱利 (Dr. David Kelly, 1944～2003) 的離奇死亡事件。伊拉克前海珊政權，到底有沒有保存重大毀滅性武器，英國政府是否故意操作情報，是問題的關鍵。英國廣播公司 BBC 報導，英國政府在 2002 年 9 月誇大捏造伊拉克與重大毀滅性武器的報告，以證明幫助盟國對伊拉克開戰的正當性。

凱利是享譽國際的聯合國武器核查專家，1991 年第一次波斯灣戰爭

爆發後，受邀參與戰後伊拉克生化武器核查工作。在此期間，他還根據俄、美、英三國簽署的《三方條約》，訪問和視察了俄羅斯的生化武器設施。他曾先後三十六次進入伊拉克，核查生化武器情況。

2003 年 2 月，凱利和 BBC 記者吉利根 (Andrew Gilligan, 1968～) 談論過即將發動斬首海珊的戰爭；5 月 22 日，兩人又會面談論了剛剛結束的戰爭，以及有關海珊武器的情況。5 月 29 日，吉利根在 BBC 第四頻道報導說，一名「高級情報官員」告訴他，斬首海珊戰爭的情報是捏造的，並暗示捏造者乃布雷爾政府的新聞主管康貝拉 (Alastair Campbell, 1957～)，在 2002 年 9 月曾授意在政府所發表的伊拉克武器文件中，添加了海珊在四十五分鐘內即可部署生化武器的字句。

6 月 1 日，在英國《郵報》，吉利根稱布雷爾的新聞辦公室主任康貝拉，應該對有關海珊能在四十五分鐘內發射大規模殺傷性武器的假情報負責；6 月 19 日，吉利根向英國議院外交事務委員會提交證據，要求調查政府是如何引導英國走向戰爭；最初康貝拉否認製造假情報，並要求 BBC 道歉；外交事務委員會也聲援說，康貝拉沒有製造假情報，而康貝拉繼續要求 BBC 道歉。7 月 9 日，國防大臣胡恩 (Geoff Hoon，在職 1999～2005) 寫信給 BBC 主席，要求知道是誰向 BBC 記者透露情報。隨後有人稱凱利就是向 BBC 透露情報的人。7 月 16 日，布雷爾聲稱，英國議會和 BBC 應該說出那個透露情報的人；第二天 7 月 17 日，也是凱利被指為消息來源之後一星期，他的死屍即在自家附近樹林裡被人發現。

對英國來說，這是一件重大的命案。8 月 11 日，大法官赫頓 (Lord Hutton, 1931～) 組成專門的調查小組，對凱利之死進行正式的獨立司法調查。8 月 28 日早上，布雷爾首相抵達舉行聽證會的法庭接受司法質詢。第二天 8 月 29 日，布雷爾的政治密友、唐寧街公關主管康貝拉辭職。康貝拉落馬後，輿論的焦點轉向了布雷爾的另一位左右手國防大臣

胡恩。9 月 3 日，首相布雷爾宣佈改組政府公關機構，削減唐寧街公關主管的權力，內閣辦公室新設一常務官總攬政府公關戰略，其副手擔任首相發言人。

2004 年 1 月 28 日，主持調查凱利死亡事件的赫頓法官，發表《赫頓報告》(*Hutton Inquiry*)，認為英國首相布雷爾及其工黨政府在凱利事件中不存在不誠實行為，斷定 BBC 的報導說英國政府誇大捏造伊拉克的威脅是「沒有根據」。依《泰晤士報》1 月 31 日的民意調查，多達 55% 的英國民眾認為，《赫頓報告》有為政府粉飾過失的嫌疑。其後輿論調查，對布雷爾政權的不信任反而上升。2004 年 2 月 3 日，布雷爾首相設立檢查英國情報機關的情報調查委員會，該委員會在 7 月 14 日發表報告說，對伊拉克開戰時伊拉克並沒有重大毀滅性武器的威脅，情報有「重大的缺陷」。美國調查團的結論，也是開戰時沒有重大毀滅性武器存在，因此英國外相史特拉 (Jack Straw，在職 2001～2006) 在 10 月 12 日正式承認，英國政府在 2002 年 9 月發表伊拉克重大毀滅性武器報告中，說「伊拉克軍在四十五分鐘內即可部署生化武器」的部分有誤。

英國採志願兵制，據英國國防部公佈的數據，英國軍隊在 2005 年有約一萬四千名士兵退役，其中包括七百四十名被軍方通緝，但尚未被開除軍籍的逃兵。諷刺的是，英國軍隊在 2005 年招募的新兵總數僅為一萬一千四百六十名，比退役的士兵總數少了二千多人。英國的軍人家屬反戰組織稱，退役士兵人數，還在不斷增加，逃兵數目也在不斷上升。這是英國出兵伊拉克的合理性和正義性，士兵們深感迷茫，不知道到底為何而戰？

布雷爾在內政上的最大功績，是促成北愛爾蘭的和平。在英國歷屆首相眼中，北愛爾蘭問題是一項棘手的問題。布雷爾在執政第二年 1998 年 4 月 10 日，促成北愛爾蘭衝突各方達成《耶穌受難日和平協議》

(*Good Friday Agreement*)，其中包括成立權力共享的北愛爾蘭自治政府、議會等多項條款，開啟了北愛和平進程。5月22日實施北愛爾蘭公民投票，以71.12%贊成《和平協議》獲得通過。對於《和平協議》有貢獻的北愛爾蘭統一黨黨魁特琳布 (David Trimble, 1944～)、社會民主工黨黨魁修姆 (John Hume, 1937～)，12月10日獲得諾貝爾和平獎。

　　6月25日北愛爾蘭議會選舉，決定由特琳布擔任自治政府首相，但由於敵對各方之間有著四十多年的恩怨，和平進程隨後多次陷入僵局。1999年12月2日北愛爾蘭自治政府正式成立，但是天主教激烈派愛爾蘭共和軍的武裝解除沒有進展。2000年2月英政府以愛爾蘭共和軍拒絕解除武裝，停止自治政府的部分機能；5月愛爾蘭共和軍表明有意解除武裝，自治政府的功能恢復；2001年10月23日愛爾蘭共和軍發表實施第一次武裝解除，並由監視武器廢棄的中立國際委員會確認。2002年4月8日愛爾蘭共和軍第二次武裝解除，但是愛爾蘭共和軍政治組織「新芬黨」從自治政府竊取可能利用為恐怖活動的文件，英政府10月15日凍結北愛爾蘭的自治，恢復直轄統治。布雷爾首相要求愛爾蘭共和軍解散，並將預定在2003年5月29日舉行的自治政府議會選舉延期；另一方面與愛爾蘭總理埃亨 (Bertie Ahern，在職1997～2008) 聯手積極斡旋，10月21日愛爾蘭共和軍實施第三次武裝解除。11月26日北愛爾蘭得以議會選舉；2005年7月28日愛爾蘭共和軍向其成員命令廢棄武器和終結武裝鬥爭。9月26日國際委員會發表愛爾蘭共和軍的武裝解除完成；2006年4月英政府提出恢復自治計劃案，2007年1月28日新芬黨承認北愛爾蘭的警察組織；3月7日北愛爾蘭議會選舉，代表新教徒的「民主聯盟黨」和代表羅馬天主教的「新芬黨」都比前次的席次增加，躍進為第一、第二黨。北愛爾蘭兩大對立黨派的黨魁，在3月26日第一次正式會面握手言和，在首府貝拉發斯特 (Belfast) 達成了歷史性協議，

同意在 2007 年 5 月 8 日恢復組成聯合自治政府。四年半以來停頓的自治政府得以恢復，由民主聯盟黨黨魁裴斯萊 (Ian Paisley, 1926～2014) 擔任北愛爾蘭自治政府首相。北愛爾蘭長年的紛爭，終於獲得和平解決。布雷爾選擇 5 月 10 日，即北愛爾蘭新自治政府成立兩天後，宣佈離任時間表，頗有「功成身退」之意。

　　北愛爾蘭的紛爭解決了，蘇格蘭獨立派正在躍進。2007 年 5 月 3 日蘇格蘭議會選舉，在一百二十九議員名額中，以獨立為目標的蘇格蘭民族黨 (SNP) 增加二十席獲得四十七席，執政工黨失去了長達五十年的第一大黨地位僅得四十六席，蘇格蘭民族黨躍進為第一大黨。蘇格蘭民族黨在選舉時的公約，要在 2010 年實施公民投票決定獨立與否，而獲得歷史性的勝利。蘇格蘭民族黨黨魁薩孟德 (Alex Salmond, 1954～　) 說，當務之急是與其他政黨敲定結盟，取得掌控議會所需的過半數六十五席。8 月 14 日，蘇格蘭地方政府主席薩孟德公佈提議公民投票的政府執政黨案。蘇格蘭民族黨推展獨立公投，自由民主黨與綠黨是否願意支持是個問題，如果 2010 年公投過關，英國也有可能成為一個分裂國家。

　　布雷爾的工黨政權，在內政上很有成就，但是對外因參加伊拉克戰爭，支持率節節下降，在第三任期的中途，2007 年 5 月 10 日主動宣佈在 6 月 27 日辭去首相與工黨黨魁職位下臺。工黨 5 月 24 日在英格蘭西北部城市曼徹斯特召開臨時黨大會，選出政權第二號人物財相布朗 (Gordon Brown, 1951～　) 為新黨魁。布朗當財相，同布雷爾共同執政十年，證明了他具有領導工黨和英國政府的能力。

　　2007 年 6 月 27 日布朗就任戰後英國第十三任首相，任期到布雷爾所留下的 2010 年 5 月。布朗首相上任後，勢必擺脫布雷爾前政權的負面政治遺產，即與「追隨美國」參與伊拉克戰爭的政治包袱劃清界限，免除國民對政府不信任的源頭「伊拉克黑影」，打擊一系列政治醜聞，樹立

工黨和個人的新形象,賦予工黨和新政府新的能量和動力。布朗就任後,接到倫敦和蘇格蘭最大都市及港口格拉斯哥 (Glasgow) 有伊斯蘭過激派的連續恐怖襲擊的情報,內政部 6 月 30 日宣佈,將國家安全警戒水準提升至最高級危急狀態。布朗在 7 月 3 日的施政演說,提議創設「國家安全會議」,將既存的有關組織統合起來對應治安問題以及國際問題。他以堅實的態度處理恐怖主義的襲擊、大規模的洪水災害、口蹄疫的再發生等問題,使國民的支持率上升。7 月 30 日的第一次美英首腦會議,布朗確認兩國的「特別關係」,但並不強調與美國總統布希的個人親密關係,平靜的演出布希一布雷爾「蜜月時代」的終了。同時布朗在下議院表明,駐留伊拉克南部的英軍將逐漸削減,最後將英軍駐留南部巴士拉 (Basra) 州的治安維持權限移讓給伊拉克警察,一步一步推行「脫離伊拉克」政策。10 月 2 日布朗突然訪問伊拉克,他與伊拉克總理馬利基 (Nouri Kamel al-Maliki,在職 2006～2014) 舉行會談,宣佈駐守伊拉克南部城市巴士拉的英軍,將於年底前撤出一千人。駐伊英軍將先從「作戰角色」向「監守角色」轉換。伊拉克正陷入內戰狀態的泥沼中。有一半伊拉克人認為,目前生活還不如海珊時代,美國人比海珊的獨裁更壞。

英軍這四年糟糕透頂。在伊拉克打一場在英國國內幾乎無人支持的戰爭。英國政治這四年同樣糟糕,凱利死亡事件使英國民眾不再如從前那樣相信情報機構,尤其不再相信有關大規模殺傷性武器情報後面的操作。

2008 年 3 月 19 日,首相布朗在議會發言,提出新的應對恐怖活動、流行病、水災等國家緊急事件的國家安全戰略,將建立四個地區反恐機構和情報機構協助警方調查;安全機構從業人員將增加到四千人;由警察、應急服務機構、法官等構成的一千人非軍方人士行動小組,派往世界各地的動盪地區,隨時準備幫助進入緊急狀態的國家應對衝突;英國將透過外交手段解決世界核子武器問題,並採取新措施應對互聯網的襲擊。

　　最後談談香港主權的移交中國。1984 年柴契爾訪問中國，在 12 月 19 日與鄧小平主持簽訂《中英聯合聲明》，英方承諾將香港的主權，在 1997 年 7 月 1 日回歸中國，成為「香港特別行政區」。根據條文規定，中方將在香港落實推行「一國兩制」，享有高度自治，並保證香港由回歸起至 2047 年「五十年不變」。

　　但在移民改革上，不少大英帝國殘餘屬領的人民權益受到損害，當中，為防範殖民地香港在 1997 年回歸中國，而引發大批港人移入英國，柴契爾聲明香港市民沒有居英權，因而引起了激烈的爭議。

　　英國對香港的管治，源於第一次鴉片戰爭清朝戰敗，於 1842 年簽訂的《南京條約》，將香港島割讓給英國。1860 年，清朝於第二次鴉片戰爭被英法聯軍打敗，簽訂《北京條約》，將九龍半島界限以南部分，割讓給英國管治。1898 年，清朝與英國簽訂《展拓香港界址專條》，租借新界九十九年，至 1997 年 6 月 30 日期滿。

　　雖然《南京條約》與《北京條約》皆明文寫著，香港島與界限以南的九龍永久割予英國，但此舉未使兩地永久成為英國屬地，而是連同新界，一併交返中國。因為香港島、九龍少有平地，飲水食物等物資，多由新界或中國大陸供應，難以自給自足。而香港也並沒有因三條約的分別，而妨礙她的整體發展。因此，英國難以不把整個香港交還。

　　1986 年 10 月，伊莉莎白二世女王夫婦，以英國元首身分第一次正式訪問中國大陸。1991 年 9 月梅傑首相訪問中國，使 1989 年 6 月天安門事件以來惡化的中英關係得到正常化。2005 年 9 月布雷爾首相也訪問中國，2008 年 1 月布朗以首相身分訪問中國大陸，他在 2005 年擔任財相時訪問過中國，這是他出任首相後首次訪問中國，與溫家寶總理會談。兩位首相同意到 2010 年將兩國的貿易額擴大到六百億美元。中英貿易總額 2007 年達到四百億美元（二百零二億英鎊），布朗向中方表示，希望

雙邊貿易額在未來兩年有 50% 增長，達到六百億美元的水準，同時在
2010 年前，能有一百家新的中國企業到英國投資。其他簽署有關氣候變
動的共同聲明、能源合作等共同文書八件，並同意能源關係等總額八億
美元的契約。

　　中英關係的發展，因高層交往頻繁，經過戰略對話，互信不斷加強。
中英雙邊關係互動小組等機制的運作情形良好。兩國的經貿合作持續發
展，近年英國一直是歐盟對中國最大投資國，兩國在財政、金融、教育、
科技、文化、衛生、奧運、環保等領域的合作，也獲得進展。

Chapter 17

二十一世紀的抉擇

——脫離歐盟後如何轉變路線？

(2008～2019)

　　盎格魯薩克遜民族在世界稱霸的勢力，二次大戰後霸權完全地從英國轉移到美國。戰後，世界第一強霸美國為了要集體的領導西歐各國，發起主導歐洲復興的「馬歇爾計劃」，要求西歐各國整體聯合，向美國提出經濟總援助計劃，並減低歐洲的關稅和貿易壁壘。當初，美國的國防外交著重於領導歐洲重建和圍堵共產勢力。1949 年 4 月，美國與西歐國家籌設北大西洋公約組織 (NATO)，成為美國與西歐北大西洋國家的軍事同盟機構，以圍堵東方蘇聯為始的共產集團軍事威脅。北約創設以來，都由美國軍人擔任北約軍總司令。當時，美國允許西德加入北約組織，因美國的強盛稱霸是募集多數的德國軍事、政治、高科技人才到美國達成的。西德加入北約也緩和了戰後法國對德國重新武裝的恐懼感，促使法、德之間關係緩和，加速了戰後歐洲的聯合。在美國主導國防外交資源之下，英國的角色變成相當消極，以鞏固美英關係為第一，軍事、外交甚至經濟的重大決策，大多遵照美國的意思推進。英國在 1949 年北約成立時同時參加，但是沒有意料到東西冷戰結束後，北約在 1999 年與 2004 年兩次東擴，招納十個前蘇聯集團國家，現在北約有三十個會員國。

　　英國要加入美國領導的軍事組織容易，但是要加入歐洲經濟共同體則經過相當的波折。因為歐洲經濟共同體又稱「歐洲共同市場」，是歐洲

人為主的組織，美國較難直接插手干涉，經常透過英國干涉。然而英國要加入歐盟，國內政治見解相當紛亂，並且與西歐法國、德國的步調不一致。英國稱為「大不列顛與北愛爾蘭聯合王國」，與前殖民地五十三國結盟為「大英國協」(The Commonwealth)，存在著或即或離的鬆散結盟關係。英國經過兩次申請「入歐」被否決，至 1973 年才得以進入歐盟前身的歐洲共同體。如今，英國為了脫離歐盟，經過 2016 年 6 月 23 日舉行的公民投票，約有 52% 的選民支持英國脫離歐盟，「脫歐」已成定局。英國離開歐盟以後要往哪裡走，是否仍然依靠美國的指示行動，是關心國際政治者注目的焦點。現在英國政府提出的「脫歐協議案」，就面對國內、歐盟及國際的重重壓力，非常的艱辛。

　　英國與歐洲各國並非連在一起，北邊隔著多佛海峽，南邊隔著英吉利海峽相望，保持互相關心經濟利益和政治動向的關係。英國與歐洲並沒有產生「經濟一體」的觀念，英國無論經濟、政治皆與全球第一霸權美國的聯繫比較密切。除英、法兩國外，西歐各國都不發展核子武器，不得不依賴美國的武力保護，導致西歐與美國之間政治地位不平等，經濟上也受美國的相當約束。西歐各國似乎失去了往日的大國地位，軍事上單靠一國的力量，根本無法與美國或蘇聯相抗衡。唯有加強西歐各國之間的經濟合作，聯合起來促使經濟發展，才能維持各國在全歐洲乃至世界上的地位。在五、六十年代，西歐經濟迅速發展，要求歐洲聯合的呼聲開始強大起來。英國當初申請加入歐洲共同體，遭法國總統戴高樂否決，到 1973 年才加入歐洲共同體，現今又不願繼續留在歐盟，脫歐的條件即使經過協議了，還必須英國議會的同意才能成立。英國要「入歐」又要「脫歐」，反覆無常，一直與歐盟維持若即若離的尷尬夥伴關係。是否英國人太會精打細算？這次英國要脫歐，也有人們質疑是美國在背後操縱。

　　英國與歐洲的關係究竟要如何維持下去，在國內始終是分裂朝野見解的一個難題。堅決的「反歐派」有存在的地盤，「留歐派」也不完全是全心全意支持。工黨、保守黨輪流上臺執政，歷任首相和歷屆政府都未能消弭「留歐」與「脫歐」的意見分歧，兩大政黨內部都有立場鮮明的「親歐派」或「反歐派」。

　　根據設立歐盟的《馬斯垂克條約》，歐盟自 1999 年 1 月 1 日開始實行單一貨幣歐元，由歐洲中央銀行負責，對歐元區國家實施統一的貨幣政策。2002 年 1 月 1 日起，歐元紙幣和硬幣正式流通，但是英國、瑞典和丹麥沒有加入歐元區。在英國，執政十八年的保守黨於 1997 年大選挫敗，換工黨布雷爾執政。然而在工黨執政十年當中，最大的瑕疵是英國政府海外情報局 (MI6) 傳出伊拉克的海珊政權擁有大規模毀滅性武器，讓美國總統小布希 (George W. Bush) 有藉口下令出兵攻打伊拉克，英國也追隨美國出兵，沒有意料到後來引起世界最大規模的難民潮危機。

　　從 2003 年 3 月到 2011 年 12 月，以美、英軍隊為主的多國籍部隊攻擊伊拉克。伊拉克位居中東的地緣戰略中心，地處東地中海岸和波斯灣，與伊朗、土耳其、約旦、敘利亞、科威特以及沙烏地阿拉伯接壤。美國和英國聯手推翻海珊政權，將他定罪處死。美稱這是「反恐戰爭」的一環，在伊拉克首都巴格達建立符合美國利益的新政權，清除伊拉克的大規模破壞性武器，防止這些武器落入伊斯蘭恐怖團體手中。美軍進駐中東地緣政治的心臟地帶伊拉克，使該地變成美軍在中東的前進基地，擊潰伊斯蘭世界反美英勢力，卻無法完全控制伊斯蘭世界。

　　美、英發動伊拉克戰爭之後，2004 年 5 月 1 日歐盟擴大為二十五個會員國。有十個東歐會員國：斯洛伐克、拉脫維亞、愛沙尼亞、立陶宛、捷克、斯洛維尼亞、賽普勒斯、馬爾他、匈牙利、波蘭同時加入。歐洲人對歐盟東擴的理想，本來在於全歐洲共享自由、民主及和平的價值。

在經濟上也擴大歐洲單一市場的範圍，使得各會員國之間資本和貨物自由流通，市場腹地擴大。歐盟以團結互助出發，補助會員國經濟發展，對要加入歐盟的國家，先要求審查是否已經結構改革。因此東歐成員的加入，也衝擊了歐盟內部的決策機制，隨之歐盟體制的改革也成為熱點。

歐盟東擴，帶來大量東歐公民進入英國，引發移民問題的爭議。隨著英國國內發生恐怖攻擊事件，恐怖主義興起之後，英國民眾質疑這是因英國追隨美國攻打阿富汗及伊拉克所致。接著歐元區經濟危機爆發，又引發英國是否應該承擔拯救重災區歐元國家的義務等問題。

2010 年 5 月 6 日，在國際金融危機和歐洲債危機背景之下，英國舉行大選，而保守黨獲得三百零六席，自由民主黨五十七席，原執政的工黨僅得二百五十八席。於是成立保守黨與自民黨的兩黨聯合政府，宣告第二次大戰以來的二大政黨制崩潰，英國也宛如西歐成立聯合政府。5 月 11 日，由保守黨黨魁——43 歲的卡麥隆 (David Cameron, 1966～　) 出任首相，自民黨黨魁克萊格擔任副首相。新英國政府對歐盟一方面加強商貿關係，另一方面拒絕向歐盟移交更多國家權力，並反對歐盟加強經濟監督。英國與歐盟的關係又帶著矛盾，進入保守黨單獨執政時期。

2013 年 1 月，卡麥隆承諾如果保守黨在大選中勝選，將舉行公民投票決定是否脫離歐盟。公投原定在 2016 年 6 月 23 日舉行，卡麥隆希望能在公投之前與歐盟就英國脫離歐盟的條件達成新的協議，這也是爭取英國國內脫歐派選票而採取的策略，但歐盟的二大強國法國和德國對此表示英國不能對歐盟會員國資格所附屬的責任、義務和條件隨意改變。

2014 年 5 月，歐洲議會舉行選舉，結果英國獨立黨 (UKIP) 在英國各選區獲二十四人代表最多，工黨和保守黨分別屈居第二、第三。UKIP 創辦人法拉奇 (Nigel Farage, 1964～　) 被歸類為「疑歐派」，他聲稱要挑戰歐盟和歐洲議會的不民主。法拉奇曾是保守黨黨員，1999 年 1 月 1 日

歐盟實行單一貨幣歐元後退黨，另行籌組英國獨立黨。這時，歐洲政治一體化的進程遇到挫折。因為《歐盟憲法》遭到部分國家抵制，英國本來也決定為是否接受該憲法舉行公民投票，但法國、荷蘭率先公投，否決了這部憲法，英國就沒必要為此舉辦公投。《歐洲憲法》流產後，又簽了《里斯本條約》(*The Treaty of Lisbon*)，內容跟《歐盟憲法》本文有不少相同相通之處。

保守黨的卡麥隆政府在 2012 年舉辦了倫敦奧運和英國女王伊莉莎白二世（Queen Elizabeth II，在位 1952～　）的慶典，算是給英國人相當有面子，但是對英國經濟的好轉幫助不大。

英國在 2005 年經濟尚穩健時申辦 2012 年由倫敦主辦奧運，當時擊敗由勁敵法國巴黎主辦。但是之後受到金融危機影響，英國經濟惡化，籌辦經費高達九十三億英鎊。2012 年，英國主辦倫敦奧運，英國代表隊有五百四十一名選手參賽，共得二十九面金牌，打破四項世界紀錄，風光一時，但奧運風光並沒有帶給英國太多經濟效益。民間大都看奧運轉播，零售商的業績大跌 0.7%，線上零售更大跌 6.7%，低迷的經濟不見起色，失業率居高不下，年輕人的失業情況更加嚴重。

另外，英國首相卡麥隆很賣力地協助舉辦英國女王登基六十周年慶典。2012 年也是英國女王伊莉莎白二世繼承維多利亞女王之後，唯一登基滿六十年的英國君主，倫敦舉辦鑽禧慶典，熱鬧一場。6 月 1 日，愛馬的 86 歲女王一身打扮全是皇室藍色，乘坐別蓬馬車抵達倫敦的艾普森 (Epson) 賽馬場，有十萬多名群眾揮旗歡迎女王。6 月 3 日，女王和 90 歲夫婿菲利普 (Prince Philip, 1921～　)、王儲查爾斯、查爾斯的長子威廉王子 (Prince William, 1982～　)、其嬌妻凱薩琳 (Catherine, 1982～　) 等王室人員登上以花朵裝飾的金色輪船 「查特威爾精神號」 (The Spirit of Chartwell)，航行倫敦泰晤士河，這時加入千艘船隻組成的船隊陣容，約

有一百九十艘船航行在旁，負責維安和因應緊急狀況，約有五千五百名警察和七千名義工隨時待命，興起慶典的最高潮。

　　但是卡麥隆政府接著須面對蘇格蘭的獨立公投危機。英國在 2014 年 9 月 18 日舉行蘇格蘭的獨立公投，這是 1707 年成立大不列顛聯合王國以來最嚴厲的考驗。投票率達 84.6%，創下第一次世界大戰後開始普選以來最高的投票率紀錄。

　　蘇格蘭人 1933 年創立蘇格蘭民族黨，主要的政治目的在推動蘇格蘭的獨立，取回政治權力。1999 年蘇格蘭議會成立，2011 年在英國議會選舉，蘇格蘭民族黨大勝。2012 年 10 月 15 日，保守黨首相卡麥隆與蘇格蘭首席大臣薩孟德簽署《愛丁堡協約》(Edinburgh Agreement)，同意蘇格蘭議會可以舉行公投。選票只問一個問題「蘇格蘭是否應該成立一個獨立國家」，蘇格蘭公民投票只能選擇同意或反對。

　　因為英國的主要媒體都公開表示反對，連在愛丁堡的《蘇格蘭人報》(Scotsman) 都以〈蘇格蘭的決定〉大標題表明如果蘇格蘭獨立，將面臨貨幣、歐盟會籍、國防等不確定性，主張從蘇格蘭的利益來看，支持蘇格蘭繼續留在大不列顛聯合王國是最好的選擇。

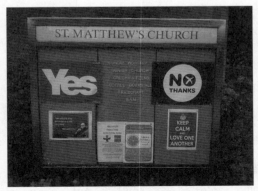

支持與反對蘇格蘭獨立的民眾在教會公佈欄表達訴求

公投前的多項民調顯示反對蘇格蘭獨立的比例領先，但在 9 月 7 日《星期泰晤士報》(Sunday Times) 的民調顯示支持獨立的比例超過半數，隨後金融市場恐慌，英鎊大跌。保守黨首相卡麥隆、自民黨副首相克萊格、工黨黨魁米勒班 (Ed Miliband, 1969～) 三大黨黨魁

都不出席英國國會，連袂趕往蘇格蘭拉票。因選戰狀況激烈，統、獨兩派各自表示獲得女王伊莉莎白二世支持，讓女王不得不撇清政治關係，發表這是蘇格蘭人民的抉擇。

　　公投前二天，三大政黨領導人在《蘇格蘭紀事報》(Daily Record) 發表宣誓，承諾若公投的結果是拒絕蘇格蘭獨立，將給予蘇格蘭議會更多權力，包括課稅、更多社會福利。公投最後的結果，投票反對蘇格蘭獨立者超過二百萬人，約占 55.3%；贊成獨立者近一百六十二萬人，約占44.7%，超過半數決定蘇格蘭續留在英國。這次蘇格蘭獨立公投挫敗，讓英國避免了大不列顛聯合王國分裂的危機。但三黨領導人曾在公投前宣誓約定將提供補助給蘇格蘭的巴奈特公式 (Barnett formula)，蘇格蘭每人可獲得一千六百英鎊，高於聯合王國內的其他國家。蘇格蘭首席大臣薩孟德聲明三位政黨領導人達成的權力下放必須要兌現，三位政黨領袖也同意下放更多權力給蘇格蘭議會，2015 年 1 月 25 日公佈《蘇格蘭法》草案，避免了蘇格蘭出走的危機。

　　卡麥隆政權解決了蘇格蘭公投出走的危機，但好事多磨，又逢難民湧入歐洲激起暴力事件的危機，影響英國人脫離歐盟的情緒。美國發動伊拉克戰爭（2003～2011 年）繞過聯合國的同意，藉口伊拉克擁有大規模殺傷性生化武器，以各種短噸飛彈猛烈攻擊伊拉克。美國花了七年功夫，結果沒有找到大規模殺傷性生化武器，卻掠奪了世界文明古國巴比倫（即伊拉克）的金塊財寶。從此中東局勢動盪混亂，伊拉克遜尼派激進組織「伊斯蘭國」(IS) 崛起，所謂「聖戰士」在阿拉伯世界和伊拉克占領大片土地，在美、英軍入侵伊拉克後與美軍作戰，敘利亞內戰爆發後又轉戰敘利亞。聖戰士手段殘忍，將俘虜槍斃、斬首，還散佈處刑的血腥影片讓人心生畏懼。伊斯蘭國遜尼派的好戰分子自 2014 年 1 月的暴力攻擊，造成至少五千多名平民喪命，一萬五千多名受傷，伊拉克就有

超過一百二十萬人流離失所。據估計，約有四百名英國公民、八百名法
國公民、二百名比利時公民參與敘利亞內戰，加入暴力活動，他們都擁
有西歐各國公民國籍，不需簽證就可以進出美國，規避美國的安全檢查。

　　2014年，難民開始湧入歐洲。到了2015年，歐洲面臨第二次世界
大戰以來最大規模的難民潮危機。這一年從中東的敘利亞、北非的利比
亞以偷渡船經由地中海登陸歐洲的移民或難民不絕於後，在義大利近海
連續發生偷渡船遇難事件；從土耳其流入希臘的難民激增，約湧入六十
萬名難民進入西歐，讓歐盟窮於應付。為了人道上的救助，歐盟高峰會
同意地中海的搜救範圍，並將海巡預算增加兩倍至九百萬歐元，英國、
德國、法國等許多國家也公開表示派出軍艦、直升機協助救援。

　　歐盟開會決定到2017年的二年間，將接受抵達難民十六萬人，由歐
盟各國分攤安置，然而匈牙利等國堅決反對分攤，無法發揮決議的安置
功能。歐盟之中，德國總理梅克爾 (Angela Merkel, 1954～　) 對難民表示
最友善，宣佈德國將接納八十萬名難民。英國為了維持盎格魯薩克遜民
族的尊嚴與優勢，採取嚴厲的防堵措施，在敘利亞境內對恐怖組織伊斯
蘭國發動無人機轟炸行動。但在數十萬網路簽名要求英國應負起強國責
任，迫使保守黨首相卡麥隆讓步，答應到2020年願意接納二萬名敘利亞
難民，且以孤兒和亟待援助的兒童優先。

　　2015年，僅經過地中海的海路進入希臘和義大利的難民就超過一百
萬人，向歐盟二十八國申請難民庇護的人數超過一百二十萬人，德國寬
量接納超過一百萬名難民。此未曾有的難民潮，讓歐盟面臨國際和區域
內的雙重壓力。歐盟在人道主義上願意接納更多難民，但巴爾幹半島的
會員國反對，致使歐盟不能推行重新安置十六萬滯留於希臘與義大利難
民的計劃。其中，匈牙利、斯洛伐克等東歐會員國更是公開反對歐盟的
難民接納政策，各國在邊境築起圍牆、鐵絲網阻隔難民進入。歐盟會員

國在難民問題上的分歧，使歐盟的團結與一體化精神趨於飄搖崩潰。當歐盟面臨龐大的難民潮危機之下，又須面對英國要脫離歐盟出走的雙重壓力。

在 2015 年 5 月 7 日的英國大選，保守黨恢復過半數，得以單獨組閣，開始第二次卡麥隆政權。卡麥隆原本是主張繼續留在歐盟的，但是受到英國國內對歐盟不滿聲音升高的影響，起先表明在 2017 年底前舉行公投，結果決定提前在 2016 年 6 月 23 日舉行公投。卡麥隆以為提早公投有利，但錯估形勢，公投的結果以 51.9% 比 48.1% 的些微差距由「脫歐派」勝利，英國決定從歐洲聯盟退出。

推動公投的卡麥隆首相事先也宣佈若是公投結果決定脫歐，他會立即辭職。於是，7 月 13 日由內政大臣梅伊 (Theresa May, 1956～) 接任首相，她是柴契爾首相以來英國第二位女性首相。梅伊曾主張英國應該續留歐盟，但面對公投決定要脫離歐盟，她也無可奈何。9 月初，歐洲理事會主席圖斯克 (Donald Tusk, 1957～) 到倫敦與梅伊首相會面，請英國儘快與歐盟展開脫歐的協議。梅伊首相在 2017 年 3 月 29 日正式觸發脫歐的程序，原則上有二年的脫歐協議期間，希望 2018 年 10 月達成脫歐協議。但是梅伊首相面對英國國內及歐盟當局的歧見太多，延後協議期限，希望在二年內，也就是 2019 年 3 月 29 日正式脫歐。

美國總統川普時常發言支持英國脫離歐盟，並表示英國應轉換為保護主義的貿易政策。歐盟高層相當擔心歐美之間的團結，會受到川普離間的惡劣影響。英國執政的保守黨內，就有「留歐派」與「脫歐派」互相指責批評。梅伊首相原本可以到 2020 年再舉行大選，卻提前在 2017 年 4 月舉行大選，結果保守黨在下院僅得三百一十七席。下院六百五十席次當中，保守黨三百一十七席、工黨二百六十二席、蘇格蘭民族黨三十五席、自由民主黨十二席、其他政黨二十四席。保守黨的多數優勢太

少，要靠內閣外勢力——即北愛爾蘭的地域政黨民主統一黨 (DUP) 支持，才能勉強維持政權。因國會支持率低，與歐盟協議脫歐要談妥條件，相當艱難。

這時，梅伊內閣內的閣員又連續發生性醜聞辭職等事件。2017 年 11 月 1 日，國防大臣法倫 (Michael Fallon, 1952～) 因過去的性騷擾行為辭職；11 月 8 日，國際開發大臣巴迪爾 (Priti Patel, 1972～) 為了未得政府允許的外交行為辭職；12 月 20 日，雇用年金大臣格林 (Damian Green, 1956～) 也因性醜聞嫌疑辭職。2018 年 1 月 8 日，梅伊首相不得不實行內閣改組，但留任外相、財務相等重要閣員。

根據《里斯本條約》第五十條，脫離歐盟的程序必須由要脫歐的會員國「正式」通知歐洲理事會才展開，脫歐的協議必須在二年內完成。若仍未達成最後協議，除非會員國一致同意延長協商，二年到期後，所有歐盟法規將不再適用於脫離歐盟的國家——英國。此條款並未規定脫歐程序的期限，英國只要尚未正式通知，可以延遲啟動脫歐。但梅伊首相希望一切準備好，就啟動脫歐的程序。2017 年 6 月，英國正式啟動脫歐談判，第一階段協議問題在：㈠英國要準備多少「脫離費」——即未付的分攤金；㈡將來「英國——愛爾蘭」邊界變成「英國——歐盟」國界時，如何處理關稅；㈢英國脫歐後，英國在歐盟的市民和歐盟在英國的市民如何保護相關權利。但是，進入第二階段有關貿易通商的協議，牽涉到歐盟各會員國的利害關係，錯綜複雜，協商交涉備感困難。

依歐盟的規定，二十八個會員國的公民可以自由遷徙、就業與定居。然而移民潮來臨以後，英國境內出現大量的歐洲移民，其中波蘭移民就超過八十三萬人，移民人數居高不下，也是英國選民公投支持脫離歐盟的主因。

但是，會員國的公民自由流通，也為英國帶來豐沛的專業人才，特

別是金融業的專才。英國脫歐之後如何進入歐盟單一市場的管道，倫敦是否繼續維持國際金融中心的地位，正是英國領導階層深思考慮的問題。英國是產業革命以來的工業國家，經過 1980 年代金融制度的改革，金融、服務業大為成

反對脫歐的英國民眾在西敏宮前示威

長；到了 2016 年左右，金融、不動產、觀光、通信等服務部門占國內總生產約 79%，因此預定 2020 年 4 月開始導入「數位課稅」。英國並期待脫離歐盟後，加入「跨太平洋夥伴協定」(TPP)。TPP 是由亞太經濟合作會議 (APEC) 的會員國新加坡、紐西蘭、智利和汶萊發起，2008 年美國加入，但美國總統川普於 2017 年以行政命令撤出 TPP。

　　為了促進國際貿易及脫離歐盟順利，梅伊首相在新內閣中增設「國際經貿談判」和「脫離歐盟」二個新部門。歐洲議會的脫歐談判首席代表維霍夫斯達 (Guy Verhofstadt, 1953～) 說，若英國要進入歐洲統一市場，就必須接受歐盟會員國公民自由遷徙、就業與居住的權利，並要求英國必須在 2019 年 3 月 29 日完成脫離歐盟的程序。然而英國國內議會爭吵不休，梅伊首相提出的脫歐案在議會延宕，來不及在 5 月 23 日歐洲議會選舉前完成，把脫歐日期延遲到 10 月 31 日。5 月 3 日，英國舉行地方選舉，選民對政黨延遲脫歐表示不滿，保守黨與工黨二大政黨大敗，讓中間路線的自由民主黨、左翼的綠黨、獨立候選人得利。英國又不得不遵照歐盟法規在 5 月 23 日參與歐洲議會選舉，而被譏笑這簡直是「選舉殭屍」，多此一舉。

　　世界長久以來被 “WASP” (White, Anglo-Saxons, Protestant) 支配，即

白人、盎格魯薩克遜人、新教徒所統治。他們都說英語，宣稱英語是世界語文。經過二次世界大戰，世界的霸權由美國取代了英國。第一次大戰在歐洲的巴爾幹半島爆發，歐洲各國包括英國遭受戰爭災禍，損傷慘重，僅美國與日本是在歐洲戰場之外，販賣戰爭物資，成為最大的戰爭獲利者 (war profiteer)。在二次大戰，美國只遭受日本攻擊珍珠港一點損傷，美國本土仍然保持原狀，繼續販賣軍火給盟國，又是世界上最大的戰爭獲利者。不但如此，美國在日本投下兩顆不同型的大量殺人武器原子彈，軍火業更上一層樓，成為世界上擁有最高級、最昂貴武器的國家，並禁止其他國家製造及擁有核子武器，得以稱霸世界。

　　美國與中華人民共和國建交四十年（1979～2019 年），沒有意料到中國會那麼快崛起，現在面臨中國「一帶一路」戰略的挑戰。2017 年 5 月 14 日，中國在北京舉行第一屆「一帶一路國際合作高峰論壇」，邀請近三十名國際領袖出席，一百多國代表與會，宣佈決定對「一帶一路」沿線國家大舉投資九千億美元，以促進經濟全球化；計劃在東南亞、南亞、印度洋、非洲及歐洲沿線國家共同修建港口、鐵路等，增進經貿合作。中國加強與沿線國家政經關係，反制美國「亞太再平衡」戰略。

　　在另一方面，美國不但和中國挑起中美貿易戰，甚至與盟友的七大工業國組織 (G7) 興起磨擦。美國宣佈從 2018 年 5 月起，對鋼、鋁的進口產品分別課徵 25% 和 10% 關稅。2018 年 6 月初旬，G7 高峰會在加拿大魁北克市召開，美國總統和其他成員國首領不斷吵鬧，製造摩擦，讓 G7 高峰會宛如 G6＋1，而不是 G7。美國總統川普跟德國總理梅克爾、法國總統馬克宏 (Emmanuel Macron, 1977～　) 點燃全球貿易戰的煙火，以致各國意見分歧，高峰會氣氛緊張。法國總統馬克宏和德國總理梅克爾堅決抵抗美國總統川普對全球貿易體系的攻擊，美國總統川普拒絕簽署共同聲明，在「推文」(Twitter) 諷刺主持 G7 高峰會的加拿大總理杜魯

道 (Justin Trudeau, 1971～)。美國專橫地不簽共同聲明，威脅要對進口車輛實施課稅制裁激怒過去的盟友，尤其是輸出許多汽車到美國市場的德國和加拿大。德國總理梅克爾強調，應落實以法治為基礎的貿易體系。

　　7 月底，歐盟委員會主席容克 (Jean-Claude Juncker, 1954～) 緊急赴美國華盛頓與川普總統會商，協議雙方消除關稅壁壘，共同解決不公平貿易制度，改革世界貿易組織 (WTO)。在歐盟的規勸下，美歐之間一觸即發的貿易戰得以暫緩。另外，美歐的軍事合作，美國對軍費的分攤表示不公平。川普認為北大西洋公約組織是維繫歐洲安全，美國負擔主要軍費，歐洲國家坐享其成，揚言要退出北約。7 月中旬召開的北約高峰會，川普又指控歐洲國家占盡便宜。歐洲理事會主席圖斯克反唇相譏歐洲到現在是美國最好的盟友，將來如何尚未可知。最後，還是依美國要求，提高各國的國防支出為國內總生產 2%。美歐之間的關係，越來越不和諧了。

　　G7 高峰會過去囊括世界上經濟已發達國家，現在西歐列強各國對貿易、油價及新興市場衰退，甚至軍費分攤等問題與美國爭執不下，美歐的裂痕越來越加深了。可見全球經濟增長的引擎已不在歐美列強手中，過去被輕視為經濟低開發的亞太地區正變得越來越重要。

　　在美歐裂痕逐漸擴大之下，中國也與歐盟展開「中歐經貿高層對話」。2018 年 6 月 25 日，中國國務院副總理劉鶴與歐盟委員會副主席卡泰寧 (Jyrki Katainen, 1971～) 在北京共同主持第七次中歐經貿高層對話，雙方同意反對單邊主義及貿易保護主義，決定加強金融合作，推動解決市場開放問題。雙方承諾維護以世貿組織為核心、以規則為基礎的多邊貿易體制，推動更加開放、包容、互利、共贏的經濟全球化。

　　2019 年 3 月 21 日，中國國家主席習近平訪問歐洲義大利、摩納哥、法國六天，展開元首外交。中國與義大利首相孔特 (Giuseppe Conte,

1964～) 簽訂「一帶一路」合作諒解備忘錄,中、義政府和商界雙方分別簽署二十九項協議,價值二十五億歐元;如實際進行,商業價值可達二百億歐元。在義大利經濟欲振乏力、急需外國投資的時刻,中國的「一帶一路」專案給羅馬巨額投資及義大利北方港口建設,宛如及時春雨。義大利是西歐七強集團的一員,接受中國「一帶一路」的合作,欣然接受中國外資,讓中國突破歐盟單一市場的圍牆。

習近平在訪問歐洲的最後一天,在巴黎出現中、歐四巨頭會談,地主國法國總統馬克宏、德國總理梅克爾、歐盟委員會主席容克專程趕來花都舉行四方高峰會談,這是與西歐建構新合作關係的重要契機。中國在北歐、中歐的經濟未發達國家早以「一帶一路」展開合作,對西歐推展合作已經是勢不可擋之勢。此次中國向法國購買三百架空中巴士,德國宣佈不會排除華為公司 5G 的設備,歐盟希望與中國的經貿交流,給疲弱的歐洲經濟打下強心針。

中國趁熱打鐵,隨後 4 月 9 日中國總理李克強接棒,到比利時布魯塞爾的歐盟總部與歐盟委員會主席容克、歐洲理事會主席圖斯克舉行三者高峰會。中國承諾進一步開放市場,中、歐雙方達成《中歐聯合聲明》,內容涵蓋技術轉移、國企補貼、市場准入等,寄望 2020 年簽訂《中歐投資協定》。這次簽署《中歐聯合聲明》,表示中國將進一步與歐盟合作,伸展勢力進入歐亞大陸 (Eurasia) 經濟最發達的地方,突破歐盟經濟統一市場的壁壘,也顯示美國在歐洲的霸權正在迅速衰退。

接著 2019 年 4 月 25 日至 27 日,中國在北京召開第二屆「一帶一路國際合作高峰論壇」,中國連同三十七個國家發表聯合公報,共達成二百八十三項成果,簽署了總額六百四十多億美元的合作協議,共有三十七位外國領導人出席。許多歐盟國家的領袖超越「歐盟經濟一體」觀念,到北京參與合作論壇,至今共有一百二十六個國家、二十九個國際組織

與中國簽署「一帶一路」合作協議或合作諒解備忘錄。歐盟國家有義大利首相孔特、瑞士總統毛雷爾 (Ueli Maurer, 1950～)、奧地利首相庫爾茨 (Sebastian Kurz, 1986～)、希臘首相齊普拉斯 (Alexios Tsipras, 1974～)、匈牙利首相奧班 (Viktor Orban, 1963～)、 捷克總統澤曼 (Miloš Zeman, 1944～)、葡萄牙總統德索薩 (Marcelo Rebelo de Sousa, 1948～) 出席。這次，國際貨幣基金總裁拉加德 (Christine Lagarde, 1956～)、聯合國祕書長古特雷斯 (Antonio Guterres, 1949～) 也參加，英國、德國、法國、加拿大則派部長參加。論壇的特色是堅持多邊主義，以「共商、共建、共享」為原則，建設開放型世界經濟，統籌推進經濟成長、社會發展、環境保護，讓各國從中受益，實現共同發展。

英國與美國雖然維持強固的同盟關係，但近年來英國的保守黨政府也逐漸加強與中國的關係。中國在 2015 年說服英國加入亞洲投資銀行，當時美國奧巴馬政府極力反對，英國首相卡麥隆宣佈英國成為亞洲投資銀行創始會員國之後，美國國家安全委員會對英國保守黨政府沒有與美國進行商議就採取行動表示不滿。2016 年，英國與法國電力公司 (EDF) 簽署新核電能建設計劃，建設費總額一百八十億英鎊，其中的三分之一是中國廣核集團 (CGN) 出資，預定在 2025 年開始發電，供給英國電力需求 7%，但以法國電力簽約以避免美國干涉。2016 年 9 月 5 日，梅伊首相參加 G20 首腦會議訪問中國之際，與中國國家主席習近平第一次會談。英國要脫離歐盟之前，把中國定位為重要的貿易投資對象，當今的中英關係正在邁向「黃金時代」。中、英兩國於 10 月 11 日在倫敦協議，決定從每週最多八十班次航空增加二倍以上，最多可有二百班次。

2017 年 11 月 1 日，國防大臣法倫因性騷擾案辭職，由保守黨國會黨鞭威廉森 (Gavin Williamson, 1976～) 繼任國防大臣。他任職一年半，對中國展現強硬立場，未經首相梅伊同意，透露英國的一艘新航空母艦

首航將在太平洋舉行，表示英國脫歐後將增加在亞洲的軍事基地，以配合美國的亞洲新軸心策略。2019 年 4 月 23 日，英國首相梅伊召開內閣高層的國家安全會議調查「華為洩密案」。英國允許中國電信業巨頭華為參加英國 5G 網路非核心基礎建設，美國國務院官員表示關切與反對，美方指稱華為的設備有資訊安全的疑慮，一切證據顯示這是國防大臣威廉森洩密給美國。5 月 1 日，首相梅伊斷然開除國防大臣威廉森，改任命潘妮・莫丹特 (Penny Mordaunt, 1973～) 為英國史上第一位主掌國防部的女性。由此可見，美國最親密的昔日戰友英國，今日也可能因經濟利益而見解分歧。2018 年 7 月 13 日，美國總統川普到倫敦與英國首相梅伊會談，並在會後的記者會強調美、英的特別關係是世界最高級的，鼓勵英國脫歐後與美國締結自由貿易區 (FTA) 協定。

　　進入二十一世紀，美國國力衰退，2008 年美國為始的金融風暴橫掃全球，美國債臺高築，貿易赤字居高不下。2017 年 1 月 20 日，美國總統川普就職，1 月 23 日公開宣言「貿易自由化使企業轉移海外，而增加進口和失業者」，近來越趨向單邊的保護主義，發動貿易戰爭。另一方面，中國推行「一帶一路國際合作」戰略，採用多邊主義，讓歐盟國家一個接一個開放歐洲單一市場大門。美國從前「重歐輕亞」，如今歐洲盟國逐漸離美而去。英國首相梅伊因脫歐協議案未能獲得議會的多數同意，而歐盟又拒絕再行協議交涉，陷入進退維谷的狀態。史家正在觀察英國是否仍然堅守與美國的強固同盟關係，還是追隨歐盟各國改換軌道，與中國建立多邊的國際合作關係，這就得看英國菁英的睿智與選擇。

附　錄

(一)英國政府各機關發展過程表

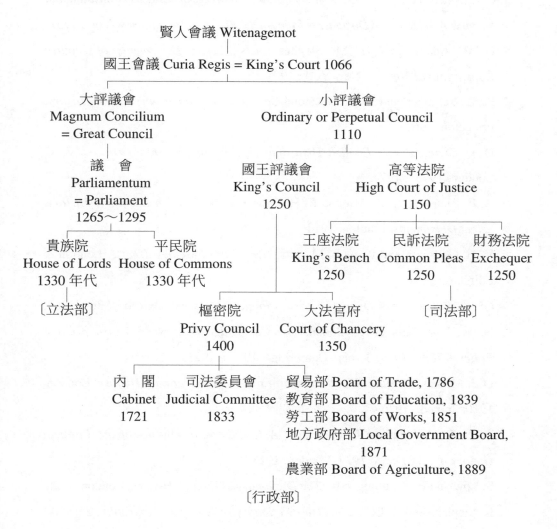

賢人會議 Witenagemot

國王會議 Curia Regis = King's Court 1066

大評議會
Magnum Concilium
= Great Council

小評議會
Ordinary or Perpetual Council
1110

議　會
Parliamentum
= Parliament
1265～1295

國王評議會
King's Council
1250

高等法院
High Court of Justice
1150

貴族院
House of Lords
1330 年代

平民院
House of Commons
1330 年代

王座法院
King's Bench
1250

民訴法院
Common Pleas
1250

財務法院
Exchequer
1250

〔立法部〕

樞密院
Privy Council
1400

大法官府
Court of Chancery
1350

〔司法部〕

內　閣
Cabinet
1721

司法委員會
Judicial Committee
1833

貿易部 Board of Trade, 1786
教育部 Board of Education, 1839
勞工部 Board of Works, 1851
地方政府部 Local Government Board,
1871
農業部 Board of Agriculture, 1889

〔行政部〕

㈡參考書目

A. 基本文獻目錄

1. C. Stephenson and F. G. Marcham, eds., *Sources of English Constitutional History: A Selection of Documents from A.D. 600 to the Present*, New York, 1937.

2. G. B. Adams and H. M. Stephens, eds., *Select Documents of English Constitutional History*, New York, 1901.

3. R. L. Schuyler and C. C. Weston, *Cardinal Documents in British History*, Princeton, 1961.

4. D. C. Douglas, ed., *English Historical Documents, c. 500～1914*, 12 vols., London, 1953～1977.

5. A. E. Bland, P. A. Brown and R. H. Tawney, eds., *English Economic History, Select Documents*, London, 1914.

6. V. H. Galbraith and R. A. B. Mynors, eds., *Oxford Medieval Texts*, London & Edinburgh, 1967～ .

7. G. N. Clark, ed., *The Oxford History of England*, 15 vols., Oxford, 1936～1965.

8. A. W. Ward and G. P. Gooch, *The Cambridge History of British Foreign Policy, 1783～1919*, 3 vols., Cambridge, 1922～1923.

9. D. J. Medley, *Original Illustrations of English Constitutional History*, London, 1910, 2nd ed., 1926.

10. A. H. D. Acland and C. Ransome, *A Handbook in Outline of the Political History of England to 1913*, London, 1913.

11. S. Low and F. S. Pulling, eds., *The Dictionary of English History*, London, 1928.

12. L. Stephen and S. Lee, eds., *The Dictionary of National Biography*, 25 vols., Oxford, 1885～1937.

13. B. R. Mitchell, *Abstract of British Historical Statistics*, Cambridge, 1962.

14. N. Wilding and P. Laundy, *An Encyclopaedia of Parliament*, London, 1958, 4th ed., 1972.

15. L. A. Abraham and S. C. A. Hawtrey, *Parliamentary Dictionary*, London, 1956, 2nd ed., 1964.

16. T. P. Taswell-Longmead, *English Constitutional History: From the Teutonic Conquest to the Present Time*, London, 1919, 10th rev. ed., ed. by T. F. T. Plucknett, 1946.

17. G. B. Adams, *Constitutional History of England*, 1921, rev. ed., ed. by R. L. Schuyler, New York, 1946.

18. J. E. A. Jolliffe, *The Constitutional History of Medieval England*, London, 1937, 2nd ed., 1947.

19. D. L. Keir, *The Constitutional History of Modern Britain 1485～1937*, London, 1937, 3rd ed., 1946.

20. S. B. Chrimes, *English Constitutional History*, Oxford, 1948.

21. F. C. Dietz, *A Political and Social History of England*, New York, 1927, 3rd ed., 1937.

22. K. Feiling, *A History of England from the Coming of the English to 1918*, London, 1950.

23. A. L. Morton, *A People's History of England*, New York, 1938, new ed., London, 1948.

24. T. S. Ashton, ed., *An Economic History of England*, 5 vols., London, 1955.

25. E. Lipson, *The Economic History of England*, 3 vols., London, 1915～1931.

26. Do., *The Growth of English Society: A Short Economic History*, London, 1949, 3rd ed., 1954.

27. J. Clapham, *A Concise Economic History of Britain*, Cambridge, 1951.

28. W. H. B. Court, *A Concise Economic History of Britain from 1750 to the Recent Times*, Cambridge, 1954.

29. P. Gregg, *A Social and Economic History of Britain 1760~1950*, London, 1952.

30. A. W. Ward and G. P. Gooch, eds., *The Cambridge History of British Foreign Policy 1783~1913*, 3 vols., Cambridge, 1922~1923.

31. J. B. Joll, ed., *Britain and Europe: Pitt to Churchill 1793~1940*, London, 1950.

32. L. C. A. Knowles, *The Economic Development of the British Overseas Empire*, 3 vols., London, 1924~1936.

33. J. H. Rose, et al., eds., *The Cambridge History of the British Empire*, 8 vols., Cambridge, 1929~1936.

34. R. Muir, *A Short History of the British Commonwealth*, 2 vols., 1918~1920.

35. I. Jennings, *The British Commonwealth of Nations*, London, 1948.

36. W. Hunt and R. L. Poole, eds., *The Political History of England*, 12 vols., London, 1920~1926.

37. 青山吉信、今井宏、越智武臣、松浦高嶺編，《イギリス史研究入門》，東京，山川出版社，1973 年。

38. 大野真弓編，《イギリス史》（新版），東京，山川出版社，1965 年。

39. 柴田三千雄、松浦高嶺編，《近代イギリス史の再檢討》，東京，御茶の水書房，1972 年。

B. 各章參考書目

第一章　盎格魯薩克遜人和凱爾特人

1. H. Gee and W. J. Hardy, eds., *Documents Illustrative of English Church History: Compiled from Original Sources*, London, 1896.

2. A. W. Haddan and W. Stubbs, *Councils and Ecclesiastical Documents of Great Britain and Ireland*, 3 vols., Oxford, 1869~1878.

3. W. A. Chaney, *The Cult of Kingship in Anglo-Saxon England*, Manchester, 1970.

4. D. Knowles, *The Monastic Order in England*, Cambridge, 1940.

5. M. Deanesley, *The Pre-Conquest Church in England*, Oxford, 1961.

6. Do., *Sidelights on the Anglo-Saxon Church*, Oxford, 1961.

7. D. J. V. Fisher, "The Church in England between the Death of Bede and the Danish Invasion," *Transactions of the Royal Historical Society*, 5th ser., 2, 1952.

8. J. E. King, tr., Baedae, *Opera Historica*, 2 vols., London, 1930.

9. G. N. Garmonsway, tr. & ed., *The Anglo-Saxon Chronicle*, London, 1953.

10. D. Whitelock, ed., *English Historical Documents I, 500~1042*, New York, 1955.

日耳曼學派著作

11. J. M. Kemble, *The Saxon in England: A History of the English Commonwealth Till the Period of the Norman Conquest*, 2 vols., London, 1849.

12. W. Stubbs, *The Constitutional History of England in Its Origin and Development*, 3 vols., Oxford, 1874~1878.

13. P. G. Vinogradoff, *The Growth of the Manor*, London, 1904, 3rd ed., 1920.

14. Do., ed., *Oxford Studies in Social and Legal History, II*, Oxford, 1910.

15. F. W. Maitland, *Domesday Book and Beyond*, Cambridge, 1897.

16. F. Pollock and F. W. Maitland, *The History of English Law before the Time of Edward I*, 2 vols., Cambridge, 1895.

17. F. M. Stenton, *Anglo-Saxon England*, Oxford, 1943, rep. 1970.

18. H. L. Gray, *English Field Systems*, Cambridge, Mass., 1915.

19. J. E. A. Jolliffe, *The Constitutional History of Medieval England from the English Settlement to 1485*, London, 1937.

羅馬學派著作

20. R. G. Collingwood and J. N. L. Myres, *Roman Britain and the English Settlements*, Oxford, 1936.

21. F. Seebohm, *The English Village Community*, Cambridge, 1883, new ed., 1926.

22. H. P. R. Finberg, *Roman and Saxon Withington*, Leicester, 1955.

23. H. M. Chadwick, *Studies on Anglo-Saxon Institutions*, Cambridge, 1905.

24. Do., *The Origin of the English Nation*, Cambridge, 1907.

25. R. H. Hodgkin, *A History of the Anglo-Saxons*, 2 vols., Oxford, 1935.

26. E. John, *Land Tenure in Early England*, Leicester, 1960.

27. T. H. Aston, "The Origin of the Manor in England," *Transactions of the Royal Historical Society*, 5th ser., 8, 1958.

28. C. Stephenson, "Feudalism and Its Antecedents in England," *American Historical Review*, XLVII, 1943.

29. Do., "The Problem of the Common Man in Early Medieval Europe," *American Historical Review*, LI, 1946.

30. E. Barger, "The Present Position of Studies in English Field Systems," *English Historical Review*, LIII, 1938.

31. G. O. Sayles, *Medieval Foundation of England*, 1948.

32. D. P. Kirby, *The Making of Early England*, 1967.

有關賢人會議及其他文獻

33. F. Liebermann, *The National Assembly in the Anglo-Saxon Period*, Halle, 1913.

34. T. J. Oleson, *The Witenagemot in the Reign of Edward the Confessor*, London, 1955.

35. J. Earle, ed., *A Hand-Book to the Land-Charters and Saxonic Documents*, Oxford, 1888.

36. A. S. Napier and W. H. Stevenson, eds., *The Crawford Collection of Early*

Charters and Documents, Oxford, 1895.

第二章　北歐海盜團的襲入

1. M. Powicke, *Military Obligation in Medieval England*, Oxford, 1962.

2. C. W. Hollister, *Anglo-Saxon Military Institutions on the Eve of the Norman Conquest*, Oxford, 1962.

3. H. R. Loyn, *Anglo-Saxon England and the Norman Conquest*, London, 1962.

4. A. R. Lewis, *The Northern Seas, Shipping and Commerce in Northern Europe A.D. 300～1100*, Princeton, 1958.

5. P. Clemoes and K. Hughes, eds., *England before the Conquest*, Cambridge, 1971.

6. H. R. Loyn, "The King and the Structure of Society in Late Anglo-Saxon England," *History*, XLII, 1957.

7. Do., "Gesiths and Thegns in Anglo-Saxon England from the Seventh to the Tenth Century," *English Historical Review*, LXX, 1955.

8. A. G. Little, "Gesiths and Thegns," *English Historical Review*, IV, 1889.

9. D. C. Douglas and G. W. Greenaway, eds., *English Historical Documents, 1042～1189*, London, 1953.

10. M. Burrows, *Commentaries on the History of England: From the Earliest Times to 1865*, London, 1892. charp. X, The Danish Sovereignty.

11. D. J. Medley, *Original Illustrations of English Constitutional History*, London, 2nd ed., 1926.

12. A. J. Robertson, ed. & tr., *The Laws of the Kings of England from Edmund to Henry I*, Cambridge, 1925.

13. F. M. Stenton, ed., *Documents Illustrative of the Social and Economic History of the Danelaw*, London, 1920.

14. 金子健二，《北歐の海賊と英國文明》，東京，1927 年。

第三章　諾曼征服

1. E. A. Freeman, *The History of the Norman Conquest, Its Cause and Its Results*, 6 vols., Oxford, 1867~1879.

2. J. H. Round, "The Introduction of Knight-Service into England," *English Historical Review*, VI~VII, 1891~1892.

3. Do., *Feudal England: Historical Studies of the Eleventh and Twelfth Centuries*, London, 1895, new ed., 1964.

4. F. M. Stenton, *The First Century of English Feudalism 1066~1166*, Oxford, 1931, new ed., 1961.

5. J. C. Holt, "Feudalism Revisited," *Economic History Review*, 2nd series, XIV, 1961.

6. J. Le Patourel, "The Plantagenet Dominions," *History*, new series, 50, 1965.

7. A. L. Poole, *From Domesday Book to Magna Carta 1087~1216*, Oxford, 1951.

8. C. H. Haskings, *The Norman in European History*, Boston, 1915.

9. R. R. Darlington, "The Last Phase of Anglo-Saxon History," *History*, XXII, 1937.

10. C. W. Hollister, "The Knights of Peterborough and the Anglo-Norman Fyrd," *English Historical Review*, LXXVII, 1962.

11. M. Powicke, *Military Obligation in Medieval England*, Oxford, 1962.

12. C. W. Hollister, *The Military Organization of Norman England*, Oxford, 1965.

13. Do., ed., *The Impact of the Norman Conquest*, New York, 1969.

14. D. Whitelock, *The Norman Conquest, Its Setting and Impact*, New York, 1966.

15. F. W. Maitland, *Domesday Book and Beyond, Three Essays in the Early History of England*, Cambridge, 1897.

16. J. E. A. Jolliffe, *Constitutional History of Medieval England*, London, 1937,

new ed., 1962.

17. D. C. Douglas, "The Norman Conquest and English Feudalism," *Economic History Review*, 1st series, IX, 1937.

18. Do., *William the Conqueror, The Norman Impact of England*, California, 1964.

19. P. Vinogradoff, *English Society in the Eleventh Century*, Oxford, 1908.

第四章　十字軍東征

1. C. Stephenson, *Borough and Town: A Study of Urban Origins in England*, Cambridge, Mass., 1933.

2. J. Tait, *The Medieval English Borough*, Manchester, 1936, new ed., 1968.

3. A. Ballard, ed., *British Borough Charters 1042～1216*, Cambridge, 1913.

4. A. Ballard and J. Tait, eds., *British Borough Charters 1216～1307*, Cambridge, 1923.

5. C. Gross, *The Gild Merchant: A Contribution to British Municipal History*, 2 vols., Oxford, 1890.

6. J. C. Holt, *Magna Carta*, Cambridge, 1965.

7. F. W. Maitland, *The Constitutional History of England*, Cambridge, 1908, new ed., 1950.

8. G. B. Adams, *The Origin of the English Constitution*, Yale U. P., 1912.

9. R. S. Hoyt, *The Royal Demesne in English Constitutional History 1066～1272*, New York, 1950.

10. C. H. Haskins, *The Normans in European History*, Boston, 1915.

11. Do., *Norman Institutions*, New York, 1918, new ed., 1960.

12. A. L. Poole, *From Domesday Book to Magna Carta 1087～1216*, Oxford, 1951.

13. W. S. McKechnie, *Magna Carla*, Glasgow, 1914.

14. S. B. Chrimes, *English Constitutional History*, Oxford, 1948.

15. D. M. Stenton, *English Justice between the Norman Conquest and the Great Charter*, Philadelphia, 1964.

第五章　威爾斯戰爭和蘇格蘭戰爭

1. W. Rees, *South Wales and the March 1284～1415*, Oxford, 1924.

2. J. E. Morris, *The Welsh Wars of Edward I*, Oxford, 1901.

3. W. M. Mckenzie, *The Battle of Bannockburn*, Glasgow, 1913.

4. E. M. Barron, *The Scottish War of Independence*, London, 1914.

5. E. L. G. Stones, "The Treaty of Northampton, 1328," *History*, XXXVIII, 1953.

6. M. V. Clark, *Medieval Representation and Consent*, London, 1936.

7. B. Wilkinson, *Studies in the Constitutional History of the Thirteenth and Fourteenth Centuries*, Manchester, 1937.

8. C. H. McIlwain, *High Court of Parliament and Its Supremacy*, New Haven, 1910.

9. A. F. Pollard, *The Evolution of Parliament*, London, 1920.

10. H. G. Richardson and G. O. Sayles, *Parliaments and Great Councils of Medieval England*, Edinburgh, 1963.

11. E. B. Fryde and E. Miller, eds., *Historical Studies of the English Parliament, I, Origin to 1399*, Cambridge, 1970.

12. F. W. Maitland, ed., *Records of the Parliament*, London, 1893.

13. W. Stubbs, *Constitutional History of England*, 3 vols., Oxford, 1874～1878. (esp. vol. II)

14. R. L. Schuyler and H. Ausubel, eds., *The Making of English History*, New York, 1952.

15. G. T. Lapsley, *Crown, Community and Parliament in the Later Middle Age*,

Oxford, 1951.

16. J. E. A. Jolliffe, *The Constitutional History of Medieval England*, London, 1937, 2nd ed., 1947.

17. F. Seebohm, *The Tribal System in Wales*, London, 1895.

18. A. Marongiu, *Medieval Parliaments: A Comparative Study*, London, 1968.

第六章　百年戰爭和玫瑰戰爭

1. E. Power, *The Wool Trade in English Medieval History*, London, 1941.

2. Do., "The Effects of the Black Death on Rural Organization in England," *History*, III, 1918.

3. J. Saltmarsh, "Plague and Economic Decline in England in the Later Middle Ages," *Cambridge Historical Journal*, VII, 1941～1943.

4. W. I. Lowe, "The Considerations Which Induce Edward III to Assume the Title of King of France," *Annual, Report of American Historical Association*, I, 1900.

5. H. S. Lucas, *The Law Countries and the Hundred Years' War 1326～1347*, Ann Arbor, 1929.

6. K. B. McFarlane, "War, the Economy and Social Change: England and the Hundred Years' War," *Past and Present*, 22, 1962.

7. M. M. Postan, "The Costs of the Hundred Years' War," *Past and Present*, 27, 1964.

8. G. Unwin, ed., *Finance and Trade under Edward III*, Manchester, 1918.

9. R. L. Barker, *The English Customs Service 1307～1343*, Philadelphia, 1961.

10. E. B. Fryde, "Public Credit," *Cambridge Economic History III*, ed. by M. M. Postan, E. E. Rich and E. Miller, Cambridge, 1963.

11. J. E. Willard, *Parliamentary Taxes on Personal Property, 1290 to 1334*,

Cambridge, Mass., 1934.

12. W. E. Lunt, *Financial Relations of the Papacy with England to 1327*, Cambridge, Mass., 1939.

13. R. Graham, "The Taxation of Pope Nicholas IV," *English Historical Review*, XXIII, 1908.

14. N. B. Lewis, "The Last Medieval Summons of the English Feudal Levy 13 June 1385," *English Historical Review*, LXXIII, 1958.

15. J. N. L. Palmer, "The Last Summons of the Feudal Levy in England (1385)," *English Historical Review*, LXXXII, 1968.

16. R. A. Newhall, *Muster and Review*, Cambridge, Mass., 1940.

17. H. J. Hewitt, *The Organization of War under Edward III*, Manchester, 1966.

18. M. M. Postan, "Some Economic Evidence of Declining Population in the Later Middle Ages," *Economic History Review*, 2nd series, II, 1950.

19. K. F. Helleiner, "Population Movement and Agrarian Depression in the Later Middle Ages," *Canadian Journal of Economics and Political Science*, XV, 1943.

20. J. M. W. Bean, *The Decline of English Feudalism 1215~1540*, Manchester, 1969.

21. J. E. T. Rogers, *History of Agriculture and Prices in England*, I, Oxford, 1866.

22. J. H. Ramsay, *Lancaster and York*, 2 vols., Oxford, 1892.

23. W. A. Morris, J. R. Strayer, J. F. Willard and W. H. Dumham, eds., *The English Government at Work 1327~1337*, 3 vols., Cambridge, Mass., 1940~1950.

24. H. G. Richarson and G. O. Sayles, *Parliaments and Great Councils of Medieval England*, Edinburgh, 1963.

25. H. G. Richarson, "The Common and Medieval Politics," *Transactions of Royal Historical Society*, 4th series, XXVIII, 1945.

26. T. F. T. Plucknett, "The Place of the Council in the Fifteenth Century,"

Transactions of the Royal Historical Society, 4th series, I, 1918.

27. J. F. Baldwin, *The King's Council in England during the Middle Ages*, Oxford, 1913.

28. M. G. A. Vale, *English Gascony 1399~1453*, Oxford, 1970.

29. M. K. James, *Studies in the Medieval Wine Trade*, Oxford, 1971.

30. G. P. Cuttino, "Historical Revision: The Causes of the Hundred Years' War," *Speculum*, XXXI, 1956.

31. K. B. McFarlane, "Bastard Feudalism," *Bulletin of the Institute of Historical Research*, XX, 1947.

32. Do., "Parliament and Bastard Feudalism," *Transactions of the Royal Historical Society*, 4th series, XXVI, 1944.

33. K. B. McFarlane, *The Wars of the Roses*, Oxford, 1965.

第七章　宗教改革

1. C. Hardwick, *A History of the Articles of Religion: To Which Is Added a Series of Documents from A.D. 1536 to A.D. 1615*, Cambridge, 1851.

2. E. Cardwell, ed., *Documentary Annals of the Reformed Church of England: Being a Collection of Injunctions Declarations, Orders, Articles of Inquiry, etc. 1546~1716*, 2 vols., Oxford, 1839, rep., New Jersey, 1966.

3. T. M. Parker, *The English Reformation to 1558*, Oxford, 1950.

4. P. Hughes, *The Reformation in England*, 3 vols., London, 1950~1954.

5. S. E. Lehmberg, *The Reformation Parliament 1529~1536*, Cambridge, 1970.

6. J. K. McConica, *English Humanists and Reformation Politics under Henry VIII and Edward VI*, Oxford, 1965.

7. L. B. Smith, *Tudor Prelates and Politics*, Princeton, 1953.

8. A. Ogle, *The Tragedy of the Lollards' Tower: The Case of Richard Hunne and*

Its Aftermath in the Reformation Parliament, Oxford, 1949.

9. W. P. Haugaard, *Elizabeth and the English Reformation*, Cambridge, 1968.

10. A. Savine, *English Monasteries on the Eve of the Dissolution*, Oxford, 1909.

11. G. Baskerville, *English Monks and the Suppression of the Monasteries*, 1937.

12. D. Knowles, *The Religious Orders in England (vol. 3): III The Tudor Age*, Cambridge, 1959.

13. C. Cross, *The Royal Supremacy in the Elizabethan Church*, London, 1969.

14. J. F. H. New, *Anglican and Puritan: The Basis of Their Opposition 1558~1640*, Stanford, 1964.

15. C. D. Cremeans, *The Reception of Calvinistic Thought in England*, Urbana, 1949.

16. N. S. Tjernakel, *Henry VIII and the Lutherans*, St. Louis, 1965.

17. J. G. Ridley, *Thomas Cranmer*, Oxford, 1962.

18. A. G. Dickens, *The English Reformation*, New York, 1964.

19. Do., *Thomas Cromwell and the English Reformation*, 1959.

20. H. M. F. Prescott, *A Spanish Tudor: The Life of Bloody Mary*, New York, 1940.

21. W. K. Jordan, *Edward VI the Young King: The Protectorship of the Duke of Somerset*, London, 1968.

22. G. de C. Parmiter, *The King's Great Matter: A Study of Anglo-Papal Relations 1527~1534*, New York, 1967.

23. G. R. Elton, *The Tudor Revolution in Government*, Cambridge, 1953.

第八章　擊敗無敵艦隊

1. R. H. Tawney and Eileen Power, eds., *Tudor Economic Documents*, new ed., 3 vols., London, 1951.

2. M. A. Lewis, *The History of the British Navy*, Harmondsworth: Penguin

Books, 1957.

3. W. L. Clowes, *The Royal Navy: A History from the Earliest Times to the Present*, 7 vols., London, 1897～1903.

4. F. J. Fisher, "Commercial Trends and Policy in Sixteenth Century England," *Economic History Review*, 1st series, X, 1940.

5. L. Stone, "Elizabethan Overseas Trade," *Economic History Review*, 2nd series, II, 1949.

6. G. Unwin, *Industrial Organization in the Sixteenth and Seventeenth Centuries*, 1904.

7. H. Heaton, *The Yorkshire Woollen and Worsted Industries from the Earliest Times up to the Industrial Revolution*, Oxford, 1920.

8. J. D. Gould, "The Crisis in the Export Trade 1586～1587," *English Historical Review*, LXXI, 1956.

9. Do., *The Great Debasement: Currency and the Economy in Mid-Tudor England*, Oxford, 1970.

10. P. J. Bowden, "Movements in Wool Prices 1490～1610," *Yorkshire Bulletin of Economic and Social Research*, IV, 1952.

11. A. A. Ruddock, *Italian Merchants and Shipping in Southampton 1270～1600*, Southampton, 1951.

12. T. S. Willan, *The Moscovy Merchants of 1555*, Manchester, 1953.

13. Do., *The Early History of the Russia Company 1553～1603*, Manchester, 1956.

14. Do., *Studies in Elizabethan Foreign Trade*, Manchester, 1959.

15. T. K. Rabb, *Enterprise and Empire*, Cambridge, Mass., 1967.

16. P. J. Bowden, *The Wool Trade in Tudor and Stuart England*, London, 1962.

17. A. L. Jenckes, *The Origin, the Organization, and the Location of the Staple of England*, Philadelphia, 1908.

18. G. D. Ramsay, *English Overseas Trade*, 1957.

19. G. Connell-Smith, *Forerunners of Drake: A Study of English Trade with Spain in the Early Tudor Period*, London, 1954.

20. K. R. Andrews, *English Privateers during the Spanish War 1585~1603*, Cambridge, 1964.

21. J. A. Williamson, *Hawkins of Plymouth*, London, 1949.

22. D. B. Quinn, *Raleigh and the British Empire*, London, 1947.

23. J. A. Williamson, *The Cabot Voyages and Bristol Discovery under Henry VII*, Cambridge, 1962.

第九章　政治革命

1. S. R. Gardiner, *Constitutional Documents of Puritan Revolution 1625~1660*, Oxford, 1889, 3rd ed., 1951.

2. C. H. Firth and R. S. Rait, eds., *Acts and Ordinances of the Interregnum 1642~1660*, 3 vols., London, 1911.

3. C. Hill and E. Dell, eds., *The Good Old Cause, the English Revolution of 1640~1660*, London, 1949.

4. S. E. Prall, ed., *The Puritan, Revolution, A Documentary History*, Garden City, N. Y., 1969.

5. M. F. Keeler, *The Long Parliament 1640~1641: A Biographical Study of Its Members*, Philadelphia, 1954.

6. G. Yule, *The Independents in the English Civil War*, Cambridge, 1958.

7. J. H. Hexter, "The Problem of the Presbyterian Independents," *American Historical Review*, XLIV, 1, 1938.

8. W. Haller, ed., *Tracts on Liberty in the Puritan Revolution 1638~1647*, 3

vols., New York, 1934.

9. H. Holorenshaw, *The Levellers and the English Revolution*, London, 1939.

10. D. M. Wolfe, ed., *Leveller Manifestoes of the Puritan Revolution*, New York, 1944.

11. H. N. Brailsford, *The Levellers and the English Revolution*, Nottingham, 1961.

12. C. H. Firth, *Oliver Cromwell and the Rule of the Puritans in England*, New York & London, 1900, World's Classics ed., 1953.

13. L. F. Solt, *Saints in Arms: Puritanism and Democracy in Cromwell's Army*, Stanford, 1959.

14. W. C. Abbott, ed., *The Writings and Speeches of Oliver Cromwell*, 4 vols., Cambridge, Mass., 1937~1947, rep. 1969.

15. R. S. Paul, *The Lord Protector: Religion and Politics in the Life of Oliver Cromwell*, London, 1955.

16. C. Hill, *God's Englishman: Oliver Cromwell and the English Revolution*, London, 1970.

17. R. T. Vann, *The Social Development of English Quakerism 1650~1750*, Cambridge, Mass., 1969.

18. H. J. Habakkuk, "Public Finance and the Sale of Confiscated Property during the Interregnum," *Economic History Review*, 2nd series, XV, 1962~1963.

19. Do., "Landowners and the Civil War," *Economic History Review*, 2nd series, XVIII, 1965~1966.

20. M. P. Ashley, *Financial and Commercial Policy under the Cromwellian Protectorate*, London, 1934.

21. J. E. Farnell, "The Navigation Act of 1651, the First Dutch War and the London Merchant Community," *Economic History Review*, 2nd series, XVI, 1964.

22. C. H. Wilson, *Profit and Power: A Study of England and the Dutch War*, 1957.

23. R. de Roover, *Gresham on Foreign Exchange: An Essay in Early English Mercantilism*, Cambridge, Mass., 1949.

24. G. R. Abernathy Jr., *The English Presbyterians and the Stuart Restoration 1648~1663*, Philadelphia, 1965.

25. R. S. Bosher, *The Making of the Restoration Settlement*, London, 1951.

26. J. Thirsk, "The Restoration Land Settlement," *Journal of Modern History*, 26, 1954.

27. D. T. Witcombe, *Charles II and the Cavalier House of Commons 1660~1674*, Manchester, 1966.

28. B. H. G. Wormald, *Clarendon: Politics, History and Religion 1640~1660*, New York, 1951.

29. K. H. D. Haley, *The First Earl of Shaftesbury*, Oxford, 1968.

30. G. M. Straka, ed., *The Revolution of 1688: Whig Triumph or Palace Revolution*, Boston, 1963.

31. L. Pinkam, *William III and the Respectable Revolution: The Part Played by William of Orange in the Revolution of 1688*, Cambridge, Mass., 1954.

32. J. P. Carswell, *The Descent on England: A Study of the English Revolution of 1688 and Its European Background*, London, 1969.

33. P. Zagorin, *A History of Political Thought in the English Revolution*, repr. of 1954 ed., Bristol, 1997.

34. G. L. Mosse, *The Struggle for Sovereignty in England from the Reign of Queen Elizabeth to the Petition of Right*, East Lansing, 1950.

35. T. L. Coonan, *The Irish Catholic Confederacy and the Puritan Revolution*, Dublin, 1954.

36. J. P. Prendergast, *Cromwellian Settlement of Ireland*, Dublin, 3rd ed., 1922.

37. R. Dunlop, *Ireland under the Commonwealth*, 2 vols., Manchester, 1913.

38. G. O'Brien, *Economic History of Ireland in the Seventeenth Century*, Dublin, 1919.

39. E. MacLysaght, *Irish Life in the Seventeenth Century*, Cork, 1950.

第十章　英法殖民地戰爭

1. G. M. Trevelyan, *History of England*, London, 1926.

2. Do., *The English Revolution 1688～1689*, repr., London, 1948.

3. Do., *England under the Stuarts*, reissued ed., New York, 2002.

4. Do., "The Two-Party System in English Political History (1926 Romanes Lecture)," *An Autobiography and Other Essays*, Oxford, 1949.

5. L. B. Namier, *The Structure of Politics at the Accession of George III*, London, 1929, 2nd ed., 1957.

6. Do., *England in the Age of the American Revolution*, London, 1930.

7. Do., "Monarchy and the Party System," *Crossroads of Power: Essays on Eighteenth Century England*, 1962.

8. L. B. Namier and J. Brooke, eds., *History of Parliament: The House of Commons 1754～1790*, 3 vols., London, 1964.

9. J. R. Western, *The English Militia in the Eighteenth Century: The Story of a Political Issue 1660～1820*, London, 1965.

10. R. Savory, *His Britannic Majesty's Army in Germany During the Seven Years' War*, Oxford, 1966.

11. P. Mackesy, *The War for America 1775～1783*, repr., Lincoln & London, 1993.

12. J. P. W. Ehrman, *The Navy in the War of William III, 1689～1697*, Cambridge, 1953.

13. M. A. Lewis, *A Social History of the Navy 1793～1815*, London, 1960.

14. L. A. Gipson, *The British Empire before the American Revolution*, 13 vols., New York, 1936～1967.

15. D. V. Horn, *Great Britain and Europe in the Eighteenth Century*, Oxford, 1967.

16. R. Walcott, *English Politics in the Early Eighteenth Century*, Oxford, 1956.

17. J. H. Clapham, *The Bank of England: A History 1694~1914*, 2 vols., Cambridge, 1944.

18. B. Williams, *The Whig Supremacy 1714~1760*, 1939, rev. ed., Oxford, 1952.

19. D. Rubini, *Court and Country 1688~1702*, London, 1968.

20. J. H. Plumb, *Sir Robert Walpole, vol. 1, The Making of a Statesman*, London, 1956.

21. Do., *Sir Robert Walpole, vol. 2, The King's Minister*, London, 1960.

22. J. P. Carswell, *The South Sea Bubble*, Stanford, Calif., 1960.

23. L. S. Sutherland, *The East India Company in Eighteenth-Century Politics*, Oxford, 1952.

24. E. W. Hill, "Executive Monarchy and the Challenge of the Parties 1689~1832: Two Concepts of Government and Two Historiographical Interpretations," *Historical Journal*, XIII, 1970.

25. W. Ferguson, *The Edinburgh History of Scotland, vol. 4, Scotland, 1689 to the Present*, Edinburgh, 1968.

第十一章　產業革命

1. A. E. Musson, ed., *Science, Technology and Economic Growth in the Eighteenth Century*, London, 1972.

2. R. M. Hartwell, ed., *The Causes of the Industrial Revolution in England*, London, 1967.

3. M. W. Flinn, *Origins of the Industrial Revolution*, London, 1966.

4. P. Mathias, *The First Industrial Nation: An Economic History of Britain, 1700~1914*, London, 1969.

5. L. S. Pressnell, ed., *Studies in the Industrial Revolution*, London, 1960.

6. T. S. Ashton, *The Industrial Revolution 1760~1830*, London, 1948.

7. P. Deane, *The First Industrial Revolution*, Cambridge, 1965.

8. R. M. Hartwell, *The Industrial Revolution and Economic Growth*, London, 1971.

9. W. Cunningham, *The Growth of English Industry and Commerce*, 2 vols., Cambridge, 1882, 6th ed., 1925.

10. Do., *The Industrial Revolution*, Cambridge, 1908.

11. P. Mantoux, *The Industrial Revolution in the Eighteenth Century*, tr. by M. Vernon, London, 1928.

12. J. Hardy, *The First American Revolution*, New York, 1937.

13. E. J. Hobsbawm, *Industry and Empire: An Economic History of Britain Since 1750*, London, 1968.

14. D. Marshall, *The English Poor in the Eighteenth Century: A Study in Social and Administrative History*, 1926, new ed., 1969.

15. F. O. Darvall, *Popular Disturbance and Public Order in Regency England: Being an Account of the Luddite and Other Disorders in England during the Year 1811~1817 and of the Attitude and Activity of the Authorities*, London, 1934, new ed., 1969.

16. R. Pares, *King George III and the Politicians: The Ford Lectures Delivered in the University of Oxford 1951~1952*, Oxford, 1953.

17. I. R. Christie, *Myth and Reality in Late-Eighteenth-Century British Polities and Other Papers*, Berkeley, 1970.

18. D. Large, "The Decline of the Party of the Crown and the Rise of Parties in the House of Lords 1783~1834," *English Historical Review*, LXXVIII, 1963.

19. F. O'Gorman, *The Whig Party and the French Revolution*, New York, 1967.

20. E. Burke, *Reflections on the French Revolution*, London, 1790, rep. 1969.

21. Do., *Thoughts on the Causes of the Present Discontents*, London, 1770.

22. C. B. Cone, *Burke and the Nature of Politics: The Age of the American Revolution*, Lexington, 1957.

23. B. Donoughue, *British Politics and the American Revolution*, New York, 1964.

24. C. R. Ritcheson, *British Politics and the American Revolution*, Norman, Oklahoma, 1954.

25. G. H. Gutteridge, *English Whiggism and the American Revolution*, Berkeley, California, 1942, new ed., 1963.

26. J. R. Pole, *Political Representation in England and the Origins of the American Republic*, New York, 1966.

27. S. MacCoby, *English Radicalism 1762~1785: The Origins*, New York, 1955.

28. Do., *English Radicalism 1786~1832: From Paine to Cobbett*, London, 1955.

29. C. B. Cone, *Burke and the Nature of Politics: The Age of the French Revolution*, Lexington, 1964.

30. J. Bateman, *The Great Landowners of Great Britain and Ireland*, repr. of 1883 ed., Leicester, 1971.

31. E. Curtis and R. B. McDowell, eds., *Irish Historical Documents, 1172~1922*, repr. of 1943 ed., New York, 1968.

32. E. Curtis, *A History of Ireland,* 6th ed., 1950.

33. R. B. Dishman, *Burke and Paine on Revolution and the Rights of Man*, New York, 1971.

34. T. Carlyle, *The French Revolution*, New York, 1969.

35. A. Toynbee, *Lectures on the Industrial Revolution of the Eighteenth Century in England*, London, 1884, rep. 1928.

36. J. H. Clapham, *An Economic History of Modern Britain*, 3 vols., Cambridge, 1926～1938.

37. J. R. Poynter, *Society and Pauperism: English Ideas on Poor Relief 1795～1834*, London, 1969.

38. M. Hayden and G. Moonan, *Short History of the Irish People*, Dublin, 1921.

39. J. E. Pomfret, *The Struggle for the Land in Ireland 1800～1923*, Princeton, 1930.

第十二章　自由主義

1. J. Gallagher and R. Robinson, "The Imperialism of Free Trade," *Economic History Review*, 2nd series, VI, 1953.

2. B. Semmel, *The Rise of Free Trade Imperialism*, London, 1970.

3. A. G. L. Shaw, ed., *Great Britain and Colonies 1815～1865*, London, 1970.

4. D. C. M. Platt, *Finance, Trade and Politics in British Foreign Policy 1815～1914*, Oxford, 1968.

5. R. L. Schuyler, *The Fall of the Old Colonial System*, 1945, rep., New York, 1966.

6. C. R. Fay, *Great Britain from Adam Smith to the Present Day*, 4th ed., London, 1948.

7. A. W. Ward and G. P. Gooch, eds., *Cambridge History of British Foreign Policy 1783～1913*, 3 vols., Cambridge, 1922～1923.

8. C. Brinton, *English Political Thought in the Nineteenth Century*, Cambridge, Mass., 2nd ed., 1949.

9. J. Hart, "Nineteenth-Century Social Reform: A Tory Interpretation of History," *Past and Present*, XXXI, 1965.

10. L. Woodward, *The Age of Reform 1815～1870*, rep., London, 1964.

11. S. Fairlie, "The Nineteenth-Century Corn Law Reconsidered," *Economic History Review*, 2nd series, XVIII, 1965.

12. N. Gash, "Peel and the Party System," *Transactions of the Royal Historical Society*, 5th series, I, 1951.

13. Do., *Politics in the Age of Peel*, London, 1953.

14. Do., *Reaction and Reconstruction in English Politics 1832~1852*, repr. of 1965 ed., Westport, Conn., 1981.

15. D. Close, "The Formation of a Two-Party Alignment in the House of Commons between 1832 and 1841," *English Historical Review*, LXXXIV, 1969.

16. A. Brady, *William Huskisson and Liberal Reform*, London, 1928, rep. 1967.

17. G. S. Veitch, *The Genesis of Parliamentary Reform*, London, 1913, new ed., 1965.

18. J. R. M. Butler, *The Passing of the Great Reform Bill*, New York, 1914.

19. G. S. R. Kitson Clark, *Peel and the Conservative Party*, London, 1929, rep. 1964.

20. A. Prentice, *History of the Anti-Corn Law League*, 2 vols., London, 1853, rep. 1964.

21. D. G. Barnes, *A History of the English Corn Law 1660~1846*, London, 1930, rep. 1961.

22. C. R. Fay, *The Corn Law and Social England*, Cambridge, 1934.

23. N. McCord, *The Anti-Corn Law League 1838~1846*, London, 1958.

24. W. O. Aydelotte, "The Country Gentleman and the Repeal of the Corn Laws," *English Historical Review*, LXXXI, 1966.

25. M. Lawson-Tancred, "The Anti-League and the Corn Law Crisis of 1846," *Historical Journal*, III, 1960.

26. D. C. Moore, "Concession or Cure: The Social Premises of the First Reform Act," *Historical Journal*, IX, 1966.

27. C. S. Parker, *Sir Robert Peel*, 3 vols., London, 1891~1899.

28. J. Morley, *The Life of Richard Cobden*, 2 vols., London, 1881.

29. Do., *The Life of William Ewart Gladstone*, 2 vols., London, 1908.

30. W. F. Monypenny and G. E. Buckle, *The Life of Benjamin Disraeli, Earl of Beaconsfield*, 2 vols., London, 1929.

31. D. Southgate, *The Policies and Polities of Palmerston*, London, 1966.

32. O. Anderson, *A Liberal State at War*, London & New York, 1967.

33. W. E. Williams, *The Rise of Gladstone to the Leadership of the Liberal Party 1858 to 1868*, Cambridge, 1934.

34. J. Vincent, *The Formation of the Liberal Party 1857~1868*, London, 1965.

35. F. L. Gillspie, *Labour and Polities in England 1850~1867*, London, 1927, repr. 1967.

36. M. I. Ostrogorski, *Democracy and the Organization of Political Parties*, New York, 2 vols., 1902.

37. E. J. Feuchtwanger, *Disraeli, Democracy and the Tory Party*, Oxford, 1968.

38. J. H. Park, *The English Reform Bill of 1867*, New York, 1920.

39. F. B. Smith, *The Making of the Second Reform Bill*, Cambridge, 1966.

40. F. G. Hutchins, *The Illusion of Permanence: British Imperialism in India*, Princeton, 1967.

41. E. Thompson and G. T. Garratt, *Rise and Fulfillment of British Rule in India*, London, 1934.

42. Do., *The Making of the Indian Princes*, London, 1943.

43. L. Blease, *A Short History of English Liberalism*, London, 1913.

44. S. and B. Webb, *The English Poor Law History*, London, 1929.

45. G. Nicholls, *A History of the English Poor Law*, 2 vols., London, 1854.

46. M. W. Thomas, *The Early Factory Legislation*, Leigh, Essex, 1948.

47. J. T. Ward, *The Factory Movement 1830~1855*, London, 1962.

第十三章　帝國主義

1. H. Temperley and L. M. Penson, eds., *A Century of Diplomatic Blue Books, 1814～1914*, Cambridge, 1938, rep. 1966.

2. R. C. K. Ensor, *England 1870～1914*, Oxford, 1936, rep. 1966.

3. R. Robinson and J. Gallagher with A. Denny, *Africa and the Victorians*, New York, 1961, repr. 1981.

4. R. Faber, *The Vision and the Need: Late Victorian Imperialist Aims*, New York, 1966.

5. C. J. Lowe, *The Reluctant Imperialists*, 2 vols., 1967, repr., New York, 2002.

6. C. J. Bartlett, ed., *Britain Pre-eminent*, London, 1969.

7. B. Semmel, *Imperialism and Social Reform*, London, 1960.

8. A. P. Thornton, *The Imperial Idea and Its Enemies*, London, 1959.

9. E. A. Benians, ed., *The Cambridge History of the British Empire*, III, Cambridge, 1959.

10. M. B. Brown, *After Imperialism*, London, 1963.

11. A. H. Imlah, *Economica Elements in the Pax Britannica*, Cambridge, Mass., 1958.

12. E. Halévy, *A History of the English People in the Nineteenth Century, vol. IV, Imperialism and the Rise of Labour*, London, 1961.

13. M. Beer, *History of British Socialism*, 2 vols., London, 1919, new ed., 2002.

14. A. M. McBriar, *Fabian Socialism and English Politics 1884～1918*, Cambridge, 1962.

15. A. P. Newton, *A Hundred Years of the British Empire*, London, 1942.

16. G. D. H. Cole, *A Short History of the British Working Class Movement*, 3 vols., London, 1925～1927.

17. A. K. Cairncross, *Home and Foreign Investment 1870～1913*, Cambridge, 1953.

18. L. H. Jenks, *The Migration of British Capital to 1875*, New York, 1927.

19. W. Ashworth, *An Economic History of England 1870〜1939*, London, 1960.

20. A. L. Morton and G. Tate, *The British Labour Movement 1770〜1920: A History*, London, 1956.

21. E. P. Thompson, *The Making of the English Working Class*, 1963.

22. A. Briggs and J. Saville, eds., *Essay in Labour History*, London, 1971.

23. S. B. Saul, *The Myth of the Great Depression 1873〜1896*, 1969, 2nd ed., Houndmills, 1985.

24. J. L. Garvin, *The Life of Joseph Chamberlain*, 3 vols., London, 1932〜1934.

25. C. H. D. Howard, "Joseph Chamberlain and the Unauthorized Programme," *English Historical Review*, LXV, 1950.

26. F. M. L. Thompson, *English Landed Society in the Nineteenth Century*, London, 1963.

27. J. R. Seeley, *The Expansion of England: Two Courses of Lecture*, London, 1883, pocket ed., 1925.

28. P. T. Moon, *Imperialism and World Politics*, New York, 1927.

29. L. Michell, *The Life of the Honourable Cecil Rhodes*, 2 vols., London, 1910.

30. R. G. Gammage, *History of the Chartist Movement 1837〜1854*, London, 1894.

31. C. F. Brand, *The British Labour Party*, Stanford, 1964.

32. H. J. Laski, *The Danger of Being a Gentleman and Other Essays*, London, rep. 1940.

33. P. K. Kelsall, *High Civil Servants in Great Britain from 1870 to the Present Day*, 1955.

34. E. C. Furber, ed., *Changing Views on British History: Essays on Historical Writing Since 1939*, Cambridge, Mass., 1966.

35. S. B. Saul, *Studies in British Overseas Trade 1870〜1914*, Liverpool, 1960.

36. F. Williams, *Fifty Years' March: The Rise of Labour Party*, London, 1949.

37. S. and B. Webb, *The History of Trade Unionism*, London, New York, Bombay, 2nd ed., 1896.

38. H. Pelling, *A Short History of the Labour Party*, London, 1965.

39. Do., *A History of British Trade Unionism*, London, 1963.

40. Do., *Origins of the Labour Party 1880～1900*, Oxford, 2nd ed., 1965.

第十四章　二次世界大戰

1. G. H. L. Le May, ed., *British Government, 1914～1963: Select Documents*, London, 1955, rep. 1964.

2. R. Vogel, *A Breviate of British Diplomatic Blue Books, 1919～1939*, Montreal & Leicester, 1963.

3. Great Britain, Foreign Office, *Documents on British Foreign Policy*, 1919～1939, 1946～ .

4. P. A. Reynolds, *British Foreign Policy in the Inter War Years*, London, 1954.

5. S. B. Fay, *The Origins of the World War*, New York, 1928, new ed., 1956.

6. G. D. H. Cole and P. Postgate, *The British People 1746～1946*, New York, 1947.

7. C. H. Mowat, *Britain between the Wars 1918～1940*, Chicago, 1955.

8. R. Albrecht-Carrie, *A Diplomatic History of Europe Since the Congress of Vienna*, New York, 1958.

9. J. Morris, *Farewell the Trumpets: An Imperial Retreat*, New York, 1978.

10. T. V. Kalijarvi and Associates, *Modern World Politics*, New York, 1945.

11. D. E. Butler, *The Electoral System in Britain Since 1918*, Oxford, 2nd rev. ed., 1963.

12. M. Cowling, *The Impact of Labour 1920～1924*, London, 1971.

13. S. Pollard, *The Development of the British Economy 1914～1967*, London, 1968.

14. D. H. Aldcroft, *The Inter-War Economy: Britain 1919~1939*, London, 1970.

15. R. Skidelsky, *Politics and the Slump: The Labour Government of 1929~1931*, London, 1967.

16. A. J. Youngson, *The British Economy 1920~1957*, London, 1960.

17. A. J. P. Taylor, *English History 1914~1945*, London, 1965.

18. E. J. Hobsbawn, "Twentieth-Century British Politics," *Past and Present*, XI, 1957.

19. I. Jennings, *The British Commonwealth of Nation*, London, 1948.

20. P. Dutt, *Britain's Crisis of Empire*, London, 1949.

21. D. N. Chester, ed., *Lessons of the British War Economy*, London, 1951.

22. O. Franks, *Central Planning and Control in War and Peace*, London, 1947.

23. L. Campion, et al., *British Government Since 1918*, London, 1950.

24. H. Dalder, *Cabinet Reform in Britain 1916~1963*, London, 1964.

25. J. Ehrmann, *Cabinet Government and War 1890~1940*, London, 1958.

26. Lord Hankey, *Government Control in War*, London, 1945.

27. G. D. H. Cole, *A History of the Labour Party Since 1914*, London, 1958.

28. K. B. Smellie, *A Hundred Years of English Government*, London, 2nd ed., 1950.

29. *Ministry of Reconstruction, Report of the Machinery of Government Committee*, London, 1918.

30. G. P. Jones and A. G. Pool, *A Hundred Years of Economic Development in Great Britain 1840~1940*, repr. of 1940 ed., London, 1971.

31. R. Blake, *Conservative Party from Peel to Churchill*, London, 1970.

32. P. S. Gupta, *Imperialism and the British Labour Movement 1914~1964*, London, 1975.

33. T. F. Lindsay and M. Harrington, *The Conservative Party*, *1918~1970*, London, 1974.

34. R. Skidelsky, *Politicians and the Slump: The Labour Government of 1929～1931*, London, 1967.

35. D. Southgate, *The Conservative Leadership 1832～1932*, London, 1974.

第十五章　福利國家

1. A. F. Young and E. T. Ashton, *British Social Work in the Nineteenth Century*, London, 1956.

2. M. Bruce, *The Coming of the Welfare State*, 3rd ed., London, 1966.

3. E. E. Barry, *Nationalisation in British Politics*, London, 1965.

4. A. H. Hanson, ed., *Nationalisation*, London, 1963.

5. R. Kelf-Cohen, *Twenty Years of Nationalisation*, London, 1969.

6. G. L. Reid and K. Allen, *Nationalised Industries*, Harmondsworth, Penguin Books, 1970.

7. Do., ed., *The Nationalized Industries Since 1960: A Book of Reading*, London, 1974.

8. W. Thornhill, *The Nationalised Industries*, London, 1968.

9. H. E. Weiner, *British Labour and Public Ownership*, London, 1960.

10. A. A. Rogow and P. Shore, *The Labour Government and British Industry 1949～1951*, Oxford, 1955.

11. S. Brittan, *The Treasury under the Tories 1951～1964*, Harmondsworth, Penguin Books, 1964.

12. S. Blank, *Government and Industry in Britain: The Federation of British Industries in Politics 1945～1965*, London, 1973.

13. C. Driver, *The Disarmers*, London, 1964.

14. J. W. Grove, *Government and Industry in Britain*, London, 1962.

15. W. L. Guttsman, *The British Political Elite*, London, 1963.

16. J. P. Mackintosh, *The British Cabinet*, London, 2nd ed., 1968.

17. G. Reid, *The Politics of Financial Control*, London, 1967.

18. G. K. Roberts, *Political Parties and Pressure Groups in Britain*, London, 1970.

19. S. A. Walkland, *The Legislative Process in Great Britain*, London, 1968.

20. M. Harrison, *Trade Unions and the Labour Party Since 1945*, London, 1960.

21. B. Hindess, *The Decline of Working Class Politics*, London, 1972.

22. B. Lapping, *The Labour, Government 1964〜1970*, Harmondsworth, Penguin Books, 1970.

23. D. N. Pritt, *The Labour Government 1945〜1951*, London, 1963.

24. R. Millibrand, *Parliamentary Socialism: A Study in the Politics of Labour*, London, 1961.

25. N. Harris, *Competition and the Corporate Society: British Conservatives, the State and Industry 1945〜1964*, London, 1972.

26. W. Young, *The Profumo Affair: Aspects of Conservatism*, Harmondsworth, Penguin Books, 1963.

27. J. D. Hoffman, *The Conservative Party in Opposition 1945〜1951*, London, 1964.

28. Second Viscount Hailsman, *The Conservative Case*, Harmondsworth, Penguin Books, 1959.

29. R. S. Churchill, *The Fight for the Tory Leadership*, London, 1964.

30. E. A. Nordlinger, *The Working Class Tories*, London, 1967.

31. R. Leonard, *Elections in Britain*, London, 1968.

32. D. E. Butler and D. Stokes, *Political Change in Britain*, London, 1969.

33. S. A. de Smith, *The New Commonwealth and Its Constitution*, London, 1964.

34. H. R. Winkler, *Twentieth-Century Britain: National Power and Social Welfare*, New York, 1976.

35. N. Kaldor, *Causes of the Slow Rate of Economic Growth of the United Kingdom*, Cambridge, 1966.

36. R. Rose, ed., *Policy-Making in Britain: A Reader in Government*, London, 1969.

37. Do., *Studies in British Polities*, London, 1969.

38. D. E. Butler, *The British General Election of 1951*, London, 1952.

39. Do., *The British General Election of 1955*, London, 1955.

40. D. E. Butler and R. Rose, *The British General Election of 1959*, London, 1960.

41. D. E. Butler and A. King, *The British General Election of 1964*, London, 1965.

42. Do., *The British General Election of 1966*, London, 1966.

43. D. E. Butler and Pinto-Duschinsky, *The British General Election of 1970*, London, 1971.

44. D. E. Butler and D. Kavanagh, *The British General Election of February, 1974*, London, 1974.

45. H. G. Nicholas, *The British General Election of 1950*, with app. D. E. Butler, London, 1968.

46. D. P. Barritt and C. F. Carter, *The Northern Ireland Problem*, London, 1962.

47. H. J. Hanham, *Scottish Nationalism*, London, 1968.

48. R. J. Lawrence, *The Government of Northern Ireland*, London, 1965.

49. J. P. Mackintosh, *The Devolution of Power*, London, 1968.

50. G. S. Pryde, *Scotland*, London, 1956.

51. J. N. Wolfe, ed., *Government and Nationalism in Scotland: The Scottish Case*, Edinburgh, 1969.

52. R. Rose, *Governing without Consensus: An Irish Perspective*, London, 1971.

53. G. A. Dorfman, *Wage Politics in Britain 1945～1967*, London, 1974.

54. C. Jeffries, *Whitehall and the Colonial Service*, London, 1972.

55. A. B. Philip, *The Welsh Question: Nationalism in Welsh Politics 1945~1970*, Wales U. P., 1974.

56. J. Callagham, *A House Divided: The Dilemma of Northern Ireland*, London, 1973.

57. N. MacCormick, ed., *The Scottish Debate: Essays on Scottish Nationalism*, Oxford, 1970.

58. J. Magee, ed., *Northern Ireland: Crisis and Conflict*, London, 1974.

59. M. Slesser, *Politics of Environment: A Guide to Scottish Thought and Action*, London, 1972.

60. M. Currell, *Political Woman: The Place of Women in British Politics*, London, 1974.

61. R. E. Jones, *Changing Structure of British Foreign Policy*, London, 1974.

62. M. Leifer, ed., *Constraints and Adjustments in British Foreign Policy*, London, 1972.

63. D. Maclean, *British Foreign Policy Since Suez 1956~1968*, London, 1970.

64. F. S. Northedge, *Decent from Power: British Foreign Policy 1945~1973*, London, 1974.

65. S. Young and A. V. Lowe, *Intervention in the Mixed Economy: The Evolution of British Industrial Policy 1964~1972*, London, 1974.

66. H. Wilson, *The Labour Government 1964~1970*, Harmondsworth, Penguin Books, 1971.

67. D. Mckie and C. Cook, eds., *Decade of Disillusion: British Politics in the Sixties*, London, 1972.

68. T. Lloyd, *Empire to Welfare State: English History 1906~1967*, Oxford, 1970.

69. J. Strachey, *The End of Empire*, London, 1959.

第十六章　「地球帝國」的餘暉

1. N. Baker, *The Strange Death of David Kelly*, London: Methuen Publishing

Ltd., 2007.

2. G. Bernstein, *The Myth of Decline: The Rise of Britain Since 1945,* London: Harvill Press, 2004.

3. T. Blair, *New Britain: My Vision of a Young Country*, New York: Basic Books, 2004.

4. V. Bogdanor, *The Monarchy and the Constitution,* New York: Oxford University Press, 1996.

5. K. Burk, '*Goodbye Great Britain*': *The 1976 IMF Crisis*, New Haven: Yale University Press, 1992.

6. J. Campbell, *Margaret Thatcher: Iron Lady Vol. 2*, London: Jonathan Cape, 2003.

7. R. Cook, *The Point of Departure: Diaries from the Front Bench,* New York: Pocket Books, 2004.

8. E. Evans, *Thatcher and Thatcherism,* 2nd ed., London: Routledge, 2004.

9. P. Hennessy, *The Prime Minister: The Office and Its Holders Since 1945,* London: Allen Lane, 2000.

10. C. Short, *An Honourable Deception? New Labour, Iraq, and the Misuse of Power,* London: Free Press, 2004.

11. P. Stephens, *Politics and the Pound: The Tories, the Economy and Europe,* London: Macmillan, 2007.

12. J. Tomlinson, "Mrs Thatcher's Macroeconomic Adventurism, 1978~1981, and Its Political Consequences." *British Politics* (2007) 2, 3–19.

第十七章　二十一世紀的抉擇

1. S. George, *An Awkward Partner: Britain in the European Community*, Oxford, 1998.

2. S. Wall, *A Stranger in Europe: Britain in the EU from Thatcher to Blair,* Oxford, 2008.

3. A. Glencross, "Why a British Referendum on EU Membership Will Not Solve the Europe Question," *International Affairs*, vol 91, No. 2, 2015.

4. A. Goodwin, "Brexit and Immigration," *Oxford Economics*, vol. 40, No. 2, 2016.

5. W. Richard, "Brexit or Bremain: What Future for the UK's European Diplomacy Strategy?," *International Affairs*, Vol. 92, No. 3, 2016.

6. 〈中国一帯一路で巻き返し〉,《アジアマンスリー》, Vo.19, No.218, 2019。

(三)英國史年表

年　代	重要記事
——	凱爾特人移居，英國古稱不列塔尼亞。
55 B.C.	凱撒征討不列塔尼亞 (～54 B.C.)。
43 A.D.	羅馬皇帝克勞第阿斯一世親征，不列塔尼亞成為羅馬的領土。
287	薩克遜人開始入侵。
305	阿爾班殉教。
410	西羅馬皇帝霍諾留命羅馬軍自不列塔尼亞撤退。羅馬軍撤離，羅馬統治終止。
449	朱特人入侵。
459	建立肯特王國。
477	盎格魯人入侵。
563	柯倫巴到蘇格蘭傳教。
597	奧古斯丁到英格蘭傳教，肯特王艾思爾巴特信教。
627	北薩布利亞王愛德溫信教。
635	西薩克遜王居納吉斯信教。
664	懷特比宗教會議。
669	坎特伯里大主教狄奧道組織全國教會。
681	南薩克遜王艾思爾華爾信教。
787	歐洲北方人侵入英格蘭。
829	西薩克遜王愛格伯統一英格蘭。
1003	丹麥人侵入 (～1007, 1009～1012)。
1013	丹麥王斯威恩一世征服英格蘭。
1016	丹麥酋長喀奴特征服英格蘭。
1042	丹麥王朝終了，懺悔王愛德華三世即位。
1066	諾曼征服，諾曼第公爵威廉入主英國。
1086	全英國的土地受封者在索爾斯堡對王宣誓效忠。作成《土地勘查記錄書》。

1095　第一次十字軍東征。

1100　亨利一世即位,發佈「權利特許狀」,開始巡迴法官。

1154　安茹伯爵亨利二世即位,開始金雀花王朝 (1154～1399),統治半個法蘭西領土。

1166　亨利二世徵收四十分之一稅。

1170　創立牛津大學。

1189　理查一世參與十字軍東征 (～1194)。

1207　約翰王徵收十三分之一稅。

1215　約翰王簽字於《大憲章》。

1258　制定《牛津法令》。

1264　第一次使用 Parliamentum(議會)之語,Parler 在法語為「談話」之意。

1265　蒙特福第一次召集平民代表的議會。

1277　威爾斯酋長路維林造反,威爾斯戰爭爆發。

1282　愛德華一世征服威爾斯。

1284　英國公佈法案合併威爾斯,王太子稱為「威爾斯王子」。

1294　蘇格蘭戰爭爆發 (～1328)。

1295　第一次規律的議會稱為「三種身分的模範議會」。愛德華一世進軍蘇格蘭。

1306　布魯斯(羅伯特一世)為蘇格蘭王。

1307　愛德華一世在遠征蘇格蘭中途去世。

1310　愛德華二世進攻蘇格蘭。

1314　愛德華二世再攻蘇格蘭,吃敗仗。英國成立二院制。

1328　愛德華三世與蘇格蘭講和,訂《愛丁堡－諾薩普頓和約》,承認蘇格蘭獨立。

1337　百年戰爭爆發 (～1453)。

1348　黑死病開始流行。

1376　善良議會第一次彈劾失敗。

1381　泰勒領導農民大造反。

1388　蘇格蘭軍侵入英格蘭。

1399	亨利四世即位，開始蘭卡斯忠王朝 (1399～1461)。
1400	威爾斯造反。
1407	冒險商人，獲亨利四世特許狀。
1430	州郡選舉權限定於年收入四十先令以上的自由土地保有者。
1455	玫瑰戰爭 (～1485)。
1461	愛德華四世即位，開始約克王朝 (1461～1485)。義大利文藝復興，發現新航路新大陸，圈地運動盛行。
1485	亨利七世即位，開始都鐸王朝 (1485～1603)。
1492	哥倫布發現新大陸。
1498	喀波特發現紐芬蘭島。
1515	《圈地限制法》。
1517	馬丁路德宗教改革。
1529	宗教改革議會 (～1536)。
1534	公佈《國王至上法》，成立英國國教會。
1535	製作《教會財產查定錄》。
1536	解散小修道院。
1539	解散大修道院。公佈《六信條法》。
1547	廢止《六信條法》。
1553	瑪利都鐸即位 (～1558)。
1554	女王瑪利與西班牙王菲力普二世結婚，迫害新教徒。
1558	伊莉莎白一世即位 (～1603)。
1563	公佈《職工法》。
1581	杜累克第一次航遊世界一周 (～1581)。
1584	建立維吉尼亞殖民地。
1588	英海軍擊敗西班牙無敵艦隊。英國的文藝復興，文學家莎士比亞、詩人斯賓塞、哲學家培根等輩出。
1600	設立東印度公司。
1601	公佈《救貧法》。
1603	蘇格蘭王詹姆士即位，開始斯圖亞特王朝 (1603～1649, 1660～1714)。
1620	清教徒乘五月花號移居北美洲。

1628　議會向國王提出《權利請願》。

1629　議會長期解散 (～1640)，國王專制時代。

1634　施行船舶稅。

1636　反對船舶稅運動激烈、漢普登訴訟判決有罪。

1640　短期議會（4 月 13 日～5 月 5 日）、長期議會（11 月 3 日～1660 年）彈劾斯特拉福和勞得。

1641　成立《三年議院法》。廢止星室法庭和高等宗教法院。通過《大抗議書》。

1642　國王和議會間的內戰開始 (～1649)。

1645　納斯比之役，國王軍大敗，議會軍勝利。

1646　查理士一世投降蘇格蘭軍。

1647　查理士一世被逮捕。

1648　布萊得在議會中肅清長老派議員。

1649　國王查理士一世被處以死刑，史稱清教徒革命。克倫威爾領導共和政府，遠征愛爾蘭。

1650　克倫威爾征服蘇格蘭 (～1651)。

1651　克倫威爾發佈《航海法》。

1652　第一次英荷戰爭 (～1654)。

1653　克倫威爾升為終生職護國卿。

1658　克倫威爾死。

1660　王政復辟、查理士二世即位。

1661　騎士議會 (～1679)，通過《地方自治團體法》。

1662　發佈《禮拜統一法》。

1664　發佈《集會法》。

1665　發佈《五哩法》。第二次英荷戰爭 (～1667)。

1670　《多佛密約》。

1672　第三次英荷戰爭 (～1674)。

1673　第一次《審查法》。

1678　天主教陰謀事件。

1679　平民院通過王位繼承《排斥法案》，制訂《人身保護法》。

1680　貴族院否決《王位繼承排斥法案》，托利黨和輝格黨的起源。

1686　恢復高等宗教法院。

1687　發佈《寬容宣言》。

1688　詹姆士二世亡命法國，史稱光榮革命。

1689　新君威廉及瑪利共同君臨，承認《權利宣言》。通過《權利章典》。
　　　法軍侵入巴拉丁挪。奧格斯堡同盟戰爭爆發 (～1697)。

1692　英軍擊敗法王路易十四艦隊。

1694　創立英格蘭銀行，成立《三年議院法》。

1697　英法締結《萊斯維克條約》。

1701　西班牙王位繼承戰爭 (～1714)。

1702　安妮女王即位，安妮女王戰爭 (～1713)。

1707　合併蘇格蘭，成立大不列顛聯合王國。

1710　被選舉資格限定土地財產保有價值每年在州郡六百鎊者，在市邑
　　　三百鎊者。

1713　與法國簽訂《烏特勒克條約》。

1714　德意志漢諾威選帝侯喬治一世即位，開始漢諾威王朝 (1714～1901)。

1716　通過《七年議院法》。

1720　南海泡沫恐慌事件。

1721　華爾波爾組閣 (～1742)，第一次使用首相名稱。

1739　與西班牙打仗 (～1748)。

1740　奧地利王位繼承戰爭 (～1748)。

1742　英助奧戰法。

1743　英法殖民地戰爭，即喬治王戰爭 (～1748)。

1755　法蘭西和印第安戰爭 (～1763)。

1756　七年戰爭 (～1763)。

1761　平民院議長年金定為三千鎊。

1763　《巴黎條約》。

1765　公佈《印花稅法》、北美洲殖民地反抗。

1767　《唐先歲收法》，對北美殖民地進口物品課稅。

1770　波士頓殺戮事件。

1773　《茶葉法》公佈，北美殖民地茶葉專賣權賦予東印度公司。

1775　美國獨立戰爭 (～1783)。

1776　北美十三州聯合發表《獨立宣言》。

1783　簽訂《巴黎條約》，承認美國獨立。小庇特內閣成立，內閣及首相
　　　的地位確立。

1789　法國大革命爆發 (～1795)。倫敦成立革命協會。

1790　平民院議長薪俸定為年俸六千鎊。

1793　第一次反法聯軍 (～1797)。

1799　第二次反法聯軍 (～1802)。

1801　大不列顛合併愛爾蘭。

1803　英國對法開戰 (～1815)。

1805　第三次反法聯軍 (～1814)。

1807　廢止《奴隸貿易法》。

1811　拉特運動。

1814　維也納會議 (～1815)。

1815　滑鐵盧之戰。制定《穀物法》。

1816　戰後恐慌。柯貝特、罕特的改革運動。

1817　停止《人身保護法》，通過《禁止妨害治安集會法》。

1819　曼徹斯特大屠殺事件。制定《維持治安六法》。

1820　興起自由貿易論。

1821　希臘獨立戰爭 (～1832)，英、俄、法支援希臘。

1825　通過《工廠法》，承認勞工組織。開始在斯托克頓和達令敦之間建
　　　築鐵路。

1826　英國承認中南美各國獨立。

1828　廢止《審查法》和《團體法》。

1829　發佈《天主教徒解放法》。

1832　通過第一次《選舉權修改法》。

1833　制定《奴隸解放法》。廢止東印度公司的東洋貿易壟斷權。制定
　　　《工廠法》。

1835　通過《地方自治體法》。

1836　經濟恐慌 (～1839)。

1837　維多利亞女王即位。

1838　為爭取普選的憲章請願運動。成立反《穀物法》聯盟。

1839　倫敦召開第一次憲章請願者大會，憲章請願被下院否決。鴉片戰
　　　爭 (～1842)。

1840　通過《加拿大統一法》。

1842　憲章請願再被下院否決。

1845　愛爾蘭大饑荒 (～1849)。

1846　廢止《穀物法》，開始自由貿易。保守黨分裂。

1848　倫敦召開憲章請願者大集會，憲章請願再被下院否決。

1849　廢止《航海法》。

1853　克里米亞戰爭 (～1856)。

1855　廢止新聞紙稅 (paper duties)。

1856　亞羅號戰爭 (～1860)。

1857　印度傭傭兵叛亂 (～1859)。

1858　通過《印度法》，解散東印度公司。撤廢議員的財產資格限制。

1860　英法聯軍佔領北京，與清廷締結《北京條約》。

1861　美國南北戰爭 (～1865)。貴族院否決新聞紙稅廢止法案。平民院
　　　設立預算委員會。

1864　倫敦成立國際工人聯盟。

1866　金融恐慌激化，設立會計檢查長。

1867　成立加拿大聯邦。通過《人民代表法》。

1868　成立保守黨全國聯合，伯明罕自由黨協會，大眾政黨化。

1869　會計檢查報告開始提出議會。

1870　通過《愛爾蘭土地法》、《普通教育法》，從此初等教育大為普及。

1871　通過《勞工組織法》。

1872　通過《祕密投票法》。

1873　通過《裁判管轄法》、成立高等法院，司法部大改革。
　　　大不景氣時代開始。

1875　英政府購買蘇伊士運河股票。

1876　通過《上訴管轄權法》，貴族院任命常任上訴法官。

1877　維多利亞女王兼稱印度皇帝。成立全國自由黨聯盟。

1881　通過《愛爾蘭土地法》。海茵德曼組織民主聯盟。

1882　英軍征服埃及。平民院大改議事規則。

1883　通過《腐敗及非法行為防止法》。

1884　《第三次選舉法修改法案》。

1885　通過《議席再分配法》。創立費邊社。

1886　格萊斯頓內閣因愛爾蘭自治問題垮臺，自由黨分裂。

1887　第一次殖民地會議。

1888　礦夫哈地組織蘇格蘭勞工黨。

1889　羅德茲獲得南非洲公司的特許狀。

1893　哈地組織「獨立勞工黨」。貴族院否決《愛爾蘭自治法案》。

1894　渥太華舉行第二次殖民地會議。

1896　出兵蘇丹。

1897　倫敦舉行第三次殖民地會議。通過《勞工賠償法》。

1898　北非發生法紹達事件，英、法關係緊張。英租界九龍半島。

1899　南非戰爭，即波爾戰爭 (～1902)。

1900　英合併納塔耳和特蘭斯瓦爾共和國。成立勞工代表委員會。

1901　成立澳大利亞聯邦。

1902　日英同盟。倫敦舉行第四次殖民地會議。

1904　英法協商。日俄戰爭，英借款助日戰俄。

1905　第一次摩洛哥事件。

1906　自由黨選舉大勝，制定《勞工爭議法》、《勞動者賠償法》。勞工代
　　　表委員會改稱勞工黨（即工黨）。

1907　英俄協商（成立英法俄三國協商）。

1908　英德海軍競爭激化。

1909　通過《最低工資法》、《職業介紹所法》。

1911　成立《議院法》，上議院權限縮小。平民院議員歲費四百鎊。通過
　　　《國民保險法》。

1912　婦女參政權運動激化。

1914 成立《愛爾蘭自治法》。第一次世界大戰爆發 (～1918)，英國將埃及置於保護國。

1916 徵兵制。愛爾蘭暴動。

1917 實行糧票制。美國參戰、俄國革命爆發。

1918 成立《人民代表法》，撤廢選舉財產資格限制。

1919 愛爾蘭宣佈獨立。《凡爾賽條約》。

1920 成立國際聯盟。成立英國共產黨。

1921 華盛頓會議。印度不服從運動擴大。

1922 成立愛爾蘭自由國。承認埃及獨立。英助希臘戰土耳其。

1924 第一次工黨內閣（1 月底～11 月初）。

1925 《羅加諾條約》。恢復金本位制。

1928 《平等選舉權法》，實現平等選舉權。

1929 蘭開夏大罷工，紐約股市大跌，世界經濟恐慌。

1931 停止金本位制。通過《西敏寺法》，自治領各國享有內政外交自主權。

1932 制定《保護關稅法》，改採保護關稅政策。自由貿易主義者從聯合內閣辭職。渥太華召開英帝國經濟會議。印度不服從運動激化。

1933 希特勒掌握獨裁權。

1934 蘇格蘭人為推動蘇格蘭獨立，創立蘇格蘭民族黨。

1935 通過《印度統治法》。義大利侵入衣索匹亞。

1936 倫敦裁軍會議失敗，英逐漸重整軍備。通過《公共保健法》。愛德華八世遜位。

1937 成立《愛爾蘭憲法》，定國名為「愛爾」。成立《閣員法》，反對黨黨魁年俸二千鎊，下院議員歲費增為六百鎊。「日德義防共協定」。

1938 英、德、法、義，慕尼黑會談。

1939 德侵入捷克，英國宥和政策崩潰。德侵入波蘭，英、法對德宣戰，第二次世界大戰爆發 (～1945)。

1941 發表《大西洋憲章》。美國制定《武器貸與法》。日本突襲珍珠港，太平洋戰爭爆發，日本對英、美宣戰。

1943 義大利投降。中、美、英開羅會議。

1944 新設國民保險部。

進攻科威特，英國決定派兵到沙烏地阿拉伯。11 月，柴契爾辭職，梅傑繼任首相。

1991　9 月，梅傑首相訪問中國，使 1989 年天安門事件以來惡化的中英關係正常化。12 月，英國同意簽署《馬斯垂克條約》。

1992　9 月，歐洲通貨危機，英鎊大幅滑落，決定脫離歐洲通貨制度 (EMS) 的歐洲匯率機制 (ERM)。

1993　1 月，美國轟炸伊拉克，英軍共同參加。8 月 2 日，《歐盟條約》（《馬斯垂克條約》）獲得批准。

1994　5 月 12 日，工黨黨魁史密斯病逝，7 月 21 日工黨大會選出布雷爾繼任黨魁。

1997　5 月 2 日，工黨取得選舉勝利，布雷爾成為英國二十世紀最年輕首相。黛安娜與男友多迪・法耶德在巴黎車禍身亡。

1999　蘇格蘭議會成立。

2002　9 月，英國廣播公司 BBC 報導英國政府誇大捏造伊拉克有重大毀滅性武器的報告。

2003　7 月 17 日，凱利的屍體在自家附近樹林裡被人發現。

2006　6 月 28 日，上院投票互選擔任議長的大法官 (Lord Chancellor)。

2007　5 月 8 日，組成北愛自治聯合政府。6 月 27 日，布朗就任首相。

2008　1 月，英國首相布朗訪問中國。

2010　5 月，保守黨在大選取得多數但未過半席次，與自由民主黨組成聯合政府，由保守黨黨魁卡麥隆出任首相。

2011　5 月，蘇格蘭民族黨在蘇格蘭議會選舉獲得大勝。

2012　6 月，英國為女王伊莉莎白二世舉行登基六十周年慶典。7 月 27 日至 8 月 12 日，英國主辦倫敦奧運。10 月 15 日，首相卡麥隆與蘇格蘭首席大臣薩孟德簽署《愛丁堡協約》，同意蘇格蘭可以針對獨立問題舉行公投

2014　5 月，歐洲議會舉行選舉，英國獨立黨 (UKIP) 在英國各選區獲得最多席次。9 月 18 日，蘇格蘭舉行獨立公投，55.3% 選民投票反對蘇格蘭獨立。

2015　3 月，英國申請加入亞洲投資銀行。5 月 7 日，保守黨在選舉取得

　　　　過半數席次，得以單獨組閣。

2016　6月23日，英政府為了是否脫離歐洲聯盟舉行公民投票，52%選民支持英國脫歐，英國決定退出歐盟。7月13日，卡麥隆首相辭職，由內政大臣梅伊接任。9月5日，英國首相梅伊訪問中國。

2017　3月29日，英國正式啟動脫歐程序。6月，保守黨在大選取得多數但未過半席次，與民主統一黨合組聯合政府；英國正式啟動脫歐談判。

2018　7月13日，美國總統川普到倫敦與英國首相梅伊會談。

2019　4月，英國首相梅伊召開國家安全會議調查「華為洩密案」。

◆ 以色列史——改變西亞局勢的國家（增訂二版）

猶太民族歷經了兩千多年的漫長流散，終於在 1948 年宣布建立自己的國家以色列。為什麼猶太人會將巴勒斯坦視為記憶中永存的歷史家園？以色列與阿拉伯諸國的關係又是如何受到美國、蘇聯等強權的翻弄干預？以色列人與原本住在巴勒斯坦的阿拉伯人，究竟有無可能達成真正的和解共生？

◆ 南非史——彩虹之國

南非經歷了長久的帝國殖民與種族隔離後，終於在 1990 年代終結不平等制度，完成民主轉型。雖然南非一路走來如同好望角的舊稱「風暴角」般充滿狂風暴雨，但南非人期待雨後天晴的日子到來，用自由平等照耀出曼德拉、屠圖等人所祈願的一個「彩虹之國」。

◆ 南斯拉夫史——巴爾幹國家的合與分（三版）

已然解體的南斯拉夫，如同徘徊遊蕩的魅影，糾纏著巴爾幹半島的局勢發展；先後獨立的七個國家，至今仍相互牽絆、命運緊緊相繫。這個被稱為「火藥庫」的歐洲南方之境，能否在解體後獲得喘息？南斯拉夫的過往值得我們細數，從歷史中找尋通往未來的答案。

◆ 埃及史——神祕與驚奇的古國（二版）

蜿蜒的尼羅河流過黃沙漫漫的埃及，滋潤出壯麗的古文明，希臘人、羅馬人、阿拉伯人、法國人和英國人都曾在這裡停留，埃及人找回自己的國家後，這個擁有輝煌過去的神祕古國仍然在努力地走出屬於她的光輝。

◆ 秘魯史——太陽的子民（增訂二版）

荒野中謎樣的納斯卡線、坐落在安地斯山中的馬丘比丘、傳說中的黃金國印加帝國……，豐富的神話傳說讓世人對秘魯充滿著浪漫與好奇的想像，但真實的秘魯卻長年處於一個內政、外交紛擾不休的危機時刻。告別了輝煌印加、擺脫了殖民枷鎖，今日秘魯何去何從？本書帶您深入南美，一探究竟。

◆ 美國史——移民之邦的夢想與現實（二版）

「五月花號」迎風揚帆，帶來了追求自由的移民，獨立戰爭的槍響，締造了美利堅合眾國。西進運動、大陸領土擴張、南北戰爭，乃至進步主義與新政改革，一幕幕扣人心弦的歷史大戲在北美廣袤的大地上競相演出。